30の都市からよむ日本史

金田章裕=監修
造事務所=編著

nbb
日経ビジネス人文庫

はじめに

都市の成立と発達から日本史をみる

2017（平成29）年現在の日本には、人口100万人以上の都市だけで12（東京都を含む）。50〜100万人の市は17、10〜50万人の市は239）も存在する。ただしこれは行政単位であり、それぞれが歴史上、必ずしもひとつの都市であったわけではない。行政上の市の中に、いくつもの歴史的な都市が含まれている場合も珍しくない。

このような都市には、平安京（京都）のような古代以来のものも、堺のような中世が起源、あるいは長崎のように近世に成立した都市もある。近代になって形成された札幌のような例もある。

また、意図的、計画的に建設された都市もあれば、そうでない都市もある。有名な寺社の門前に発達したものもあれば、交易拠点の港町として成立した場合もある。近世にはとくに、城郭建設と一体として城下に町が建設された、いわゆる城下町が多かった。数多い城下町は、日本の都市の代表的な構造に結びついている。一方、幕末から発達した港町や、明治時代に計画的に建設された都市もある。

このように、現在に結びついた都市の成立時期や、都市へと発達した理由、あるいはその背景はさまざまであり、現在に至る都市の構造に大きな影響を及ぼしている。たとえば、首都をはじめとする政治中心都市の場合、立地や街路の形態は、それぞれが成立した時に日本がどのような政治構造であったのかということと深く関わる。さらには、設計者ないし建設者個人の意図や意向が色濃く反映している場合も多い。

政治中心都市の代表例は城下町であるが、徳川幕府のお膝元の江戸（東京）と藩領の中心とは大きく異なる。加えて、同じく藩領とはいえその数は多く、共通性と多様性の両側面がある。名古屋と金沢は大規模な藩領の城下町であり、いずれも台地端に建設されたとはいえ、徳川幕府御三家筆頭の城下町と外様最大藩領の城下町では、置かれた政治状況も建設理念も大きく異なる。大きな藩でも立地条件によって状況は多様であり、小さな藩とも大きく異なる。

とくに城下町の場合、建設者である城主の意図と、藩領の規模が大きく都市の性格に反映するのが普通である。那覇の場合はこれらとはまた異なり、文化的にも大きく異なる状況にあった。さらに、政治状況が変化した後の歴史的な過程も、都市の発達易や衰退に結びつくことも多かった。

　港町として発達した都市も多い。しかし、それらが発達した時期の交易ないし貿易の状況や、当時の技術的段階や経済の構造は異なり、十三湊や鞆の浦の立地が優位であった技術段階と、それを背景とした地域の政治的経済的構造はすでに失われている。

　このような都市の成立と発達、そして時には衰退する様子は、地域の歴史の動向、ひいては日本の歴史そのものを物語る雄弁な語り部である。

　もちろん、これらの都市をめぐる研究は、歴史地理学や都市史などにおいて、極めて詳細に進んでいる。その都市を訪れると、いろいろな観光案内や書物、あるいは歴史博物館などの展示施設もあって、よりくわしく知ることができる。

　ところが、ある都市の概要を知って別の都市と比較してみる、あるいは、さらにくわしくある都市を見聞するための予備知識を得るのは必ずしも簡単ではない。

　本書はそのために手軽に読めて、居ながらにして視野を全国にめぐらせられる企画である。本書が活用されて、都市が語る日本の歴史に近づく一助となれば幸いである。

金田章裕

目次

Contents

編集構成・図版・ＤＴＰ　造事務所
文　大河内賢、佐藤賢二、村中崇
図版　白根道明
ＤＴＰ　伏田光宏

札幌

―さっぽろ―

京都にならった碁盤目状の計画都市

かつて蝦夷地と呼ばれた北海道。道庁が置かれている札幌は、明治時代になり、ようやく開拓された土地である。明治新政府は、北海道開拓の中心地として札幌に北海道開拓使を置く。

原野に建てられた開拓使庁舎を中心として官公庁や商店、民家などが京都にならって碁盤目状に配置されていった。こうしてわずか１５０年で日本の有力都市となった札幌は、どのような人物が関わり、どのように発展していったのだろうか。

原野を切り開いた開拓民の努力

道庁所在地である札幌は、今でこそ人口190万以上の日本屈指の大都市ですが、蝦夷地《えぞち》と呼ばれていた1868（明治元）年時点では原野であり、居住していたのはアイヌの人々のほか、本土をルーツとする和人の2家族7人だけでした。

札幌の本格的な開拓は、1869（明治2）年、蝦夷地が北海道と改称され、省と同格の官庁である開拓使が置かれたときに始まります。北海道として正式に日本国領土に組み入れられ開拓が急がれたのは、明治維新で職を失った士族の移住やロシアの南下への警戒、そして、日本の近代化に欠かせない石炭や木材、硫黄などの天然資源の開発のためです。

北海道の地名は蝦夷探検家である松浦武四郎《まつうらたけしろう》のいくつかの案のひとつ、アイヌがこの地を「カイ」と呼んでいたことによる「北加伊道」という案を採用し、東海道などの表記を参考にして、北海道に改めたとの説が有力です。

札幌の地名もまたアイヌ語に由来します。「サッ」は乾いていること、「ポロ」は大きいこと、「ペッ」は川という意味で「乾いた大きな川」の「サッポロペッ」が語源といわれ、札幌市内を流れる石狩川の支流である豊平《とよひら》川を指すとされます。

札幌が北海道開拓の中心地に選ばれた理由はいくつかあります。武四郎が石狩平野にある札幌への府の設置を推奨したこと、それまで蝦夷地統治の拠点があった函館ではこれから開拓を本格化させる道北から遠いこと、豊平川の生み出した平坦で広い扇状地が都市づくりのうえで最適だったことなどです。

お雇い外国人の高度な技術力を導入

北海道の開拓に欠かせなかったのが外国人の存在です。

たとえば、効率的な農業や畜産業などを根づかせようと、先端技術を取り入れるために当時アメリカの農務長官だったケプロンを開拓使顧問として迎えます。札幌農学校の教頭として招聘《しょうへい》されたアメリカ人農学者クラークが来日したのも、ケプロンが手を回したからです。お雇い外国人によって新技術や生活様式が導入され、札幌農学校演武場（通称・札幌市時計台）などのアメリカ式木造建築物が多数つくられました。

現在も開拓使のシンボルとして「赤れんが庁舎」の別名で親しまれている北海道庁旧本庁舎も、欧米の影響を強く受けたアメリカ風ネオ・バロック建築として1888（明治21）年に建てられました。それ以前は、1873（明治6）年に完成したひと回り小さい木造2階建ての開拓使庁舎がありましたが、完成してからわずか6年で焼失したため、赤れんが庁舎に建てかえられたのです。

赤れんが庁舎をよく観察すると内外の至る所に赤い星形が見つかります。これは「北辰」といい、北極星を表す開拓の象徴です。北海道の開拓に関係する場所に行くと多く見受けられます。

開拓の原動力となった歓楽街

開拓使初代長官には佐賀藩主だった鍋島直正《なべしまなおまさ》が就任します。鍋島は戊辰戦争での褒賞の一部を開拓費用にあて、佐賀の人々を開拓に送り込みました。そして藩士だった島義勇《しまよしたけ》が開拓使判官に任命されます。島は「北海道開拓の父」と呼ばれる人物です。札幌を開拓の中心地と定め、京都を参考に札幌の町割を碁盤目状にしようとします。

ところが、島は2代長官の東久世通禧《ひがしくぜみちとみ》とそりが合わず、予算超過を理由に半年余りで解任されます。島の構想を引き継いだのが、土佐出身で同じく開拓使判官だった岩村通俊《いわむらみちとし》です。岩村は碁盤目状に町割を整備し、赤レンガ庁舎の北側にあたる場所に開拓使庁を建設しました。

碁盤目状にしたことで札幌市街の住所表記は合理的になりました。東西に延びた大通を南北の基準とし、それより北を「北○条」、南を「南○条」と表記します。東西の基準は幕末期に開削された大友堀《おおとも》を前身とし、明治初期の札幌の物流を支えた創成《そうせい》川です。この川より東を「東○丁目」、西を「西○丁目」と表記します。これらの住所は各交差点の信号機の横に「南2 西4」というように表記されています。

そして、官公庁街の南側には歓楽街「薄野《すすきの》」がつくられました。当時、札幌の開拓は急ピッチで進んでいましたが、冬の寒さに耐えかねた大工などの職人がよく逃げ出しました。そこで岩村は、職人を引き止めるために遊郭街を建てます。これが現在のすすきのの原型となりました。つまり、すすきのが札幌発展の原動力となったのです。

また、石材を札幌市街に運ぶために活用されたのが現在の石山通です。

1870（明治3）年には、のちに第2代内閣総理大臣となる黒田清隆が開拓使次

■札幌市の地形（上）と明治中期の札幌市街（下）

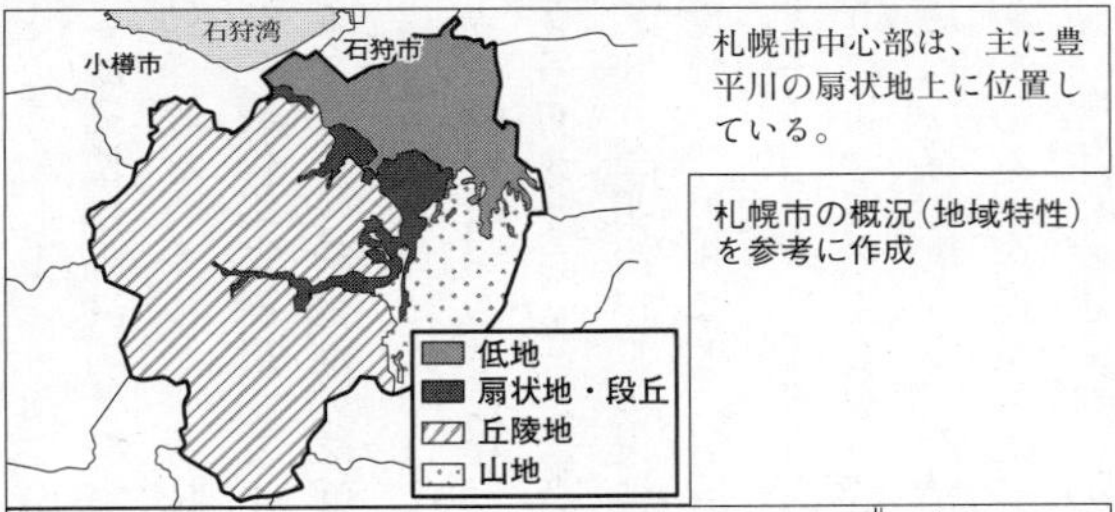
石狩湾
小樽市
石狩市
札幌市中心部は、主に豊平川の扇状地上に位置している。
札幌市の概況（地域特性）を参考に作成
低地
扇状地・段丘
丘陵地
山地

創成川
札幌駅
函館本線
道庁
大通
豊平川
薄野
石山通
札幌中心街と、石山通を軸とした地域は別々につくられたため、道路の角度が異なる。

札幌市中央図書館デジタルライブラリー『札幌市街之図』（明治24年8月〈1891.8〉）を参考に作成

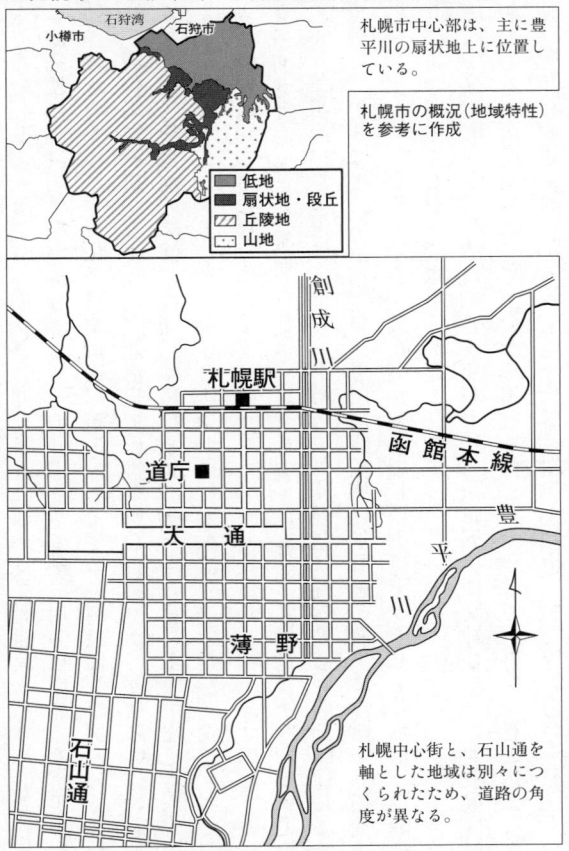

官として赴任し、１８７４（明治7）年には3代目の開拓使長官となりました。黒田は「開拓使10年計画」を実施します。その一環として創成川の東岸にある官用地に札幌製作場がつくられ、機械製材や鍛造、鋳造、木工等の各種設備が整備されました。札幌製作場に隣接するように、北海道で収穫された野菜やホップなどの作物を加工する、ビールや醤油、味噌、精油、織物など40あまりもの官営工場が建てられ、一帯は一大工業団地となりました。現在のサッポロビールは、このときに設置された開拓使麦酒醸造所がもとになっています。

交通面では函館－札幌間の札幌本道や札幌－小樽間の後志《しりべし》道などの主要道路、１８８０（明治13）年末には手宮《てみや》（小樽市）－札幌間に幌内《ほろない》鉄道が部分開通します。

しかし、１８８１（明治14）年、黒田は開拓使10年計画の満了に伴い、開拓使事業の継続を望んで、官営工場を民間企業に安価で払い下げようとしましたが、世論の高まりによって中止となる疑獄事件が起こります。

これが発端となり、明治14年の政変が生じ、払い下げに反対していた大隈重信が、政敵である伊藤博文によって国会から追放されます。そして、事件に巻き込まれた開拓使は翌年に廃止され、加えて、北海道は札幌県、函館県、根室県に分けられました。

発展を加速させたアジア初の冬季五輪

3県に分けられた北海道でしたが、1886（明治19）年に北海道庁が設置され、統合されます。そして、初代北海道長官には、岩村が就きました。

北海道への移住は、第一次世界大戦の好景気に支えられ、最盛期を迎えます。1918（大正7）年には、開道50周年の北海道博覧会が中島公園や札幌駅前通で開催されました。この博覧会を機に、道外の企業や銀行の支店が札幌をはじめとする道内の都市に進出。1922（大正11）年には、北海道に市制が施行され、函館とともに札幌は市となりました。1940（昭和15）年には人口が20万人を超え、函館市を抜いて以来、道内一の人口を有します。

第二次世界大戦後の混乱期を経て、1972（昭和47）年には、アジアで初めてとなる冬季オリンピックが札幌で開かれました。このオリンピック開催により札幌市営地下鉄や地下街などが整備され、現在見ることのできる札幌市の姿が形づくられていったのです。

函館

—はこだて—

本州との交易を担った北海道の玄関口

古くから函館には、多くのアイヌや和人が集まり、北海道と本州との接点として、道内の都市の中でもいち早く栄えてきた地である。

幕末期における外国への開港や戊辰戦争を経て、歴史的な遺産が生まれていった。

現代においても、全国規模の人気観光スポットがあり、街の魅力度ランキングで常に上位に位置している。人々を引きつけてやまない、この都市の歴史をひも解いていこう。

特徴的な地形が生んだ日本の三大夜景

北海道の渡島《おしま》半島南端に位置する函館。津軽海峡を挟んだ対岸の本州に近く、北海道の玄関口として港を中心に栄えてきました。

函館市の市民徽章《きしょう》を見てみると、〝巴〟の形をしています。これは津軽海峡に突き出た岬の角に抱かれ、海水が深く湾内に入って巴の形をした函館港をモチーフにしているからです。そのため、函館港は別名「巴の港」とも呼ばれていました。

岬部分には標高334メートルの函館山があり、函館のシンボルのひとつとなっています。山の麓から函館港にかけてが旧市街地となっており、赤レンガ倉庫街や和洋折衷の函館独特の住宅が立ち並ぶ、趣のあるエリアです。

実は、かつて函館は島でした。ところが、海流で運ばれてきた土砂が島と陸地の間に堆積し、陸続きになりました。この地形を陸繋砂州《りくけいさす》（トンボロ）といい、高低差のないこの砂州に人が集まり、旧市街地が形成されます。日本三大夜景のひとつに数えられる函館山からの景色は、この地形によって生まれました。

■現在の函館市の地形（上）と大正初期の函館市街（下）

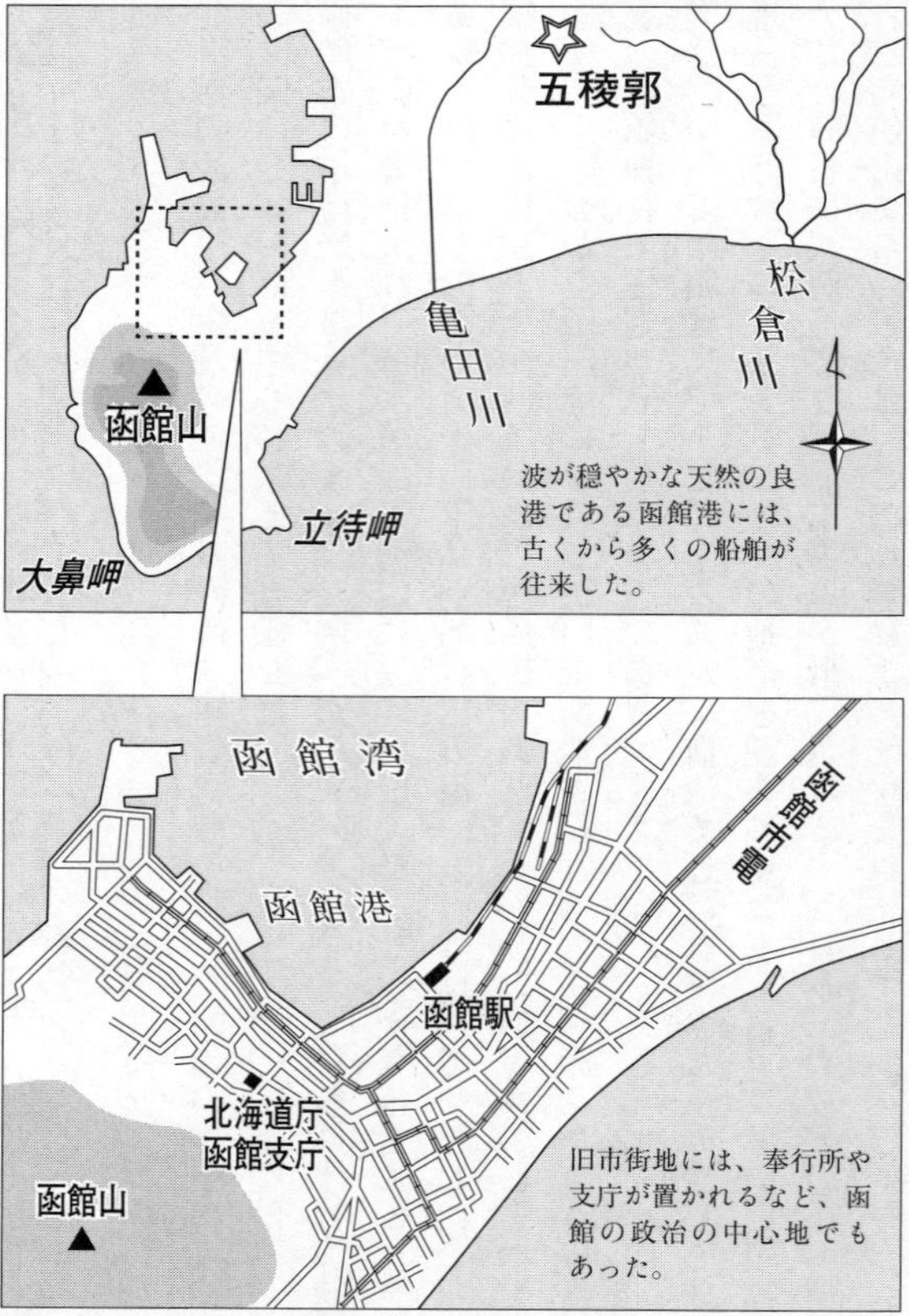
五稜郭
松倉川
亀田川
函館山
立待岬
大鼻岬
波が穏やかな天然の良港である函館港には、古くから多くの船舶が往来した。
函館湾
函館港
函館市電
函館駅
北海道庁
函館支庁
函館山
旧市街地には、奉行所や支庁が置かれるなど、函館の政治の中心地でもあった。

国際日本文化研究センター所蔵「函館市街新全圖：附近郡部之圖」（大正２年）を参考に作成

函館湾に面した金森《かねもり》赤レンガ倉庫街から函館山にまっすぐ延びる八幡《はちまん》坂をはじめとした坂があり、そこから湾を眺めようと観光客が訪れます。

近代的なビル群が立ち並ぶ繁華街（五稜郭方面）と旧市街地とは、1913（大正2）年に運転を開始した函館市電の路面電車によって結ばれました。現在の市電は総延長10・9キロメートル。1日平均1万4300人の足となっています。

和人支配を決定づけたアイヌの蜂起

明治時代以前の函館は「箱館」と記されていました。津軽の豪族である河野正通《こうのまさみち》が宇須岸《うすけし》（現在の函館湾一帯）に箱型の館を築いた、小さな館を意味するアイヌ語の「ハクチャシ」が転じたなどの説があります。ただし、中世のアイヌ館跡が市内6カ所で見つかっており、和人に先立って、アイヌが住んでいたことがわかっています。

北海道最古の記録である松前藩《まつまえ》の『新羅之記録《しんらのきろく》』には、1457（康正《こうしょう》3）年に和人とアイヌとの争い「コシャマインの戦い」があったと記されています。この戦いは、箱館をはじめとして道南地方の海岸沿いに進出していた和人の12の館を、集落の長・

コシャマインを中心としたアイヌが襲撃。箱館を含む10の館がアイヌに攻め落とされましたが、のちに松前氏を継ぐ武田信広《たけだのぶひろ》がコシャマインを射殺し、アイヌを鎮圧しました。1512（永正《えいしょう》9）年には、宇須岸《うすけし》にあった和人の館が再びアイヌ勢力に攻撃されますが、これも鎮圧します。

江戸時代に入り、箱館は松前藩の支配下に入ります。蝦夷地《えぞち》では米が収穫できなかったため、松前藩はその代わりにアイヌとの交易の独占権を得ます。18世紀には交易を商人に任せ、藩は商人に税を納めさせ収入を得ていました。漁業が発展し交易量が増えると、松前藩は松前以外に江差《えさし》と箱館を交易港に指定。この3港以外での交易を禁止しました。さらに北前船が入港し、米や塩など本州の物品を買い、昆布など蝦夷地の海産物を売るようになると、箱館は徐々に発展していきます。

そんな箱館に1793（寛政5）年、通商を求めてロシア軍人のラクスマン一行が来港します。これが箱館に入港した最初の外国船です。以降、近海に外国船が出没したため、江戸幕府はロシアの南下を警戒。北方警護に力を入れるようになり、箱館を含む蝦夷地の大部分を松前藩から取り上げて、1802（享和2）年には直轄地とし、現在は元町公園となっている場所に箱館奉行所を置きます。

開港によって築かれた五稜郭

箱館の歴史を語るのに外せない人物がいます。江戸後期の商人・高田屋嘉兵衛《たかだやかへえ》です。嘉兵衛は箱館を拠点として巨万の富を築くとともに、海を埋め立てて箱館湊に造船所を開設したほか、当時の函館山の植林や道路の修繕などにも尽力しました。

1811（文化8）年に起こったロシア海軍艦長ゴローウニンが松前藩に抑留された「ゴローウニン事件」の際、ゴローウニンの消息を聞き出そうとしてロシア側につかまります。その後、カムチャッカに抑留された際、ロシアと幕府との調停役となり、事件を解決に導きました。

来航した外国船はロシアだけではありません。1854（安政元）年、日米和親条約の締結により開港の決まった箱館を、アメリカ海軍提督ペリーが検分に訪れます。開港地に選ばれたのは、捕鯨船の食料・燃料の補給基地として適していたからです。

箱館の開港により、廃止されていた奉行所が箱館に再設置されます。箱館奉行所は海岸の防備や外国との交渉、蝦夷地の統治を担いました。

一方で防備が薄いことから日本初の西洋式城郭「五稜郭」が建造されます。独特な星形の構造は、その先端部に砲台を配置することで防御時の死角を無くすための設計です。1864（元治《げんじ》元）年には、箱館奉行所の機能は五稜郭へと移り、蝦夷地の政治や外交の中心となります。

戊辰戦争、最後の舞台に

1867（慶応3）年、大政奉還によって突如として江戸幕府に終止符が打たれます。続いて間もなく薩摩藩と長州藩を中心とする新政府軍と旧幕府軍との戊辰《ぼしん》戦争が勃発。1868（慶応4）年、江戸城の開城で居場所を失った榎本武揚《えのもとたけあき》率いる旧幕府艦隊は、東北を敗走する土方歳三《ひじかたとしぞう》らと合流すると蝦夷地に上陸します。榎本らは新政府のもとで徳川家が蝦夷地を開拓し、ロシアから北方を防衛することを構想したのです。

1868（明治元）年10月、榎本らは五稜郭を占領。12月に蝦夷地を平定すると、選挙により榎本を総裁とする蝦夷共和国政権を樹立し、新政府に開拓の許可を求めます。しかし、許可されるはずもなく、新政府は蝦夷地に向け軍隊を派遣します。

１８６９（明治2）年3月、蝦夷地に上陸した黒田清隆率いる新政府軍は、3部隊に分かれて箱館に向け進軍を開始します。これが箱館戦争です。土方の奮戦もむなしく、物量にまさる新政府軍により蝦夷共和国軍は五稜郭への撤退を余儀なくされます。同年5月11日、新政府軍は箱館と五稜郭を包囲し、総攻撃を開始。箱館山の裏側からの奇襲により箱館は占領され、奪還に向かった土方が銃弾を受けて戦死します。

さらに弁天岬台場、千代ケ岡《ちよがおか》陣屋を攻め落とされた榎本は、17日に新政府軍に降伏。五稜郭を明け渡します。ここに箱館戦争、そして戊辰戦争が終結しました。こののち、政府により「箱館」だった表記が「函館」に統一されます。

その後、北海道の開拓の本拠地は札幌に移ります。とはいえ、明治末から昭和初期にかけての函館は、日本海、オホーツク海、ベーリング海の漁業権益を確保して行なわれた北洋漁業の根拠地として発展。その道程で函館は、１９３４（昭和9）年の函館大火をはじめとする火災にたびたび見舞われながらも、異国情緒を残しつつ、力強く復興していきます。そんな函館を訪れようと、２０１６（平成28）年に開業した北海道新幹線を利用し、首都圏などから多くの人が訪れています。

十三湊

安藤氏のもとで栄えた中世の交易都市

— とさみなと —

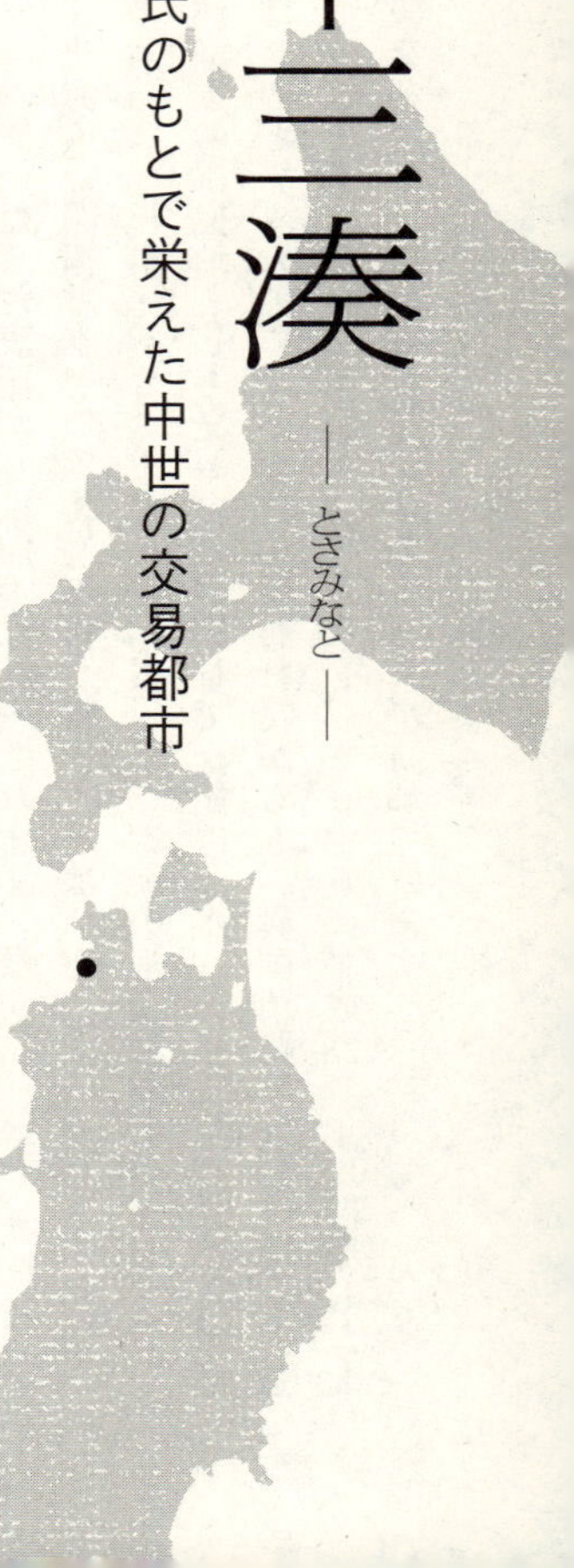

本州北端の津軽半島北西部、青森県五所川原市の日本海側に、鎌倉時代から室町時代半ばにかけて、日本国内でも有数の巨大貿易港が存在した。奥州藤原氏や安藤氏によって築かれた港町は、蝦夷地（北海道）や海外との交易拠点として繁栄したことが、近年の調査によって明らかになってきている。

果たして、これほどの海運都市はどのように生まれ、どのようにして歴史の表舞台から消えていったのだろうか。

太宰も評した穏やかな湖

「浅い真珠貝に水を盛ったような気品はあるがはかない感じの湖」――太宰治が自伝的小説『津軽』で十三湖《じゅうさんこ》を評した言葉です。十三湖は日本海に隣接する、淡水と海水の混じった汽水湖で、その特性からヤマトシジミが特産品です。近頃では、豊富に採れるシジミを使ったしじみラーメンが名物料理となっています。

十三湖は最大水深1・5メートルと浅く、周囲は約30キロメートル。青森県内では小川原《おがわら》湖、十和田湖に次ぐ3番目の大きさです。十三湖の名称の由来にはいくつかの説が存在し、最有力は岩木《いわき》川をはじめとする13もの川が湖に流入していたからというものです。日本海との間にある砂洲に13の集落があったからという説もあります。

現在の十三湖は、南に航空自衛隊の基地がありますが、水田や緑地、キャンプ場に囲まれた静かな湖です。かつて太宰が見た風景を、今でも見ることができます。

しかし、現在の風景からは想像できない、日本有数の国際貿易港が13世紀から15世紀前半にかけて、この地に存在していました。

湖と日本海の間の砂洲にできた港町

2万年から1万年前にかけての旧石器時代、すでに十三湖周辺には人が住んでおり、いくつかの遺跡が見つかっています。縄文時代には気温が上昇し、海水面が高くなった十三湖は現在よりも面積が広かったとされています。温暖で過ごしやすく魚や貝が獲れたこともあり、人が集まり沿岸には村ができました。なお、現在の津軽一帯は北海道南部から北東北一帯にかけて形成された文化圏の中心地でした。日本の代表的な巨大集落である三内丸山《さんないまるやま》遺跡（青森市）ができたのもこの頃です。

弥生時代の後期には一転して気温が下がり、十三湖周辺の人口は減少。青森を中心に形成された文化圏も衰退してしまいました。

人口が再び増え始めるのは、878（元慶《がんぎょう》2）年、朝廷の圧政に出羽《でわ》国の蝦夷《えみし》が蜂起し、秋田城を襲撃した元慶の乱の前後です。人口が増えたのは、一説に圧政から逃がれた人々が津軽地方に集まったためともいわれています。

平安後期には、十三湖と日本海の間の砂洲にあった港町が、蝦夷地《えぞち》との交易により発展します。これが「十三湊《とさみなと》」と呼ばれる港です。その呼び名が「じゅうさん」ではなく、「とさ」なのは、アイヌ語の「トーサム（湖のほとりという意味）」が由来だとの説が有力です。

当時、十三湊を含む一帯は蝦夷の血を引く奥州藤原氏の影響下にありました。十三湖には奥州藤原氏3代目の秀衡《ひでひら》の弟・秀栄《ひでひさ》が建立した檀林寺《だんりんじ》や、居城とした福島城があり、その主である秀栄は十三氏を名乗ります。1189（文治《ぶんじ》5）年に、奥州藤原氏が源頼朝の軍勢に滅ぼされると、十三湊は鎌倉幕府の支配下に入りました。

津軽の地に誕生した巨大貿易港

鎌倉時代、奥州藤原氏に代わって十三湊を治めたのは、豪族の安藤《あんどう》（のちの安東）貞季《さだすえ》でした。2代執権・北条義時によって蝦夷を統括する役職「蝦夷管領」に任ぜられた安藤氏も奥州藤原氏と同様、ルーツは蝦夷です。前九年合戦で源頼義に討たれた安倍氏の子孫といわれています。

貞季と十三氏は対立し、1229（寛喜《かんき》元）年に萩野台《はぎのだい》の合戦が勃発。この結果、十三氏は滅び、安藤氏の十三湊における支配は盤石となります。

新たな支配者となった安藤氏が、蝦夷地や日本海沿岸地域の北方貿易のみならず、中国の北宋王朝や樺太などとも交易を行なったことで、十三湊は栄えました。一説に、鎌倉時代に人口が10万人に達したとも推計されています。また、安藤氏は水軍を設立し、十三湊に来航する商船を倭寇《わこう》などの海賊から守ったそうです。

十三湊は室町時代に最盛期を迎えます。同時期までに成立した日本最古の海商法規集『廻船式目《かいせんしきもく》』に、博多や堺と並ぶ日本十大港「三津七湊《さんしんしちそう》」の一港として、十三湊が記されたほどです。

14世紀末には町の規模が一気に拡大します。1991(平成3)年から国立歴史民俗博物館と富山大学が共同で行なった十三湊遺跡の現地調査によって、十三湊の基本的な町並みが明らかになりました。

それによると、十三湊は南北約1・5キロメートル、東西約500メートルの広さで、現代の十三集落と背後の畑をあわせた程度でした。規則正しく配置された道路や溝、船着き場などの港湾施設のほか、現在の十三小学校の校庭沿いには、遺跡の中心部に向かって伸びる土塁や堀の跡が残されています。

■室町時代の十三湊（左）と現在の十三湊の位置（右）

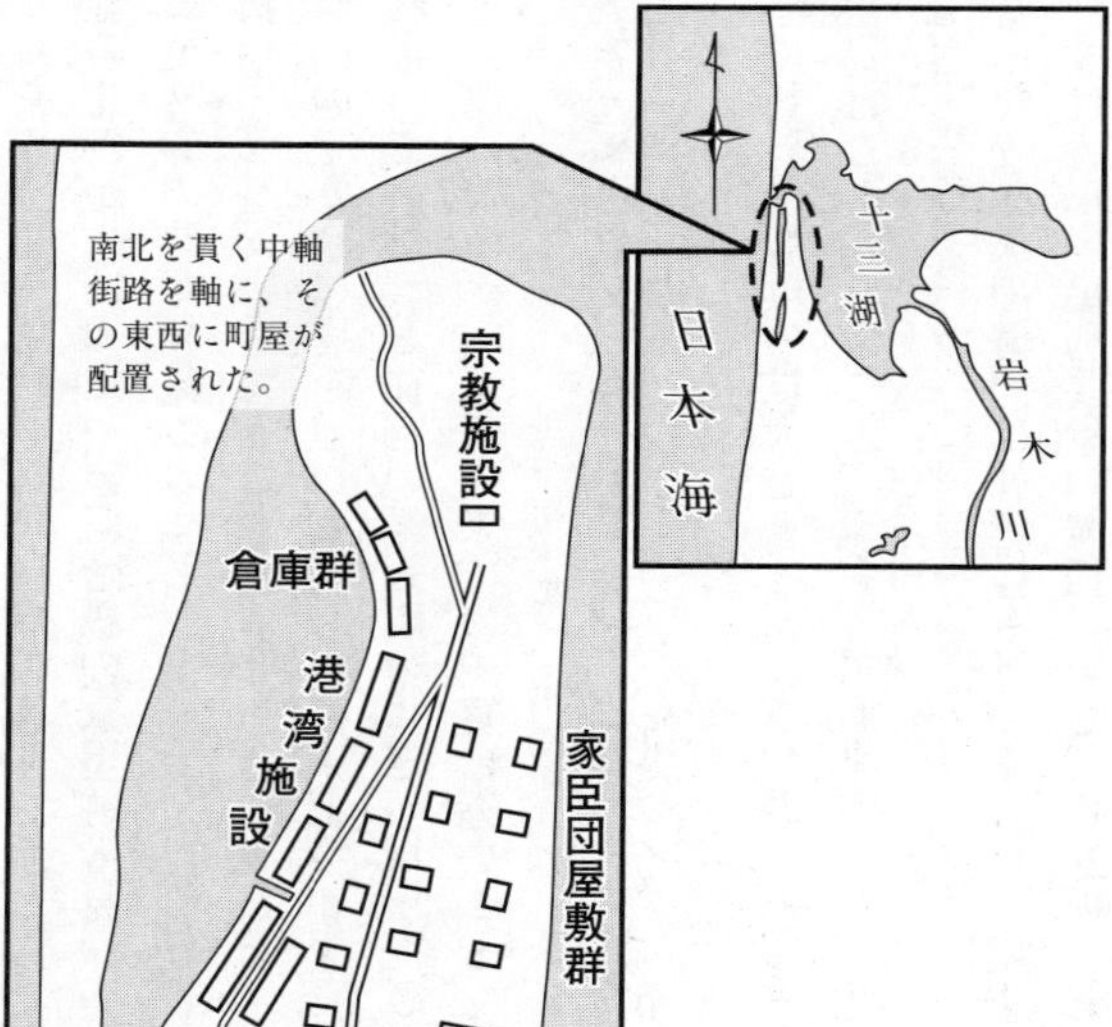
南北を貫く中軸街路を軸に、その東西に町屋が配置された。
宗教施設
倉庫群
港湾施設
家臣団屋敷群
安藤氏館(?)
中軸街路
町屋群
十三湖
日本海
岩木川

一般社団法人 農業農村整備情報総合センター「水土の礎」HP掲載図を参考に作成

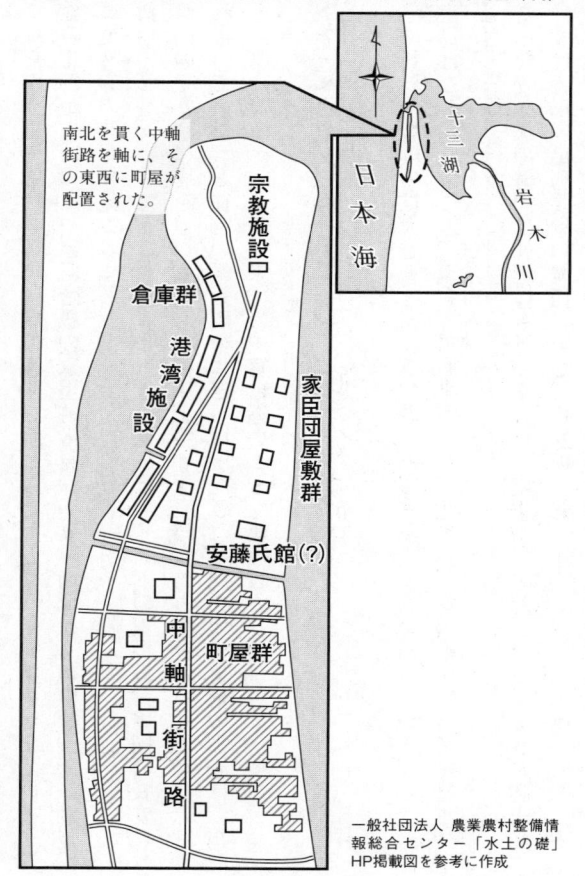

これらの土塁や堀は、都市区域の南限を示していたという研究結果が出ています。土塁の北側からは領主や家臣階級の家屋跡も見つかり、南側からは町家や十三湖岸沿いに檀林寺の跡が発見されました。

僧侶の弘智《こうち》が書いたとされる『十三往来《とさおうらい》』には「インドの王舎城、中国の長安城、わが国の平安京に肩を並べるくらいの大都会が十三湊であり、湊には中国の船などが群れ集っていた」と往時の十三湊のにぎわいが記されています。遺構の調査は、当時の十三湊の規模が『十三往来』の内容に近いことを裏づけました。

安藤氏の敗走とともに迎えた終焉

港や貿易の規模の拡大とともに、支配者である安藤氏も力をつけていきました。津軽半島はもちろんのこと、現在の男鹿《おが》半島から下北半島、蝦夷地南部まで影響下に置きます。

そんな安藤氏の財力は朝廷にも及びました。康季《やすすえ》が当主だった1423（応永30）年、5代将軍・足利義量《あしかがよしかず》の就任に際し、馬20頭、鳥5千羽、ラッコの毛皮30枚などを贈っています。さらに、勅命により康季は若狭国羽賀寺の再建に尽力。『羽賀寺縁起』には「奥州十三湊日之本将軍安倍康季」と記されています。

「安倍」とあるのは安倍が本姓だからです。この「日之本将軍」という称号は、当時の後花園《ごはなぞの》天皇も認めたものでした。

絶頂にあった安藤氏のもとで繁栄した十三湊でしたが、15世紀半ばに終焉を迎えます。八戸方面から南部氏が侵攻し、康季は蝦夷地に逃走します。主を失い、南部氏が手をつけなかった十三湊は衰退。北方貿易の拠点は野辺地《のへじ》湊（現在の青森県野辺地町）や大浜（現在の青森市油川《あぶらかわ》）に移り、十三湊は土砂の堆積で水深が浅くなり、港としての機能が低下しました。

16世紀後半になると、鎖国により国内物流が盛んになり、岩木川を使った米や木材を運搬するための中継港として整備された十三湊は港湾機能を回復します。それもやがて、明治時代になり木材の輸送が森林鉄道にとって代わられると、十三湊は港としての役割を終えます。

２００５（平成17）年、一帯の遺構は中世の貴重な港湾都市の特徴を色濃く残しているとして、国指定史跡に認定されました。

平泉《ひらいずみ》

東北を席巻した奥州藤原氏が築いた理想郷

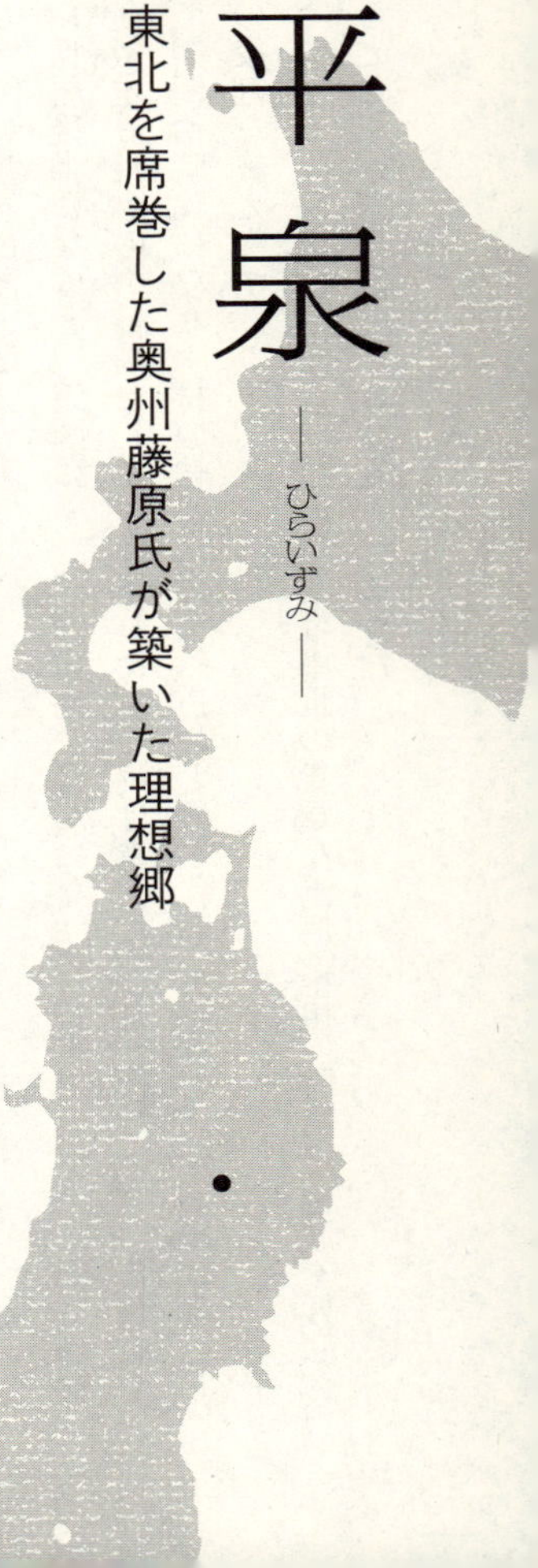

平安末期、平泉（現在の岩手県西磐井郡平泉町）に、当時の日本でも有数の規模を誇る都市が形成された。

交易や金の採掘から得られる莫大な財源をもとに、奥州藤原氏が3代にわたってつくり上げた平泉には、中尊寺や毛越寺などに代表される高度な宗教文化が花開いた。

なぜ平泉の地を奥州藤原氏が根拠に定めたのか、どのような都市づくりを目指したかを見ていこう。

藤原姓を名乗り平泉を拠点化

奥州藤原氏が本拠地とする以前の平泉は、朝廷の権力が及ばない蝦夷《えみし》の支配する土地でした。平泉の北側を流れる衣川《ころも》は和人《わじん》の世界と蝦夷の世界の境界であり、対岸には現在の岩手県一帯を支配していた安倍氏が築いた「衣（衣川）の関」がありました。

平安時代、蝦夷の反乱がくり返し起こっていました。１０５１（永承６）年、俘囚《ふしゅう》（朝廷に帰属した蝦夷）の長であった安倍氏が反乱を起こします。朝廷は、源氏の棟梁である源頼義・義家父子を派遣。父子は、出羽国《でわ》（現在の秋田県と山形県）豪族の清原氏の力を借りて反乱を鎮圧しました。これが前九年合戦です。

このとき、安倍氏の一族に属する陸奥国《むつ》亘理郡《わたり》（現在の宮城県亘理郡）の豪族・藤原経清《つねきよ》が頼義に斬首されました。その後、経清の妻は清原氏に嫁ぎます。その連れ子は清原と姓を変え、清原清衡《きよひら》を名乗ります。

それから11年後、今度は清原氏の相続による内紛が起こります。これに義家が介入し、清衡を助けて勝利します（後三年合戦）。

この勝利により清衡は安倍氏の支配していた衣川より北の陸奥6郡（奥六郡）を領有。藤原清衡を名乗り、奥州藤原氏の祖となりました。

清衡は本拠地を江刺《えさし》（現在の岩手県奥州市）から平泉に移します。理由は、平泉には北上川やその支流である衣川、太田川などが流れ、幹線道路「奥の大道」が通る、水陸交通の要衝だったからです。加えて、北上川の東岸一帯が大穀倉地帯であったこと、平泉の地名の由来が「平地にある泉」という説もあるくらい、水が豊かな土地だったことも理由でしょう。

また北上川は下流の一関で峡谷に入るため、上流ではたびたび氾濫しました。しかし平泉は、西に金鶏山《きんけいざん》や中尊寺の連なる台地の上にあったので、洪水の被害はほとんど受けず、地形的にも最適でした。

ほかにも、清衡の統治範囲は、南は現在の福島県白河市付近から北は青森県青森市付近までであるとされ、平泉の緯度はちょうどそれらの中間にあたることから、位置関係を考慮していたのかもしれません。

平泉に移った清衡は合戦で亡くなった者の供養として、1105（長治《ちょうじ》2）年に中尊寺を建立します。この中尊寺から奥州藤原氏3代にわたる平泉の発展が始まります。

奥州藤原氏の栄華を支えた財源

天台宗の東北総本山である中尊寺は、慈覚大師《じかくだいし》・円仁《えんにん》によって、850（嘉祥《かしょう》3）年に開山されたといわれます。実際には清衡が造営した時点が創建と考えてもよいでしょう。やがて東北仏教の拠点となった中尊寺には、寺塔が40余、禅房は400余もあったそうです。現存する伽藍《がらん》のなかで、とくに金色堂は有名です。

清衡が中尊寺を建てることができたのは、領内で金が豊富に産出したからです。鷲《わし》之巣《のす》金山や卯根倉《うねくら》鉱山（ともに現在の岩手県西和賀《にしわが》町）などで採れた金は、現在の秋田県横手市から岩手県北上市まで延びる通称「秀衡街道」を使って平泉まで運ばれ、奥州藤原氏の財源となりました。ヴェネチアの商人マルコ・ポーロは、著書『東方見聞録』において、日本の宮殿や民家は金でできていると記しています。一説には、金色堂の話を聞いたからともされます。

清衡が死に、跡を継いだ2代目の基衡《もとひら》は、町の西に毛越《もうつう》寺を造営します。この毛越寺には、日本最古の庭園書『作庭記』に記されている技法が多く使われた、極楽浄土を表現した庭園があります。多くの伽藍ができ、往時には中尊寺の勢力をしのぐ、堂塔40、僧坊500を数えたそうです。基衡は町割を行ない、毛越寺前の大路に大きな建物が立ち並ぶ倉町をつくるなど、平泉を大きく発展させました。12世紀前半、平泉の街は毛越寺周辺が最初に開発されて中心地となったと考えられています。

1157（保元2）年に基衡は死去し、秀衡《ひでひら》が3代目となります。秀衡は毛越寺を完成させ、宇治の平等院鳳凰堂を模した無量光院《むりょうこういん》を建立しました。この建物の両側にある翼廊《よくろう》は鳳凰堂のものより大きかったと伝わっています。

和人と蝦夷の世界をつないだ貿易

平泉の宗教の中心は中尊寺や毛越寺ですが、政治の中心は北上川の近く、現在の柳之御所遺跡にかつて存在した「平泉館」でした。1988（昭和63）年から6年にわたる調査の結果、平泉館は奥州藤原氏の居館ではなく、政庁や役所などの権力の中枢機能が集中する政治的建造物だったことがわかりました。出土品から秀衡の代に建てられた可能性が高いといわれています。

■奥州藤原氏治世の平泉

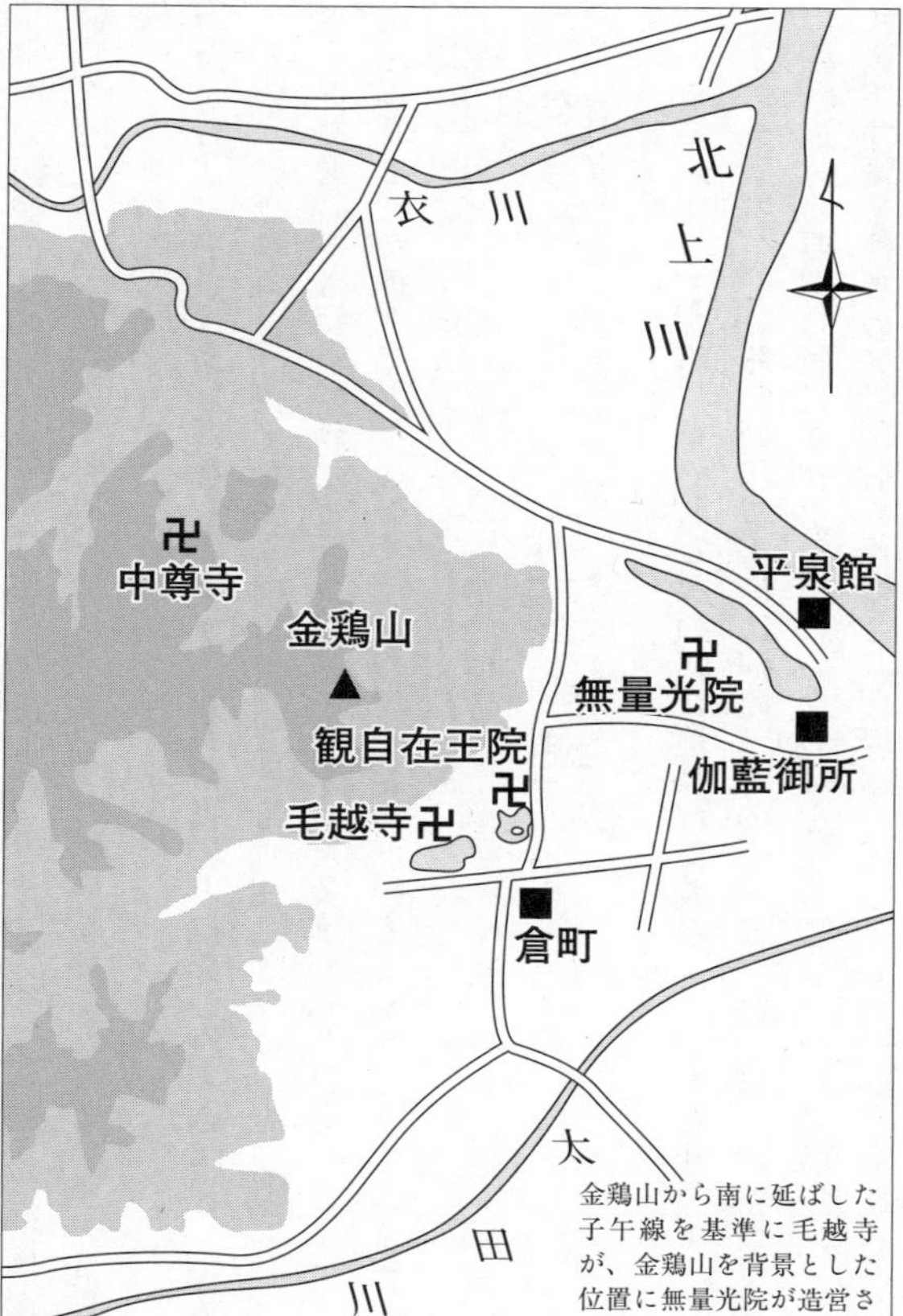
衣川
北上川
中尊寺
金鶏山
観自在王院
毛越寺
平泉館
無量光院
伽藍御所
倉町
太田川
金鶏山から南に延ばした子午線を基準に毛越寺が、金鶏山を背景とした位置に無量光院が造営された。

東京大学出版会『図集 日本都市史』p75「平泉 全域図」を参考に作成

平泉館の南側に隣接し、無量光院東門と向き合うようにあったのが、秀衡の住居「伽羅御所《きゃら》」です。秀衡が平泉館に居住せず、伽羅御所を建てたのは、無量光院には拝院としての役割があったためという説があります。

秀衡の時代、平泉は最盛期を迎えます。和人の世界と蝦夷の世界の境界に位置する都市という利点もあり、貿易が盛んであったことも理由でしょう。金色堂には、シルクロードを通ってもたらされた夜光貝や象牙を用いた装飾が施されています。また、蝦夷地以北でしか採取できないアザラシの皮や鷲の羽根も交易品としてありました。遠く大陸や樺太とも交易し、特産品が流入する窓口となっていました。

奥州藤原氏の滅亡とともに衰退

1187（文治3）年、兄である源頼朝に追われた義経が、秀衡を頼って平泉に落ちのびてきます。ところが同年、秀衡は病死。その2年後、跡を継いだ泰衡《やすひら》は頼朝からの義経追討の要求に屈し、衣川の館にいた義経を攻めます（衣川の戦い）。武蔵坊弁慶をはじめ従者が討ち死にし、義経は自刃《じじん》しました。のちの江戸時代、4

代仙台藩主・伊達綱村は義経を偲び、北上川を望む高台に義経堂《ぎけいどう》を建立しました。

衣川の戦いにより、奥州藤原氏の命運は定まります。頼朝は泰衡が勝手に義経を襲撃したことを罪とし、自ら大軍を率い平泉に攻め入りました（奥州合戦）。歴戦の坂《ばん》東《どう》武者に勝てるはずもなく、泰衡は比内《ひない》郡贄柵《にえのさく》（秋田県大館市）まで逃げたところで部下に殺され、奥州藤原氏は4代で滅亡します。これにより源平の争いに端を発した治承《じしょう》・寿永《じゅえい》の乱は終焉を迎えました。

泰衡の首は八寸釘で額を貫かれて掲げられたのち、金色堂に埋葬されました。金色堂は奥州藤原氏の墓所でもあり、清衡と基衡、秀衡の亡骸、そして泰衡の首は金色の棺に納められて、須弥壇《しゅみだん》の中に今も眠っています。

奥州藤原氏に代わり、葛西清重《かさいきよしげ》が奥州惣奉行に任じられ、奥州の御家人を統率します。葛西氏は平泉でなく、石巻に拠点を置きました。主を失った平泉は急速に衰退し、農村化します。

以降、平泉は歴史の表舞台から姿を消しますが、発掘調査を契機に平泉の文化的な価値の見直しが進んでいます。2011（平成23）年、ユネスコ世界文化遺産に岩手県西磐井《にしいわい》郡平泉一帯が登録され、奥州藤原氏の栄華の面影を今に伝えています。

仙台《せんだい》

伊達政宗の願いが込められた「杜の都」

東北一の人口を誇る都市である仙台は、伊達政宗の手によって生まれたといっても過言ではない。

関ヶ原の戦い後に領地を加増された政宗は、新たな拠点となるにふさわしい地を選び、城と城下町を同時に建設。そのもくろみ通りに仙台の地は発展していく。

政宗の死後、お家騒動や戊辰戦争で仙台の地位は揺れ動いたが、東北の中心都市の地位をゆずることなく現在に至る。

仙台を本拠地と定めた奥州の独眼竜

仙台という都市を語るとき、独眼竜と称された伊達政宗の存在は欠かせません。伊達家は鎌倉時代には、奥州伊達郡（現在の福島県伊達市）を支配する御家人でした。室町時代、奥州の軍政と民政を司る奥州探題に任ぜられた政宗の祖父・晴宗は、本拠地を出羽《でわ》の米沢に移します。この地で1567（永禄10）年に生まれたのが政宗です。

政宗は18歳で伊達家当主となると、領地拡張にまい進します。会津の蘆名《あしな》家と常陸《ひたち》の佐竹家の連合軍を摺上原《すりあげはら》の戦いで破り、肥沃な会津地方を手に入れると、黒川（のちの会津若松）に本拠地を移します。

その2年後の小田原合戦の際、政宗の参陣が遅れたことを理由に会津はおろか、米沢、伊達郡まで没収され、陸奥大崎および葛西（現在の宮城県北部〜岩手県南部）が代替地とされました。米沢と会津を失った政宗は、新たに岩出山城（宮城県大崎市）を築城して本拠地としました。

関ヶ原の戦いが起こった際、旧領を返還するという約束で政宗は東軍につき、西軍

につい た会津の上杉景勝をけん制します。しかし、東軍勝利の論功行賞で与えられたのは、2万5千石のみでした。旧領を取り戻せなかったのは、関ヶ原の戦いの直後、南部家領で起こった一揆を政宗が扇動したことが露見したからだともいわれています。

その後政宗は、街道から離れており、交通に不便な岩出山城から出て、新たな本拠地として「千代《せんだい》」の地を選びます。千代という地名は、かつてこの地に千体の仏像があり、その支配者であった国分《こくぶん》家が千代城（当時すでに廃城）を築いたことからという説、広瀬川の内側に開けた地形から「川内《せんだい》」という意味で名づけられたという説などがあります。

1601（慶長6）年、政宗は千代を「仙臺（仙台）」と改称します。仙臺とは、中国の唐代の詩『同題仙遊観』に登場する仙人が集うために造営された宮殿の名です。政宗はその詩から、栄華が千代《ちよ》では短い、不老長寿の仙人が住むような永遠の地にしたい、という願いを込めて改称したといいます。

仙台を本拠地に選んだのは、奥州街道（仙台道）沿いにあるうえ、平野が海まで広がっていたことが大きいでしょう。さらに、もし家康が約束通り領地を加増していれば、領地の中心がちょうど仙台であったからともされます。

江戸城に次ぐ規模を誇った仙台城

1601（慶長6）年から青葉山で築城が始まり、整地作業や石垣の積み上げが進みます。同年4月には政宗が移り住み、初代仙台藩主となります。完成は1610（慶長15）年のことでした。

仙台城は現在の仙台市中心部の西にある青葉山の標高130メートルの地点にあります。この山の名前から別名、青葉城とも呼ばれました。城の西には山林、南は竜ノ口渓谷、東は断崖でその眼下には西から南東へ山沿いに広瀬川が流れています。

青葉山に仙台城が築城された理由は諸説あります。元禄から享保時代に成立した『東奥老士夜話《とうおうろうしやわ》』によると、政宗は築城の候補地として青葉山、榴ヶ岡《つつじおか》、野手口（大年寺山）の3カ所を候補にあげ、徳川家康に選んでもらったそうです。同時期に成立した『仙台名所聞書』によると、政宗は江戸幕府に前述の3カ所を候補として願い出たとあります。政宗の本意は榴ヶ岡でしたが、第1希望は幕府に拒絶されると考え、あえて2番目に据えました。ところが幕府は、青葉山に許可を出したというのです。

完成した仙台城は約２万坪もの広さがありました。東京ドームのおよそ１・４倍、国内では江戸城の70万坪に続く２番目の広さです。ただし、派手好きな政宗にもかかわらず、天守はつくりませんでした。政宗の残した手紙によると、家康の存命中は軍事施設をつくらないとあるように、表向きは幕府に忠誠を示していたようです。

天守の代わりに政宗は、本丸に千畳敷といわれる絢爛豪華な２６０畳の大広間を設けました。また、清水寺の舞台のように崖にせり出した懸造《かけづく》りの「眺瀛閣《ちょうえいかく》」という建物をつくらせます。そこからは城下を一望できたといいます。ほかにも艮櫓《うしとらやぐら》という、ほかの城では天守に匹敵する規模の櫓が５つもそびえていました。

スペイン大使のセバスチャン・ビスカイノは、完成の翌年に仙台城に登城した際、「日本で最もすぐれ、最も堅固な城のひとつ」であると、著書『金銀島探検報告』で評すほどでした。

城下を一望できたことからわかるように、山城である仙台城への登城はひと苦労でした。そのため、２代藩主・忠宗《ただむね》は、１６３９（寛永16）年に青葉山麓に二の丸を築き、そこで政務を執るようになります。続いて三の丸（現在は仙台市博物館）も山麓につくられ、仙台城は実質的には平山城となったのです。

■仙台市の地形（上）と江戸前期の仙台城下町（下）

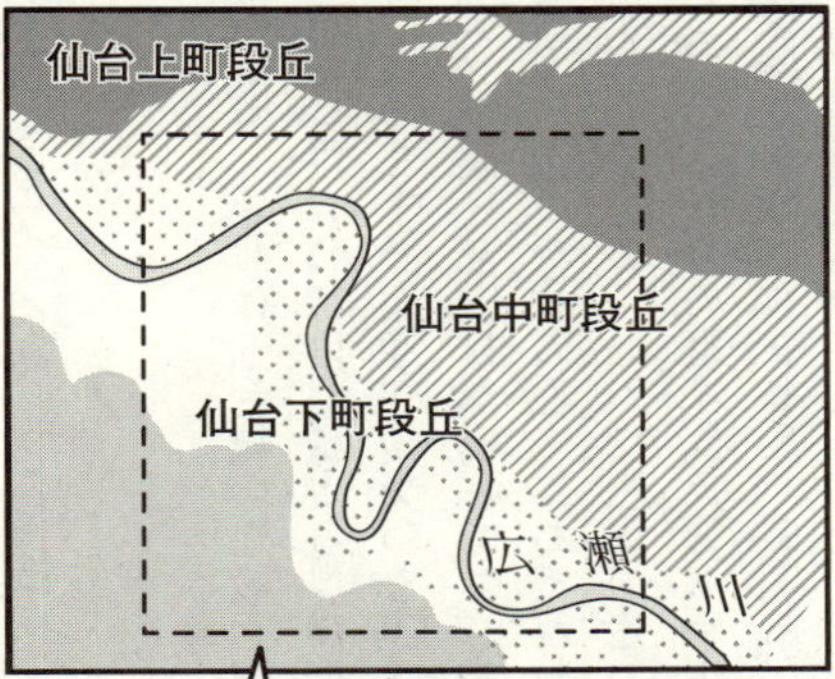
仙台上町段丘
仙台中町段丘
仙台下町段丘
広 瀬 川

広瀬川によってできた河岸段丘上に、仙台市街は位置する。

「仙台市建設局百年の杜推進部 河川課 広瀬川創生室」HP掲載の図を参考に作成

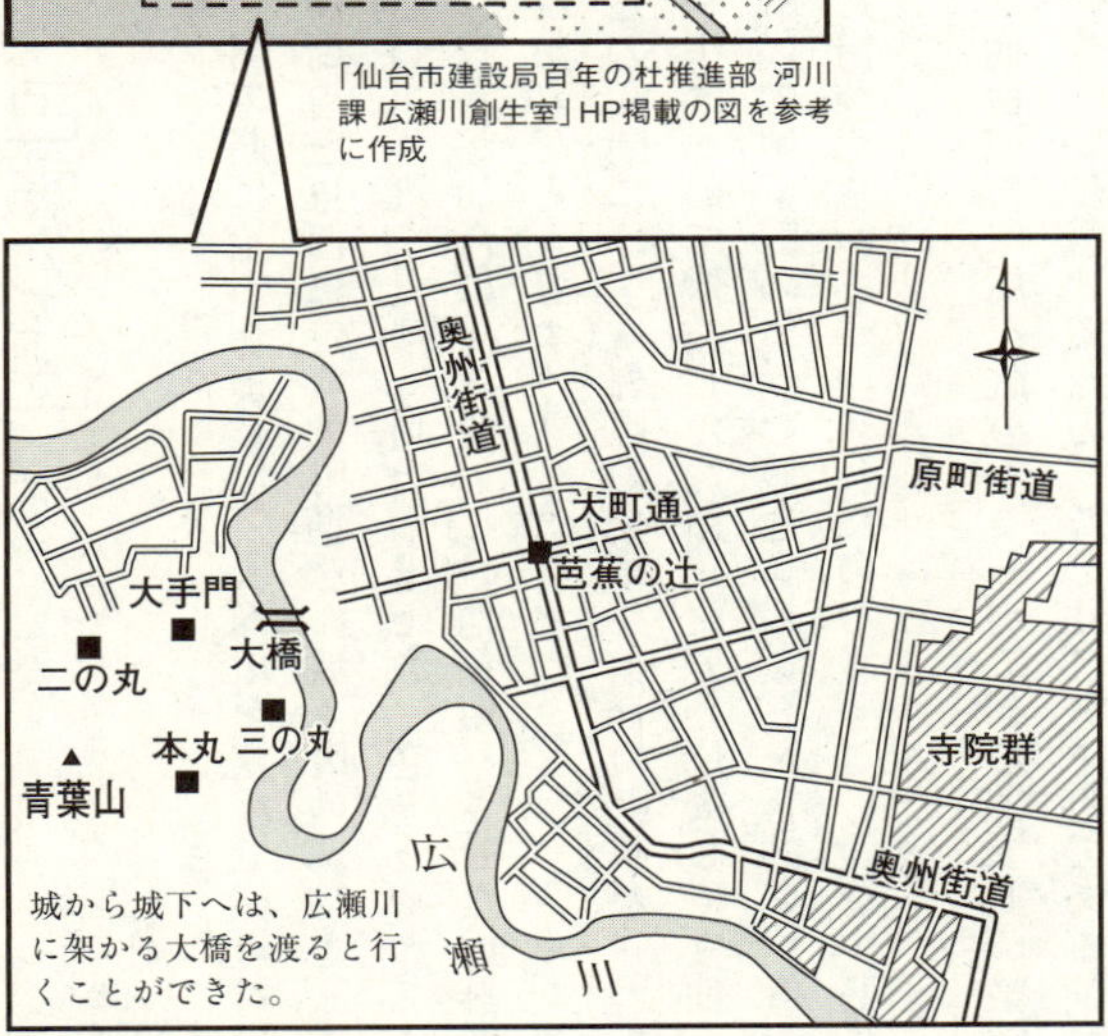
奥州街道
原町街道
大町通
芭蕉の辻
大手門
大橋
二の丸
三の丸
本丸
青葉山
寺院群
奥州街道
広 瀬 川
城から城下へは、広瀬川に架かる大橋を渡ると行くことができた。

宮城県図書館蔵『仙台城下絵図』「元禄 12(1699)」をもとに作成

仙台のランドマーク「芭蕉の辻」

城下町の建設は仙台城の建設と同時期に始まりました。広瀬川を挟んで城の対岸にある河岸段丘に、南北に走る奥州街道と東西に走る大町通を、城下町の基軸としました。この2本の大通りの交わる辻は「芭蕉の辻」と呼ばれました。芭蕉といっても俳諧師・松尾芭蕉とは無関係です。政宗が仙台に入る前、この地を偵察させた虚無僧《こむそう》・芭蕉の住まいが辻の近くにあったからだそうです。

城下町の中心であった芭蕉の辻の四隅には、城郭風の豪華な4軒の町家が立っていました。これらの町家はランドマークとして機能したため、たとえ焼失しても仙台藩の援助で再建されました。戦国時代の城下町のような城を守ることを目的とするのではなく、商業活動に主軸を置いた街づくりが心がけられたのです。この辻を中心に商業地を東西南北に広げていきました。

芭蕉の辻からは広瀬川越しに、仙台城の威風を眺めることができるよう道が整備されました。現代でも日本銀行仙台支店が位置するなど、この辻は城下町である仙台の中心地であり続けています。

政宗は水利の便を良くしようと地下に水路も整備しました。それが総延長約44キロメートルの四ツ谷用水です。広瀬川から引かれた水は城下町を通って、梅田川に放水されています。もたらされた水は、生活や農業、防火などに用いられました。明治期になると暗渠化や埋め立てが進み、1955（昭和30）年まではわずかに見えていた流れもなくなりました。

また政宗は、仙台城の南東に若林城の建設を指揮し、完成後はそこで政務を執っていたそうです。城の周りには重臣の屋敷や商人街があったことから、副都心的なものであったと考えられています。政宗の死後、その遺言により解体されました。

仙台藩に次々と降りかかる苦難

政宗は1636（寛永13）年に永眠します。政宗の死後、仙台藩はお家騒動（伊達騒動）に揺れます。3代藩主・綱宗《つなむね》が素行不良によって隠居させられ、その5年後には伊達家一門で所領紛争から刃傷沙汰が起こりました。続く4代藩主・綱村《つなむら》の専横政治で家臣が離反。そのことが幕府に知られると、綱村は隠居に追いこまれます。幕府の成立直後なら、お家取りつぶし相当の不祥事でしたが、当時の幕府は藩をつぶさない方針に転換していたため、伊達家にきびしい処分は科せられませんでした。

その後も苦難の時代は続きます。江戸中期から後期にかけて、東北では飢饉と疫病が頻発し、仙台城下には浮浪者や盗人が増え、打ち壊しが発生し、商家が襲われるなど、城下の規模は縮小します。

幕末になると、仙台藩は再び歴史の表舞台に躍り出ます。朝敵とされた会津藩の赦免を嘆願するために東北諸藩で奥羽越列藩同盟が締結され、13代藩主・慶邦《よしくに》が総督となります。東北各地で戦闘をくり広げますが、薩摩藩・長州藩を中心とする新政府軍の軍事力の前に敗戦。その結果、28万石まで減封されたものの、伊達家は存続が許されました。

政宗の政策がもとになった愛称

明治時代、新政府の意向で仙台は東北地方開発の中心地に据えられます。政府機関の東北支分局や大企業の支店、第二高等学校や東北帝国大学が置かれました。陸軍第2師団が駐屯し軍都にもなりました。陸軍歩兵第4連隊の兵舎や仙台陸軍地方幼年学校などの軍施設がつくられます。

1904（明治37）年には、仙台城からの眺望が一般開放されます。この眺めが「まるで森の中に街がある」ように見えたため、「杜《もり》の都」という呼称が使われ始めるようになりました。もともとは政宗が飢饉対策として植えさせた桃や柿、梨など、隣家との境界を明確にするための杉、防風や防火を目的とした植林を奨励したもので、その教えを仙台の人々が時代を超えて受け継いできたのです。

第二次世界大戦時には、仙台は軍都であったこともあり、空襲で市内中心部は灰燼と化し、仙台城大手門などが焼失。町中の緑も失われます。しかし戦後、東北自動車道や東北新幹線の開通を経て、再び東北の中枢としてふさわしい大都市へと復興を遂げました。

現在、仙台城跡には伊達政宗の騎乗像が仙台の町を見おろすように立っています。政宗の願いである、仙人の住むような平和な地になるよう、今も杜の都を見守っているのです。

会津若松

——あいづわかまつ——

名城と謳われた若松城を中心に広がる城下町

白河の関を有した現在の福島県は、東北の玄関口として機能してきた。その中でも、古くから発展していたのが会津の地である。地形的な特長によって、東北周辺地域より米づくりに適しているため、戦国時代から色々な大名が会津をめぐって争ってきた。

さらに、明治初期にも大きな戦渦に巻き込まれ、城下町のほとんどを焼失してしまうが、人々の情熱が優雅な若松城をはじめとする情緒深い街の佇まいを復活させた。

盆地に位置する稲作に適した土地

福島県内の天気予報は3地域に分けて紹介されます。太平洋に面し、いわき市を中心とする東の「浜通り」。中央部にあり県庁所在地・福島市を有する「中通り」、そして西の内陸部で会津若松市のある「会津地方」です。浜通りと中通りは阿武隈《あぶくま》高地で、中通りと会津地方は奥羽山脈で隔てられているため、それぞれ気候が異なります。会津若松市は、日本海側気候で、浜通りや中通りに比べて冬場の降雪量が多く、寒さがきびしい一方で、会津盆地内にあるため、夏は暑くなりやすい地域です。ただ、山にさえぎられているおかげで東北に冷害をもたらす「やませ」の影響が少なく、稲作に適していました。

現在の会津若松市の人口は12万3千人ほどで、会津地方の中心都市として機能しています。農業が盛んなほか、豊富な観光資源を活用する観光都市の顔をもっています。市の東には、日本で4番目に大きい猪苗代《いなわしろ》湖、中心には会津藩の居城だった若松城（鶴ヶ城）、そして、東山《ひがしやま》温泉などがあります。

蘆名氏が会津盆地に城下町を形成

平安時代の会津若松は、京都や奈良、鎌倉、平泉と並ぶ仏都であり、磐梯《ばんだい》山麓には会津仏教の中心として巨刹《きょさつ》「恵日《えにち》寺」が建立されました。会津若松市内には、恵日寺の塔頭寺である延命寺地蔵堂があります。

室町時代には、鎌倉御家人・佐原義連《さわらよしつら》の血統である蘆名《あしな》氏が会津郡守護を自認し、同族で争いながらも会津一帯を支配します。7代目の直盛は、1389（至徳元）年に会津盆地の東南にある台地の先端に東黒川館という城館を築きます。この城館が改修され、15世紀には黒川城となりました。

この城名は地名がもとになっています。会津若松はそれ以前、「黒川」という地名でした。そもそも会津という地名は、大川や只見《ただみ》川、湯川など多くの川が会津盆地に集まることから、「川が出会うところの、舟を停泊する港（津）」という意味からつけられました。そして湯川のかつての名称が羽黒《はぐろ》川であり、いつしか「羽」の字が省かれて黒川と呼ばれるようになり、地名となったのです。

このころの城下町は、黒川が分流した湯川と車川に挟まれた土地に建てられた城館を中心に広がり、武家と商家と寺社が混在する町割でした。

やがて戦国大名化した蘆名氏は、出羽《でわ》国置賜《おきたま》郡（現在の山形県米沢市）及び陸奥《むつ》国南部（現在の福島県北部）を支配していた伊達氏の内紛につけ込むなどして、領土を拡大します。

しかし、1589（天正17）年、磐梯山南麓を戦場とする摺上原《すりあげはら》の戦いで伊達政宗に敗北。代わって会津は伊達氏が領有します。越後街道や米沢街道など四方から街道が入り込む交通の要衝であったことも、政宗が会津の地を欲した要因のひとつだったのでしょう。

米沢城から黒川城に本拠を移した政宗は、蘆名氏の築いた城や城下町などをそのまま継承します。城下町に家臣の居住地を割り当て、米沢からは寺院を移しました。

ところが、政宗の会津支配は長くは続きませんでした。翌年、豊臣秀吉が会津に入り、刀狩と検地、そして東北の諸大名の領地を再編する奥州仕置を実施。小田原合戦への参陣が遅れた政宗は会津を没収されます。代わって会津入りしたのが、秀吉配下の武将・蒲生《がもう》氏郷《うじさと》でした。

目まぐるしく入れ替わる領主

政宗の押さえとして、12万石余の伊勢国松坂（現在の三重県松阪市）から90万石余の会津黒川に加増転封された氏郷は、黒川を「若松」と改称します。氏郷は、故郷である近江（現在の滋賀県）の若松の森にちなんで名づけたとされます。

築城の名手といわれた氏郷は、黒川城を改築して7層の天守を有する若松城（鶴ヶ城）とします。城下町の整備にも着手し、湯川と車川を利用して外濠を設けると、外濠に囲まれた郭内に武家屋敷、郭外に商人と町人の居住地、その外に寺社を置くことで、それまで混在していた武家と商家、寺社の居住地を分けました。また、市街戦を想定し、城下に敵兵が侵入してきても先の見通しが利かないよう道の交差をずらして配置しています。

40歳で氏郷が死去すると、嫡男の秀行《ひでゆき》が継ぎました。しかし、お家騒動により、1598（慶長3）年に宇都宮18万石へ転封されます。続いて秀吉の命令で会津入りしたのは、越後（現在の新潟県）の上杉景勝《かげかつ》でした。景勝は出羽や佐渡などの領国を

■会津若松の地形

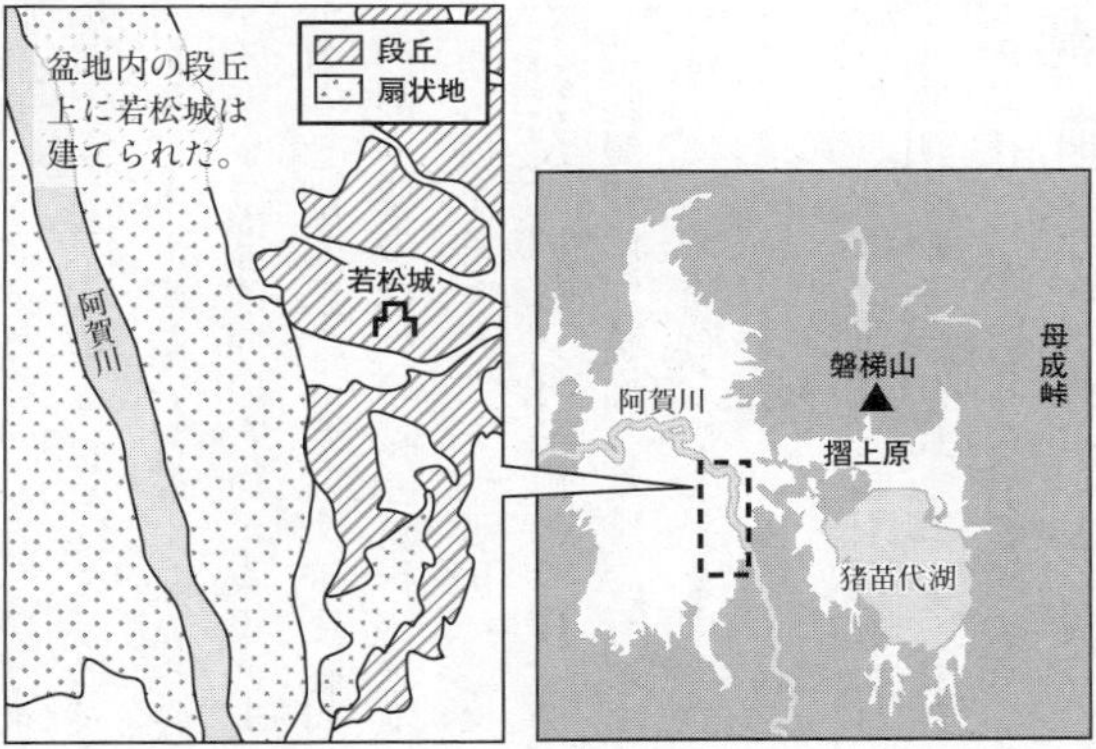
段丘
扇状地
盆地内の段丘
上に若松城は
建てられた。
若松城
阿賀川
磐梯山
母成峠
阿賀川
摺上原
猪苗代湖

■江戸初期の若松城下町

米沢街道
二本松街道
白河街道
越後街道
郭 外
外郭(外濠)
郭 内
本丸
下野街道
湯 川

城下町を中心に、各地方へと街道が延びている。

福島県立博物館収蔵『陸奥国会津城絵図 』(1644〈正保元〉年)を参考に作成

合わせると120万石の大名となります。

秀吉死後の1600（慶長5）年、景勝は家康に反旗を翻し、関ヶ原の戦いの契機をつくり、東軍についた最上義光《もがみよしあき》や政宗と戦いました。ところが、毛利輝元《もうりてるもと》を総大将とする西軍は関ヶ原の戦いで東軍に大敗。その結果、翌年、景勝は家康により会津など90万石を削られたうえ、米沢に転封されます。代わりに、秀行が会津若松に戻りました。関ヶ原の戦いの際、秀行が宇都宮で上杉軍を牽制したことへの評価、秀行の妻が家康の娘であったことが要因でしょう。

秀行は父と同様、城や町の整備、領内の流通に尽力しました。ところが、会津地方を大地震が襲い、整備した城の石垣が崩れ、天守が傾くなど大きな被害を受けます。冬には干ばつが秀行を悩ませます。心労がたたったのか秀行は早逝し、家督を継いだ忠郷《ただざと》は嗣子《しし》がないまま1627（寛永4）年に死去します。

そこで幕府は、賤ヶ岳《しずがたけ》の七本槍として勇猛さを知られ、関ヶ原の戦いで東軍についた加藤嘉明《かとうよしあき》を伊予国松山（現在の愛媛県松山市）から40万石で移封します。その子の明成《あきなり》の時代、7層あった若松城の天守は改修され、現在の5層になります。

やがて明成をいさめたことで対立した重臣の堀主水《ほりもんど》が、会津藩を出奔する事件が起こります。幕府はこの件で明成をとがめ、1643(寛永20)年に領地を没収。明成は、嫡子の明友が移封された石見《いわみ》国吉永藩1万石に隠居させられてしまいました。

宗家への恩義に重きを置く家訓

治世が長続きしない会津若松に新たに入ったのは、2代将軍・秀忠の子で、3代将軍・家光の異母弟でもある保科正之《ほしなまさゆき》です。正之は庶子であり、信濃《しなの》国高遠《たかとお》藩主の保科正光の養子となっていました。家光からの信頼が厚かった正之は、高遠藩主となったのち出羽国山形藩20万石を経て、会津藩23万石の藩主となりました。家光の死後は、甥にあたる幼少の4代将軍・家綱の後見人となり、徳川宗家を支えます。

そんな正之が『会津家家訓十五条』を定めます。第一条には「徳川家に忠勤、忠義を尽くせ」と記されていました。これが江戸時代を通しての藩是となり、幕末の会津藩に大きな影響を及ぼします。

会津保科家3代目の正容《まさかた》以降は松平姓と葵紋の使用が許され、会津藩は幕末まで会津松平家の所領として続きます。

必死の抵抗をみせる会津藩

時を経て幕末、会津藩主の松平容保《まつだいらかたもり》は、14代将軍・家茂《いえもち》の要請で京都の治安を守る京都守護職に就きます。このとき家臣は就任に反対しましたが、容保は家訓に従い、徳川宗家に忠誠を尽くそうとしました。

大政奉還後、容保は旧幕府軍として出陣しましたが、鳥羽・伏見の戦いで新政府軍に大敗。それでも抗戦を主張する容保は、15代将軍・慶喜の命で江戸に戻されました。それどころか、会津藩は朝敵とされ、容保は藩士とともに会津に戻り謹慎します。

その後、東征を開始した新政府軍は江戸城無血開城ののち、会津若松に向けて進軍。会津藩に降伏条件として容保の斬首と若松城の開城など、きびしい要求を突きつけます。到底、要求をのめない会津藩は開戦を決断しました。

伊地知雅治《いじちまさはる》と板垣退助が率いる新政府軍本隊は、会津若松南東に位置する母成峠《ぼなり》を突破。越後街道からも新政府軍の支隊が進出してきます。1868（慶応4）年8月23日、新政府軍本隊が若松城下に侵攻。このとき、城下から上がった煙を見て落城したと勘違いした白虎隊が、飯盛山《いいもり》で自刃《じじん》する悲劇が起こります。

それから半月あまり経った9月14日に開始された新政府軍の総攻撃にも会津藩兵はもちこたえ、若松城はなかなか落ちません。ところが、味方である奥羽越列藩同盟の諸藩が次々と降伏。孤立状態に追い込まれると、容保は降伏し、会津戦争は終結しました。

この戦争によって城下町は甚大な被害を受けました。現在の城下町は戊辰戦争後に町民が復興したものです。藩士は下北半島に立藩した斗南《となみ》藩（現在の青森県十和田市）に移住したため武家屋敷はなく、商人の町家だけが再建されました。

明治時代となり、会津藩は若松県を経て、１８７６（明治９）年に福島県に併合されます。そして県庁所在地は、会津若松ではなく、福島城の城下町として栄えていた現在の福島市に置かれることになりました。

戊辰戦争後、政府の命令により若松城は取り壊されますが、１９６５（昭和40）年に市民の寄付をもとに天守などが再建されました。２００１（平成13）年には、干飯《ほしい》櫓《やぐら》と南走《みなみはしり》長屋が江戸時代の技術を用いて復元されたほか、２０１１（平成23）年には、日本唯一となる赤瓦へのふき替えを終え、幕末当時の姿を偲ばせています。

宇都宮《うつのみや》

3つの顔をもっていた北関東の要衝

門前町、城下町、宿場町——江戸時代の宇都宮は、いくつもの特色をもっていた。それには中世から、この地を支配していた宇都宮氏が深く関係している。

東照宮のある日光に近く、北関東における江戸の防衛拠点にあたることも宇都宮が発展する要因となった。

そして明治時代、新たに陸軍師団が駐屯し、軍都としての一面を加えていった。

500年にわたり統治した宇都宮氏

栃木県の県庁所在地にして、北関東の中心都市である宇都宮は、人口約52万人を有する中核市です。関東平野の北端に位置していて、鬼怒《きぬ》川右岸の台地上にあり、市街地には北から宇都宮丘陵が突き出ています。それをはさむように流れる田川と釜川が市内で合流しています。

宇都宮丘陵の南端には二荒山《ふたあらやま》神社があり、その南側の平地には宇都宮城址がありま す。どちらも宇都宮の歴史を象徴する場所です。

下野《しもつけ》国一宮である二荒山神社で、代々その社務職を務めた宇都宮氏は、その名の通り、宇都宮の歴史と深く関わっています。二荒山神社の縁起によると、創建は今から約1600年も前であり、荒尾崎（現在の宇都宮市下之宮）から838（承和5）年に現在地に遷されました。古くから武勇の神を祀る神社として信仰され、平将門の乱では藤原秀郷《ひでさと》が、前九年合戦では源頼義・義家父子が、関ヶ原の戦いでは徳川家康が必勝を祈願しています。

宇都宮という地名は、二荒山神社の格式である「一宮」がなまって呼ばれるようになったという説もあります。宇都宮はこの二荒山神社の門前町として発展しました。

宇都宮氏は、１０５１（永承６）年の前九年合戦の際、朝廷方の必勝を祈願し、下野国守護職および二荒山神社別当、宇都宮座主の地位を得た僧侶・藤原宗円《そうえん》を祖とします。宗円は有力貴族であった藤原道兼《みちかね》の曾孫とも、豪族・毛野《けの》氏の後裔《こうえい》であったともいわれています。

宗円が宇都宮城を整備してから５００年にわたって、宇都宮氏は城主と二荒山神社の社務職を兼ねました。つまり、武士階級の支配者が宗教指導者を兼ねたことから、宇都宮は門前町と城下町、ふたつの顔をもつようになります。

やがて宇都宮氏は戦国大名化し、関東制覇をもくろむ北条氏と敵対。何重もの堀や土塁が設けられた堅固な宇都宮城は、北条氏の侵攻に耐え抜きます。

１５９０（天正18）年の小田原合戦に宇都宮氏は参陣したおかげで領地は安堵されます。ところが、７年後の太閤検地の際に不正が見つかり、宇都宮氏は領地を没収されました。その後釜として、会津の蒲生秀行《がもうひでゆき》が宇都宮に入り、門前町の南側に城下町を整備します。

譜代大名が統治する防衛と交通の要衝

江戸時代になると蒲生氏は会津へ戻り、宇都宮藩には家康の外孫にあたる奥平家昌《おくだいらいえまさ》、続いて家康の懐刀である本多正純《ほんだまさずみ》が入ります。正純は城の拡大と城下町の町割の刷新を行ない、現在の市街地の骨格はこのときにでき上がりました。その後の藩主も町づくりに注力します。

城郭の西方一帯には、城下町らしく藩士の武家屋敷が設けられました。大手門内の重要拠点には家老や藩主の親族、城郭内には上級藩士を、外堀の外側には中級藩士の屋敷を配置します。一方、街道の両脇には、商工業者を居住させ、その裏通りには身分や職業別に長屋などを建てました。

こうして、1602(慶長7)年には32だった町の数は、江戸中期には41まで増加しました。人口は江戸時代を通じて、9千人から1万人の間を推移していたとみられています。

町の基礎づくりをした正純でしたが、1622(元和《げんな》8)年に幕閣の不興を買って

■江戸末期の宇都宮城下町

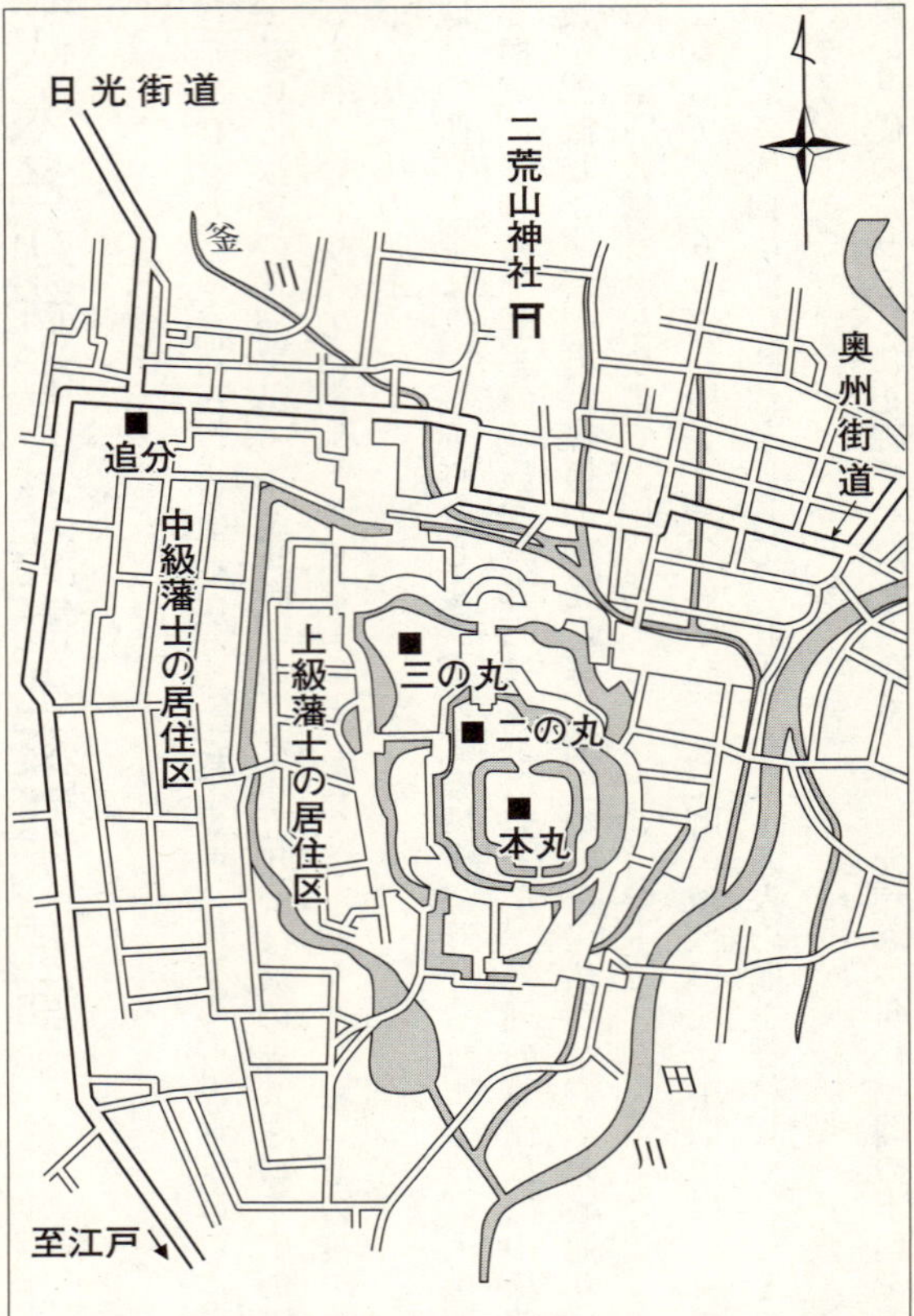

城下の堀や街道によって、階級別に居城区を分けている。

宇都宮市教育委員会『宇都宮御城内外絵図』を参考に作成

失脚、宇都宮を去ります。原因は、宇都宮城に3代将軍・家光の暗殺のため仕掛け（釣天井）をつくったのが露見したという伝説もありますが、これは後世の創作です。

以後も宇都宮藩主は、奥平氏や戸田氏など譜代大名が務めました。これには訳があります。敵が北から江戸へ攻めようとした場合の防衛の重要拠点と位置づけられていたからです。

また、江戸時代の主要道である五街道のうち、江戸と東北を結ぶ奥州街道、江戸と日光を結ぶ日光街道が整備され、宇都宮で両街道が分岐していたことから宇都宮は交通の要衝地にもなりました。城下には参勤交代のための本陣や、二荒山神社や日光東照宮への参拝客のための旅籠《はたご》（旅館）が建てられ、茶屋や一膳飯屋《いちぜんめしや》も繁盛しました。近世の宇都宮は、門前町と城下町、そして宿場町の特色をもつに至ったのです。

2度にわたり城下町が焼失

幕末、新政府軍と旧幕府軍の間で戊辰戦争が勃発します。新政府に帰順した宇都宮藩も巻き込まれます。

1868（慶応4）年4月、日光へ向かっていた大鳥圭介や土方歳三に率いられた旧幕府軍がその途中に位置する宇都宮城を襲撃。宇都宮城と城下町の多くが焼失してしまいます。しかし、援軍により城の奪還に成功、旧幕府軍は敗走しました。これが宇都宮城の戦いです。

1871（明治4）年の廃藩置県で、宇都宮藩は廃止。宇都宮県が設置され、2年後には栃木県に併合されます。1884（明治17）年には、栃木県庁が栃木から宇都宮に移り、県の政治と経済の中心になりました。翌年には東北本線と日光線が開通し、宇都宮駅では日本最初の駅弁が発売されます。

明治期には軍都としての顔も加わります。陸軍第14師団が姫路から移駐され、1万人もの軍関係者が常駐したのです。実は、この陸軍第14師団が、宇都宮の名物となっている餃子のルーツです。

第二次世界大戦中、中国の満州へ進駐した第14師団の兵士らは、そこで餃子の製法を知ります。終戦を迎えて帰還した彼らによって、宇都宮で製法が広まりました。こうして現在の「餃子のまち」が定着していったのです。

第二次世界大戦中には、当時世界有数の飛行機メーカーであった中島飛行機の工場ができます。そして、大通りや電気、ガスなどのインフラも敷設されました。

ところが、軍都であるがゆえに第二次世界大戦中は米軍から激しい空襲を受けます。とくに宇都宮大空襲では市街地の65％が焼失しました。

戦災からいち早く復興を果たす

甚大な被害にもかかわらず、宇都宮は他都市に先駆けて戦災復興土地区画整理事業を推進。「復旧率日本一」と謳《うた》われる早さで復興を果たします。宇都宮市役所の近くには天然記念物である大イチョウが生えています。空襲でこのイチョウも黒焦げになりましたが、翌年には青く芽吹き、宇都宮の復興と発展の象徴となりました。

高度経済成長期に入ると、積極的な工場誘致を展開したことで、国内最大規模を誇る清原工業団地をはじめ、さまざまな工業団地ができました。

１９８２（昭和57）年には東北新幹線が宇都宮に開通。また、１９７２（昭和47）年に東北自動車道、２０１１（平成23）年に北関東自動車道が開通して東西南北を結ぶなど、時を経ても陸上交通の要衝として存在感を放っています。

東京

―とうきょう―

「大江戸八百八町」と称された世界有数の大都市

かつて江戸と呼ばれていた日本の首都・東京。通説では徳川家康が幕府を開くまで、この地は寒村だったといわれているが、実際には港湾都市として多くの町屋が立ち並んでいたという。

その後は幕府のお膝元として江戸は国政の中心地となる。当初から多くの人口を抱えていたわけではなく、大規模な湾岸の埋め立てや河川のつけ替え工事を経て市街を広げ、世界でも有数の大都市へと生まれ変わる。その背景には先進的なインフラ整備があったことも見逃せない。

秀吉の命令で本拠を移した家康

豊臣秀吉による天下統一の総仕上げとなった小田原合戦でのことです。秀吉は石垣山から落城寸前の小田原城を見下ろしながら、徳川家康にこう言いました。

「北条を滅ぼしたら関八州は徳川殿に差し上げよう。そのときは小田原でも鎌倉でもなく、江戸に本城を置くのがよろしかろう」

もちろん、秀吉はただで関東8カ国を与えたわけではなく、三河（現在の愛知県東部）や遠江《とおとうみ》（現在の静岡県西部）など徳川家の領地5カ国を召し上げたうえでの配置替えでした。徳川家の石高自体は増加しますが、先祖代々の地を手放すことに家臣たちは難色を示します。しかし家康は熟慮の末に、この申し出を受け入れました。

秀吉はなぜ関東を家康に与えたのでしょうか。当時の江戸城下町は茅葺《かやぶ》き屋根の民家100戸ほどの規模だったそうです。江戸城も、玄関先に船板を並べて階段にしていたという粗末な小城であったと、幕府の正史である『徳川実紀』に書かれています。

すなわち秀吉は、実力者の徳川家を寂れた僻地に押し込めることで、豊臣家の天下をより磐石なものにしようと画策したというのが、これまでの通説です。
ところが後世の研究では、実際の江戸は少なくとも寒村ではなかったと考えられています。

東国有数の港がすでに存在していた!?

文献上初めて「江戸」という名が登場するのは、鎌倉時代の歴史書『吾妻鏡《あづまかがみ》』です。平安末期、桓武平氏の流れを汲む秩父重綱《ちちぶしげつな》の子・重継《しげつぐ》は武蔵（現在の東京都と埼玉県）の江戸郷に移り住み、江戸氏を名乗りました。居館はのちの江戸城本丸、現在の皇居東御苑にあったと考えられています。この江戸家は鎌倉幕府滅亡後に衰退し、江戸郷を離れることとなりました。

その後は関東管領・扇谷上杉《おうぎがやつうえすぎ》家の家宰である太田道灌《おおたどうかん》が武蔵に進出。築城の名手である道灌は、1457（長禄元）年に江戸城を建造したことで広くその名が知られています。道灌の江戸城には子城、中城、外城という3つの曲輪《くるわ》があり、現在の吹上御苑の東南にある「道灌濠」は、当時の水濠の名残と伝えられています。

ところで、江戸という地名は「入江の入り口」を意味します。当時の江戸の海岸線は現在と大きく異なり、江戸前島（現在の東京駅、有楽町、新橋の一帯）という半島が突き出していました。この半島の西側にあったのが日比谷入江で、海岸線は江戸城のすぐ東南まで及んでいました。

道灌は江戸城を築くまで、日比谷入江に注ぐ目黒川河口の品川湊（品川区）に居館を構えていたとされています。当時の江戸には上方の有力寺院の荘園があり、海上は伊勢の港を出航した大小の商船が頻繁に行き交っていました。品川湊には米倉が立ち並び、当時の文献は「東武の一都会」と付近一帯の繁栄を伝えています。道灌はその権益を保護する任務についていました。

ところが道灌は、主家である扇谷上杉《おうぎがやつうえすぎ》家に暗殺されてしまいます。理由は、名声の高まりを危険視されたからとも、対立する山内上杉家に謀反の噂を流されたからとも伝わりますが、真相は定かではありません。

その後は扇谷家も新興勢力の北条家に滅ぼされてしまいます。北条家が小田原を本拠としたことから、江戸は一時的に衰退しました。

しかし秀吉は、かつて繁栄していた江戸に目をつけました。家康にこの地を与えた意図としては、まだ豊臣に服従していない奥羽諸大名への牽制とみることもできますが、あるいは〝水の都〟である大坂同様の大都市になる可能性を、江戸に感じていたのかもしれません。少なくとも通説のような左遷ではなかったと、現在ではみられています。一方で家康も、秀吉の提案を受けて即座に配下の武将を実地調査に向かわせるなど、江戸には少なからず関心をもっていたようです。

湾岸の埋め立てで拡大する城下町

家康は小田原合戦終結後の1590（天正18）年8月に江戸へ入り、以降、江戸城下町の開発は4代将軍・家綱の代まで、およそ70年をかけて行なわれました。家康が最初に手掛けたのは、河川のつけ替えと湾岸の埋め立てです。その目的は、旧領から引き連れてきた家臣団の居住区域を増やし、かつ水害から町を守り、水上交通網を拡充させることでした。これまでの日本では沿岸部の低湿地に都市が築かれた例はあまりなく、その意味でも江戸は画期的な都市であったといえるでしょう。

家康はまず、江戸前島のつけ根を掘削し、日比谷入江と江戸前島の東岸を運河でつ

■家康が幕府を開く前の江戸周辺の地形

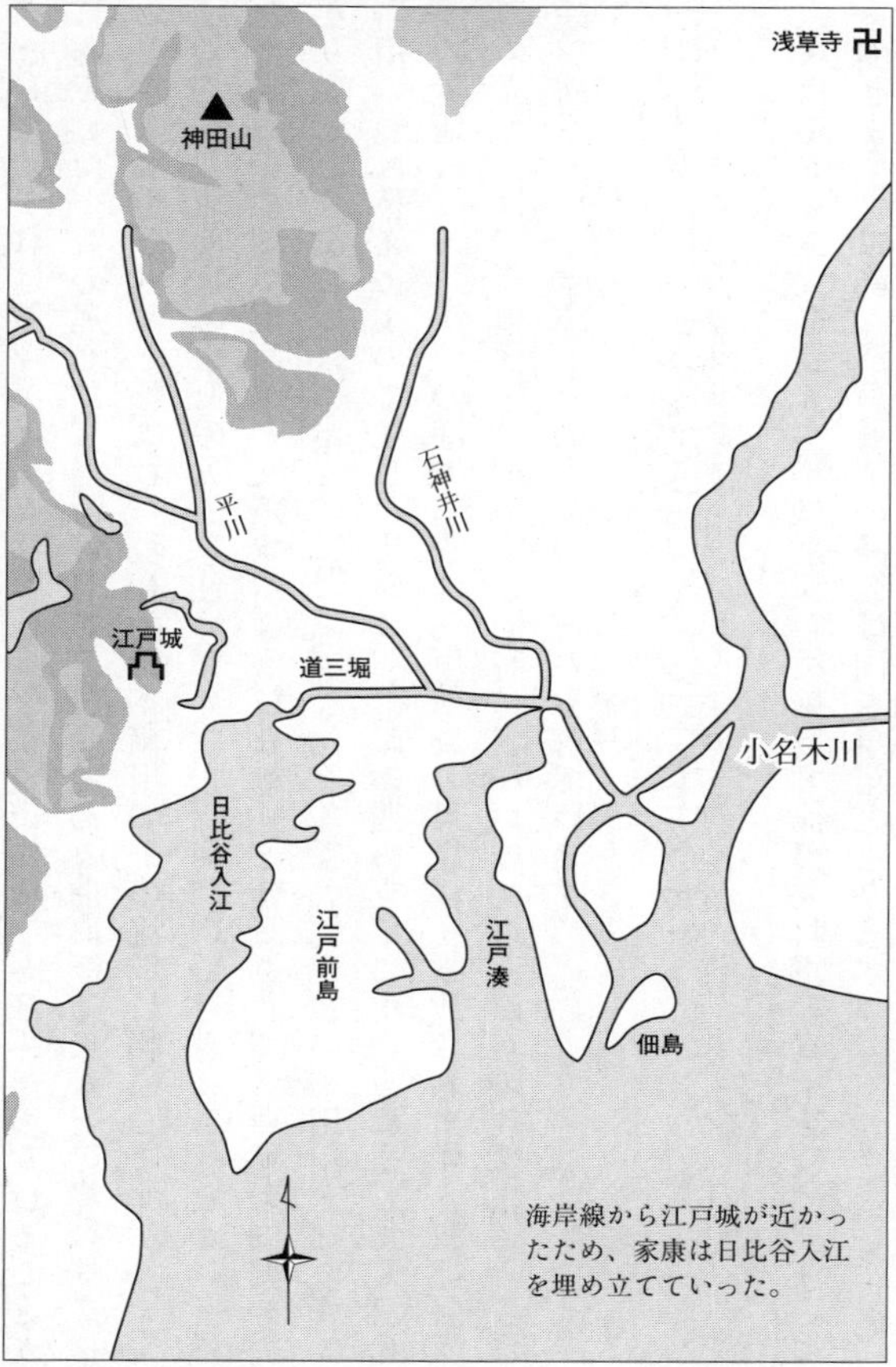
浅草寺
神田山
石神井川
平川
江戸城
道三堀
小名木川
日比谷入江
江戸前島
江戸湊
佃島
海岸線から江戸城が近かったため、家康は日比谷入江を埋め立てていった。

「UR都市機構 大手町連鎖型都市再生プロジェクト」HPの掲載図をもとに作成

なぎました。これは製塩業の盛んな行徳《ぎょうとく》（千葉県市川市）と江戸をつなげることが主な目的でした。この運河は、当時の著名な医師である曲直瀬《まなせ》道三《どうさん》がその岸に居を構えたことから「道三堀」と呼ばれ、現在の日本橋川がその流域に相当します。

加えて、江戸前島の東側の入江に注いでいた平川河口のつけ替えも行なわれ、道三堀と合流します。平川は堀と交差するように新橋へと延長され、江戸城の内堀の一部となりました。なお、この平川はのちに内堀と切り離され、現在の神田川となります。

河川のつけ替えによって生じた土砂は、湾岸の埋め立てに用いられました。日比谷入江は陸地になり、江戸の港湾施設は江戸前島の東岸に一本化されます。日比谷入江の埋め立てには、宅地面積を増やすと同時に、江戸城が海上からの攻撃にさらされる危険を防ぐという軍事的目的もあったとみられています。

台地は武士、低地は町人の居住区に

家康は1603（慶長8）年に京都の伏見城で征夷大将軍の宣下を受け、江戸に幕府を開きます。以降、江戸城下の開発は国家事業となります。

江戸城の改修は天下普請と呼ばれ、主に西国の大名が労役に駆り出されました。領地の石高10万石につき、100人持ちの大石1200個を持ち寄ることが定められ、伊豆や箱根で切り出された11トンもある巨石が、海路で江戸まで運ばれました。

現在も外堀の石垣などで、大名家の家紋が刻まれた石を目にすることができます。これは、どの大名がどの部分の工事を担当したかを証明するためだそうです。

江戸は、江戸城を中心に北西が武蔵野台地の丘陵、東南が低湿地になっています。この高低差が、「山の手」「下町」という区分けの由来です。武家の居住区は、主に山の手につくられ、下町は主に町民の居住区となりました。

江戸城の内堀には大手門や半蔵門、桜田門などが置かれ、外堀には四谷門、赤坂門、虎ノ門などが置かれました。このうち半蔵門から四谷門へと延びる道は甲州街道につながります。このほか東海道、日光街道、奥州街道、中山道の「五街道」は、各地からの物資を運ぶ江戸の大動脈であるのと同時に、都市防衛の要でもありました。城門の警固が武士の仕事であったことから、山の手は武士の居住区に割り当てられました。なお、これら五街道すべての起点となるのが、道三堀に架けられた日本橋です。

武蔵野台地の丘陵はさらに細かく、神田台、淀橋台、目黒台、荏原《えばら》台などに分かれています。湾岸の埋め立てには神田台を切り崩した土砂も用いられ、跡地に駿河《するが》（静岡県中部）の徳川家臣団が移住したことから、「駿河台」と呼ばれるようになりました。

いびつな町割が拡大させた火災被害

さて、「火事と喧嘩は江戸の華」という言葉があるように、江戸は非常に火災の多い都市でもありました。なかでも、1657（明暦3）年に起こった明暦の大火では江戸城の本丸が焼失。幕閣たちは即座の再建を計画しますが、年若い4代将軍・家綱を助ける輔弼役《ほひつやく》であった保科正之《ほしなまさゆき》（3代将軍・家光の異母弟）は、泰平の世に天守は不要と断じ、その再建費用を市街地の復興に充てました。以降、江戸城天守は再建されることなく現在に至っています。

この大火は3万人から10万人もの死者を出したと伝えられます。被害が拡大した原因のひとつとして、隅田川に架かる橋が千住大橋しかなかったことが挙げられます。これは隅田川が武蔵と下総（現在の千葉県北部）の国境という軍事上の理由によるものですが、これが江戸町民の逃げ場を奪うことにつながりました。

■明暦の大火後に整備された江戸城下町

小石川
浅草
隅田川
下谷
市ヶ谷
神田
本所
牛込
両国橋
四谷
麹町
江戸城
深川
永代橋
赤坂
麻布
芝
両国橋と永代橋が架けられたことで、江戸の町は東へと拡大していった。

東京大学出版会『図集 日本都市史』p194の「寛文期の江戸」を参考に作成

以降、隅田川には両国橋や永代橋が架けられ、川の東側も武蔵に編入。太日《ふとい》川（現在の江戸川）が両国の境となります。

なお幕府が江戸の範囲を公式に定めたのは1818（文政元）年のことで、現在の江戸川区、葛飾区、足立区、練馬区、中野区、杉並区、世田谷区、大田区は江戸に含まれません。これらの地域が東京の区部に編入されるのは明治時代以降です。

江戸城下の面積のおよそ70%が武家屋敷で、寺社と町人屋敷がそれぞれ15%という割合でした。しかし人口の構成比でいえば、武士は約半数に留まります。このため一般町人の居住区域は人口が密集。現代の集合住宅にあたる長屋で肩を寄せ合うように生活していました。士農工商の身分制度にともなう町割のいびつさも、火災が起こるたびに甚大な被害を出した理由といえるでしょう。

江戸市中は清潔でエコロジカル

一方で江戸には、世界の大都市と比べて先進的だった面もありました。それは上下水道です。江戸東部の湿地帯や埋め立てで拡張した区域では、地下水を得ることができません。そこで幕府は、神田上水や玉川上水など「江戸六上水」を拡充させ、市民の生活用水としました。

上水の開削にあたっては、西高東低の地形が活用されています。西の丘陵地から引かれた水は地中に埋められた木製の配管を通して市中にくまなく流れ、井戸で汲み上げられました。江戸市中の上水道普及率は6割ともいわれています。

下水は、道路に掘られた側溝を通して海に放流されました。当時の下水は主に雨水です。糞尿は肥料としてリサイクルされたため、下水として放流されることはありませせん。当時の江戸は非常に清潔で、かつエコロジカルな都市だったのです。

また江戸は水運の町でもあり、外堀の内側だけでも60を超える船着き場、いわゆる「河岸《かし》」が存在しました。それらは陸揚げする物資の種類や産地によって「魚河岸」「本材木河岸」「行徳河岸」などの名で呼ばれていました。なかでも日本橋川の魚河岸には、江戸前で獲れた鮮魚が卸され、江戸前寿司をはじめとする多彩な食文化を生み出しました。

銀座にあったこの魚河岸は、明治時代以降も食品市場として機能していましたが、大正期の関東大震災で壊滅的な被害を受けます。そうして場所を移してつくられたのが、現在の築地市場です。

江戸初期に15万人程度であった江戸の人口は、18世紀前半に100万人を超えたとみられています。統計方法によって違いはありますが、当時の100万都市は北京やロンドンなど世界に数えるほどしかありません。

俗にいう「大江戸八百八町」という言葉は、4代将軍・家綱の時代に、ひとつの町(家屋数20～30程度の町組)につきひとりだけ営業が許された髪結い職人が808人いたことに由来します。その後も江戸は拡張を続け、19世紀には1700もの町があったそうです。

首都を襲った2度の大災害

江戸時代の最末期にあたる1868（慶応4）年7月、江戸は「東京」と名称を改めます。文字通り、「京都の東にある都」という意味です。同年10月には、それまで京都にあった天皇の御所が江戸城に移され、東京は名実ともに日本の首都となります。このとき、新政府首脳の大久保利通は、大阪に首都を置くことを想定しましたが、江戸は政務庁舎が整っていることもあり、遷都が決まりました。

その後、東京は2度にわたって大きな転機を迎えます。最初の転機は1923（大正12）年9月の関東大震災です。相模湾沖を震源とする大地震は、東京の下町を中心に壊滅的な被害をもたらしました。当時の下町には江戸時代以来の木造家屋が密集し、幅の狭い路地では消防車の進入もままなりません。この震災では、揺れによる家屋倒壊よりも火災被害のほうが甚大でした。

震災後、帝都復興院と東京市は、地主層に土地の1割を無償で供出させ、新たな都市計画を実行に移しました。このときに建造されたのが、従来よりも広い幅員をもつ昭和通りや大正通り、永代通りなどの幹線道路です。また都内の各所には延焼を防ぐための緑地帯も設けられました。

こうして復興を遂げた東京は、昭和期に再び悲劇に見舞われます。第二次世界大戦の東京大空襲です。1944（昭和19）年11月から始まった米軍機による空爆は106回にも及び、翌年3月の大空襲では10万人以上の都民が命を落としました。

敗戦後の東京都の復興は関東大震災時と同じように、区画整理、新たな幹線道路の敷設、そして緑地帯の設置を基本方針としました。しかしGHQが主導する日本復興計画に抵触するケースもあり、事業規模は縮小を余儀なくされます。その結果、建設が予定されていた幅員100メートル規模の道路は実現せず、また下町地域をはじめとする都内各所には、再び木造家屋の密集地帯が生まれました。

都市計画の観点ではさまざまな問題を抱えながらも、戦後の日本と東京の経済規模は、税制改革や朝鮮戦争での特需を受けて奇跡とも呼べる成長を成し遂げます。1964（昭和39）年の東京オリンピックはひとつの終着点といえるでしょう。

2020年には2度目となる夏季五輪が開催される世界都市・東京――。その繁栄は今も続いています。

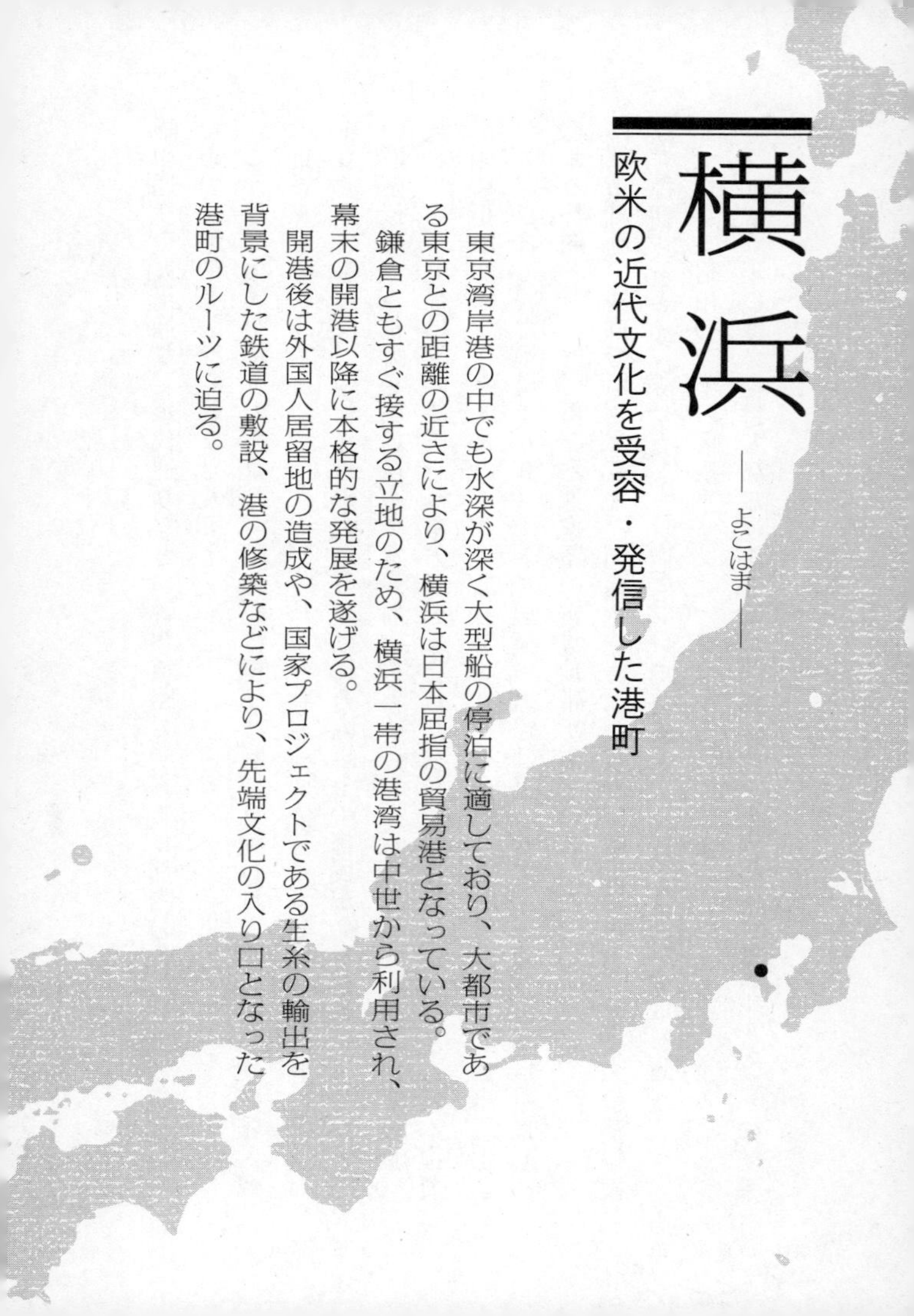

横浜

―よこはま―

欧米の近代文化を受容・発信した港町

東京湾岸港の中でも水深が深く大型船の停泊に適しており、大都市である東京との距離の近さにより、横浜は日本屈指の貿易港となっている。鎌倉ともすぐ接する立地のため、横浜一帯の港湾は中世から利用され、幕末の開港以降に本格的な発展を遂げる。

開港後は外国人居留地の造成や、国家プロジェクトである生糸の輸出を背景にした鉄道の敷設、港の修築などにより、先端文化の入り口となった港町のルーツに迫る。

鎌倉と房総を結ぶポイント

赤レンガの倉庫が並ぶ横浜は、ハイカラな港町として知られています。幕末の開港以来、次々と西洋の品が流入してきた横浜は先端文化を受容するとともに発信する中心地となり、日刊新聞の刊行、銀行の設立、鉄道、電話の敷設、写真館、ビール醸造所、洋風ホテルの建設など、数多くの分野で〝日本初〟の地となっています。

中世においては現在の横浜市南部の金沢区《かなざわ》にあった港、六浦津《むつうら》が幕府の置かれた鎌倉の背後に位置し、現在の東京湾を挟んだ房総半島と鎌倉を結ぶ地点として重視されていました。1240（仁治元）年、3代執権・北条泰時が自ら指揮して、鎌倉から六浦に抜ける峠道の「朝夷奈《あさいな》（朝比奈）切通し《きりどおし》」が築かれます。これにより、房総の有力者である千葉氏との連携や現在の東京湾を横断しての物流が容易になりました。

さらに、1275（建治元）年には、六浦の金沢郷《かねさわごう》を拠点とした北条実時（金沢実時）が、称名寺《しょうみょう》の境内に多くの古典文献を集めた金沢文庫を建てます。その後も蔵書は増え続け、『徒然草』を記した吉田兼好など数多くの文人が訪れました。現在は神奈川県によって運営される県立金沢文庫図書館となっています。

金沢郷の北、現在の横浜市神奈川区にあった神奈川湊も、中世から東京湾における物流の拠点のひとつとして活用されました。

江戸時代に入ると、神奈川湊のすぐ近くに、東海道で江戸から3番目の宿場となる神奈川宿が築かれます。宿場町の範囲は、現在の京急電鉄神奈川新町駅のあたりから、JR横浜駅のすぐ北の一帯です。ただし、幕末の開国直前にあたる天保年間（1830〜44年）の時点では、神奈川宿の隣にあった保土ヶ谷宿では旅籠《はたご》（旅館）が本陣を含めて68カ所、その次の戸塚宿は77カ所あったのに対し、神奈川宿は60カ所と格別大きな宿場ではありませんでした。

諸外国の要求を押し切って開港

1853（嘉永6）年6月、アメリカの東インド艦隊提督ペリーが、浦賀（現在の横須賀市）に来航し、幕府に開国を要求します。翌年、ペリーが再びやって来ると、現在の中区にある横浜村で日米和親条約が結ばれました。今では埋め立てによって完全に地形が変わっていますが、横浜村の名は、湾に対して横長の岬が突きだした地形が由来といわれます。

ペリー一行は江戸での交渉を希望していましたが、幕府側は話し合いが決裂して戦争になった場合を危惧します。そこで、江戸から離れた、当時まだ90戸ほどの民家しかなかった横浜村を交渉の場とします。ペリー一行を迎えた応接所のあった場所は、現在の神奈川県庁のすぐ近くで、1981（昭和56）年には横浜開港資料館が築かれました。

その後、日米修好通商条約が結ばれると、箱館や長崎などとともに、東海道に面した神奈川湊の開港が求められます。しかし、大老の井伊直弼は、人の出入りが多い神奈川宿の近くを開港して外国人居留地を築けばトラブルが多発すると考え、神奈川湊の対岸にあった横浜村に新たな港をつくることにしました。

外国公使たちは難色を示しましたが、幕府側は「横浜も神奈川の一部」と主張。横浜のほうが東京湾の内側よりも水深も深くて大型船の停泊に適している点も挙げ、横浜開港を押し切りました。実際、この地形的条件が有利に働き、横浜は国際貿易港として発展していくことになります。

わずか数年で日本屈指の貿易港に

横浜は1859（安政6）年7月に開港しました。開港場の範囲は大岡川と中村川に挟まれた地域で、これより内側は「関内」、外側は「関外」と呼ばれます。開港場の西端では関内と関外を結ぶ吉田橋が築かれ、そこから現在の西区浅間《せんげん》町のあたりで東海道に接続する横浜道が新たに開かれます。

現在の日本大通りの東側に広がる山下町には、幕府によって外国人居留地がつくられ、アメリカやイギリスなどの商人が邸宅を構えました。山下では当時の中国王朝である清の商人や西洋人に雇われた中国人の労働者も大量に集まり、現在まで続く中華街が形成されます。なお、横浜中華街は戦前までもっぱら唐人街または南京《なんきん》町と呼ばれましたが、実際には香港や広東省の出身者が多かったようです。山下居留地の東には居留地建設のため立ち退きした横浜村の元の住民が住み、このため元村と呼ばれました。これが現在の元町となります。

ところが、1862（文久2）年、山下居留地からそう遠くない生麦村（現在の鶴見区生麦）で、薩摩藩士がイギリス人を殺傷する生麦事件が発生します。このため、居留地の外国人は警戒心を強め、現在の「港の見える丘公園」の一帯には、１８７５（明治８）年までイギリス軍とフランス軍が駐留していました。

山下居留地はすぐ手狭になり、１８６６（慶応２）年に起こった「豚屋《ぶたや》火事」と呼ばれる大火を機に再開発され、道幅の広い洋風の住宅街になります。このとき防火帯の意味も兼ねて、幅36メートルの日本大通りが整備されました。加えて、元村のさらに東の山手の高台にも新たな外国人居留地が築かれます。一連の事業に着手したのは幕府ですが、明治維新後は新政府に引き継がれました。

数年前まで寒村だった横浜の新住民は、外国人だけではありません。現在の日本大通りの西側には日本人の商人が集まり、人口が急増しました。

実は、明治維新以前の段階で、横浜の貿易額は、同時期に開港された箱館や長崎よりも大幅に多い状況でした。当時の日本の輸出品の筆頭は生糸であり、その主な生産地は関東と甲信地方など、横浜に近い地域だったからです。１８６７（慶応３）年の時点で、横浜港からの生糸の輸出額は５００万ドル以上に及びました。こうした「生糸一港制」と呼ばれる政策により、横浜は急速な発展期を迎えます。

最初の横浜駅は今の桜木町駅!?

明治維新後の1870（明治3）年には、居留地の外国人たちの憩いの場として、日本初の西洋式公園である山手公園が造成されます。公園にはヒマラヤスギが植林され、日本初となるテニスコートがつくられました。

続いて1872（明治5）年9月には、横浜と新橋の間で日本初の鉄道が開業します。このときつくられた横浜駅は、現在の桜木町駅にあたります。大正時代には東海道本線との接続のため、現在の西区にある市営地下鉄高島町駅に新たな横浜駅がつくられましたが、関東大震災で駅舎が損壊。1928（昭和3）年に現在の位置に移転しました。つまり、今の横浜駅は3代目の駅舎です。

横浜には東日本全域の海軍を統括する東海鎮守府も置かれていましたが、1884（明治17）年に横須賀に移転。横須賀も幕末期は小さな漁村でしたが、やがて造船と軍港の町として、神奈川県下の大都市に成長します。

居留地から英仏軍が撤退すると、それまでの駐屯地も外国人のための住宅街となり

■現在の横浜周辺の地形（上）と明治初期の横浜港周辺（下）

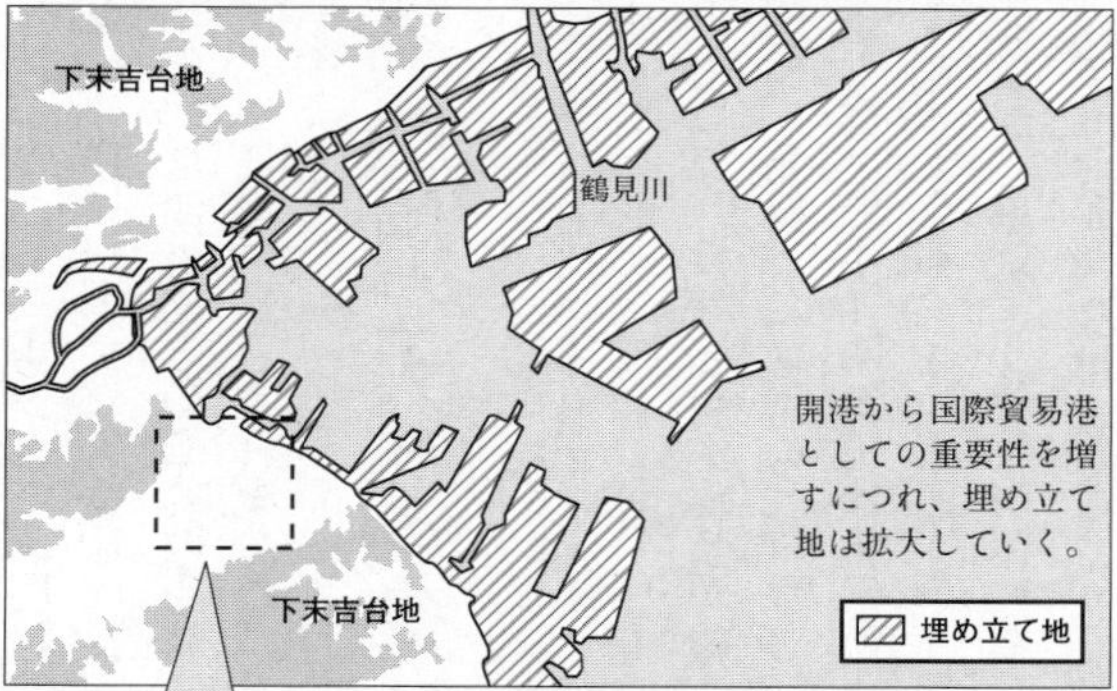
下末吉台地
鶴見川
開港から国際貿易港としての重要性を増すにつれ、埋め立て地は拡大していく。
下末吉台地
埋め立て地

「横浜市港湾局」HP掲載の「横浜港変遷図」をもとに作成

大岡川
山下居留地のある関内に入るためには、橋を渡らなければいけなかった。
停車場
西波止場
馬車道
日本大通り
関内
東波止場
横浜公園
山下居留地
元町
山手居留地
中村川

横浜開港資料館蔵「The Japan Directory 1889」を参考に作成

ました。ただし、1887（明治20）年ごろから、横浜にあった各国の領事館などは東京へと移転します。居留地は長らく「日本の中の外国」でしたが、1899（明治32）年には諸外国との条約改正によって、横浜をはじめ神戸や長崎など各地の居留地は正式に日本に返還されました。

町の風景を大きく変えた震災と戦災

もともと平地がほとんどなかった横浜は、沿岸部の埋め立てによって急速に拡大、発展していきました。しかし、もとは丘陵地と海がすぐ接していた土地だけに、現在も市内には「坂」とつく地名が約200カ所もあります。

急速に発展した横浜に大打撃を与えたのが、1923（大正12）年9月に発生した関東大震災です。震源地は横浜からすぐ南の相模湾沖で、当時の横浜の人口は東京市（現在の東京都23区の範囲）の5分の1ほどでしたが、倒壊家屋は約1万6000棟にのぼり、東京より被害が甚大でした。被害が拡大した理由には、市街地が埋め立てで造成され地盤が弱かった点が挙げられます。また、横浜では江戸時代の初期に開削された中村川、外国人居留地と外部を隔てるため開削された堀川などの運河や河川が多数ありましたが、こうした川に架かっていた橋が落ちて避難できなくなった人も多数いました。

震災後、横浜と東京では帝都復興院総裁となった後藤新平によって大々的な復興計画が実施され、それまでの曲がりくねった道路の整理、丈夫な橋の建設のほか、防火避難区域を兼ねて山下公園や野毛山《のげやま》公園がつくられました。

第二次世界大戦末期の1945(昭和20)年5月には、市内南部の工場地帯を中心に米軍の大空襲(横浜大空襲)によって、山手地区と山下公園の周辺以外は再び焦土と化します。

1980年代になると、中区から西区にかけて新たにみなとみらい地域が整備され、高さ296メートルを誇る横浜ランドマークタワーが築かれました。さらに、開港から150周年を迎えた2009(平成21)年には、中区海岸通に幕末に築かれた東波止場(通称「象の鼻」)が再整備され、海の見えるテラスが名物の象の鼻パークが開園しました。このように、明治期の寒村から出発した横浜は、現在もなお発展を続けています。

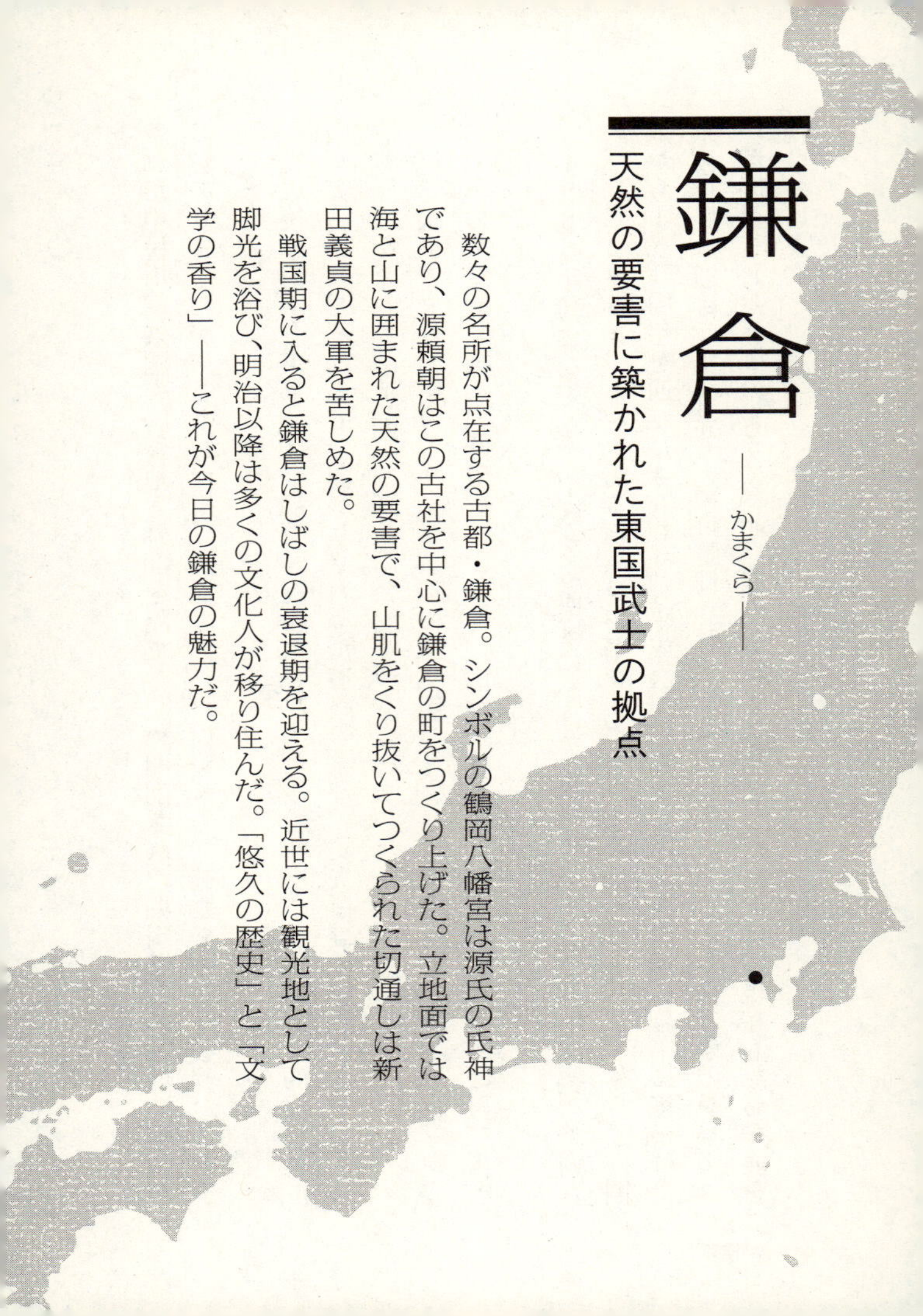

鎌倉

――かまくら――

天然の要害に築かれた東国武士の拠点

数々の名所が点在する古都・鎌倉。シンボルの鶴岡八幡宮は源氏の氏神であり、源頼朝はこの古社を中心に鎌倉の町をつくり上げた。立地面では海と山に囲まれた天然の要害で、山肌をくり抜いてつくられた切通しは新田義貞の大軍を苦しめた。

戦国期に入ると鎌倉はしばしの衰退期を迎える。近世には観光地として脚光を浴び、明治以降は多くの文化人が移り住んだ。「悠久の歴史」と「文学の香り」――これが今日の鎌倉の魅力だ。

鎌倉の魅力を世に広めた黄門様

国内だけでなく海外の旅行者からも高い人気を集める鎌倉。定番の観光スポットである鶴岡八幡宮や鎌倉大仏（高徳院）は、いずれも1000年近い歴史をもっていますが、絶えず参詣者でにぎわっていたわけではなく、室町後期は農業と漁業だけが営まれる寒村でした。

鎌倉が今日のような観光都市になるきっかけをつくったのは、黄門様こと水戸藩主の徳川光圀《みつくに》です。光圀は鎌倉や江ノ島を訪れ、それをもとに240カ所以上もの名所・景勝地を『新編鎌倉志』という書物にまとめさせました。この書は今でいう旅行ガイド誌で、鎌倉は江戸中期以降、多くの観光客が訪れるようになりました。

光圀が鎌倉に惹かれたのは、本格的な武家政権の発祥地であったことも無関係ではありません。光圀の祖父・徳川家康は河内源氏《かわちげんじ》である新田氏の末裔を自称し、鎌倉幕府初代将軍・源頼朝を崇拝していたとも伝わります。

もともと鎌倉は、桓武平氏《かんむへいし》の一族である平直方《たいらのなおかた》の領地でした。直方は平忠常《ただつね》の乱を鎮圧した源頼義の武勇を気に入り、自身の娘と鎌倉の領地を与えます。頼義は源氏の氏神である京都の石清水《いわしみず》八幡宮を勧請《かんじょう》（神霊を分祀すること）し、由比《ゆい》郷（現在の鎌倉市材木座《ざいもくざ》）に鶴岡（由比）若宮を造営。以降、鎌倉は河内源氏の拠点となるのです。

鶴岡八幡宮を中心とした頼朝の町づくり

頼義から数えて6代目の子孫にあたる頼朝は、平氏追討の兵を挙げた1180（治承4）年に鎌倉入りしました。鎌倉を政権の在所に選んだ主要因としては、この地が防衛に適していたことが挙げられます。

南南西を相模湾、三方を丘陵地に囲まれた鎌倉は天然の要害です。頼朝は石橋山合戦で敗れたのち、安房《あわ》（現在の千葉県南部）に落ちのびましたが、歴史書『吾妻鏡《あづまかがみ》』には地元の豪族・千葉常胤《ちばつねたね》の「御居所はさしたる要害の地にあらず。また御嚢跡《ごのうせき》（先祖ゆかりの地）にもあらず。速やかに相模国鎌倉に出でしめ給うべし」との言葉が記されています。頼朝は父と慕う常胤の言を聞き入れ、鎌倉を拠点としました。

鎌倉に入った頼朝は、まず廃れかけていた鶴岡若宮を小林《こばやし》郷の北山に遷座。これが現在の鶴岡八幡宮です。宮社は平野部北の丘陵の中腹にあり、そこから相模湾の海岸線に向けて若宮大路が通っています。将軍御所や幕府の庁舎、家臣たちの屋敷の多くは、北から東にかけての山沿いに築かれ、それらをさらに囲む東西の山の麓や中腹には、高徳院をはじめとする多くの寺院が築かれました。

よりくわしくみていくと、頼朝が自らの邸宅を置いたのは現在の清泉《せいせん》小学校一帯、大倉と呼ばれる場所です。大倉御所には将軍御所のほか、御家人が詰める侍所《さむらいどころ》、行政を担う公文所《くもんじょ》（のちの政所）、訴訟を司る問注所などの庁舎も建てられました。ただし、この大倉御所で政務が執られたのは１２２５（嘉禄《かろく》元）年まで。その後政庁は鶴岡八幡宮の南、宇都宮辻子《うつのみやずし》に移されたとみられています。

移転の理由としては、幕政の大幅な刷新が挙げられます。頼朝の嫡流はすでに途絶えており、3代執権の北条泰時は京都の公家・藤原頼経《ふじわらのよりつね》を傀儡《かいらい》の将軍に据え、幕政を執権中心の合議制に改めました。しかし、ここに政庁があったのはわずか12年。その後は宇都宮辻子の北に再度移されたとされています（若宮大路御所）。移転の理由はよくわかっておらず、移転ではなく拡張とする説もあります。

なお、「辻子」は小道を意味します。鎌倉市街地は若宮大路、その東の小町大路、

■現在の鎌倉の地形（上）と鎌倉時代の御所周辺図（下）

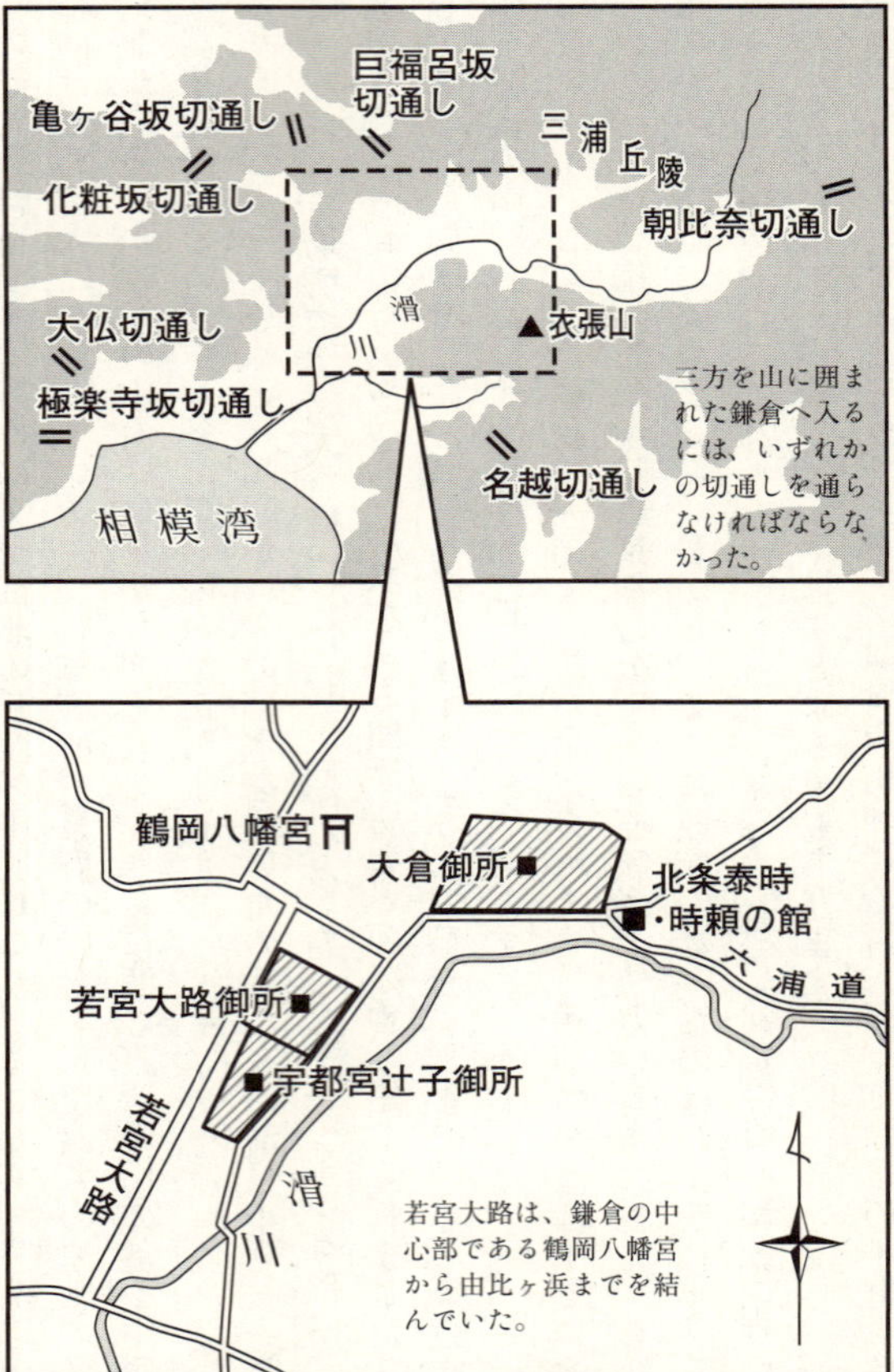
巨福呂坂
切通し
亀ヶ谷坂切通し
三浦丘陵
化粧坂切通し
朝比奈切通し
滑川
衣張山
大仏切通し
極楽寺坂切通し
名越切通し
相模湾
三方を山に囲まれた鎌倉へ入るには、いずれかの切通しを通らなければならなかった。
鶴岡八幡宮
大倉御所
北条泰時・時頼の館
六浦道
若宮大路御所
宇都宮辻子御所
若宮大路
滑川
若宮大路は、鎌倉の中心部である鶴岡八幡宮から由比ヶ浜までを結んでいた。

『中世都市鎌倉を歩く』（中公新書）掲載の「鎌倉幕府将軍御所関係図」を参考に作成

西の今大路を幹線道路とし、それを大小の道が結んでいます。宇都宮辻子は若宮大路と小町大路を結ぶ道で、武将・宇都宮朝綱《ともつな》の屋敷があったことからそう呼ばれました。

メインストリートの若宮大路は平安京の朱雀《すざく》大路がモデルになっています。当時の全長は約1800メートル。現在は車道の中央に参道があり、二の鳥居と三の鳥居の間はそこまでの道よりも一段高くなっています。この参道は段葛《だんかずら》と呼ばれ、頼朝の妻・北条政子の安産祈願のためにつくられたと伝わります。

また、鶴岡八幡宮に近づくにつれて道幅が狭くなるのも段葛の特徴です。これは遠近法を利用して鶴岡八幡宮までの距離を長く見せる工夫であり、合戦の際に攻め込まれにくくする効果があったそうです。

商業都市としても高度に発達

郊外に目を移すと、各地の街道や港が整備され、西国や宋との交易で得た物益が幕府の財政と庶民の生活を支えました。なかでも三浦半島東岸の六浦（横浜市金沢区）は波が穏やかな良港で、幕府の外港として重視されました。一帯では製塩業も盛んになり、六浦と鎌倉を結ぶ朝夷奈《あさいな》（朝比奈《あさひな》）切通しは「塩の道」とも呼ばれています。

また、六浦と同じく幕府の重要な外港であった和賀江島《わかえ》（鎌倉市材木座）は、現存する日本最古の港湾施設です。鎌倉市内は相模湾に河口をもつ滑川《なめり》が南北に流れ、今日では河口の西側の海岸が由比ヶ浜、東側が材木座海岸と呼ばれています。材木座の地名は、文字通り材木を扱う鎌倉時代の商工業組合に由来します。

当時の滑川河口は入江になっており、和賀江島同様の港湾施設があったと考えられています。つまり鎌倉は「武士の都」であると同時に、高度に発達した商業空間でもありました。なお、当時の鎌倉の人口は3万人ほどだったそうです。

防衛線となった7つの切通し

一方、陸路では鎌倉街道が整備されました。これは一本の道ではなく、鎌倉周辺にいくつもある古道の総称です。御家人たちはこの街道を通って鎌倉に入りました。その際の出入り口にあたるのが、山肌を断ち割るようにしてつくられた切通しです。主要な切通しは、鶴岡八幡宮北西の亀ヶ谷坂《かめがやつ》から時計回りに、巨福呂坂《こぶくろ》、朝夷奈（坂）、名越《なごえ》（坂）、極楽寺坂、大仏（坂）、化粧《けわい》坂の7つで、「鎌倉七口」とも呼ばれます。

新田義貞による鎌倉攻めでは、この切通しが激戦地となりました。1333（元弘3／正慶《しょうきょう》2）年、後醍醐天皇の挙兵に呼応した義貞は、一説に60万騎もの大軍で相模（現在の神奈川県）に侵攻します。義貞は軍勢を3つに分け、巨福呂坂、極楽寺坂、化粧坂の切通しを攻撃。対する幕府軍の抵抗は激しく、攻略は難航を極めました。

そこで義貞は戦略を変更し、稲村ヶ崎の海岸を迂回して由比ヶ浜から鎌倉へ侵入します。市街地は瞬く間に制圧され、北条得宗家（本家）の当主である14代執権・高時は、鶴岡八幡宮の東にある東勝寺で一族郎党とともに自害しました。

現在、東勝寺の跡地には「腹切りやぐら」と呼ばれる洞穴があり、北条一族を弔う石塔や卒塔婆《そとうば》が置かれています。この「やぐら」とは岩壁に掘られた横穴式墓所のことで、大仏（坂）や名越（坂）では大規模なやぐら群を目にすることができます。

鎌倉府の滅亡で衰退へ

鎌倉幕府滅亡後は、河内源氏の足利尊氏を初代将軍とする室町幕府が成立します。

『建武式目《けんむしきもく》』には、将軍御所の在所について尊氏が思案していた様子が書かれており、引き続き鎌倉に置かれる可能性もあったようです。

結局、幕府は京都に置かれましたが、依然鎌倉が東国武士にとってシンボリックな存在であることは変わりません。尊氏は鎌倉幕府の跡地に鎌倉府を設置し、その公方（長官）に東国10カ国の支配権を与えました。

ところが、公方の絶対的な権力は東国武士の反発を招き、また幕府との間にも軋轢《あつれき》が生じます。4代鎌倉公方・足利持氏《あしかがもちうじ》は幕府と対立し、子の成氏《しげうじ》は抗争の末に鎌倉を追われました。

こうした争乱の中で、鎌倉公方を補佐する関東管領の上杉家も同族間で争うようになります。室町時代の上杉家は山内上杉、扇谷上杉《おうぎがやつ》の2家が広く知られていますが、これら以外にも犬懸上杉《いぬがけ》、宅間上杉などの分家がありました。山内、扇谷、犬懸、宅間はいずれも鎌倉にある地名です。

このうち犬懸家と宅間家は、1416（応永23）年の上杉禅秀の乱を契機に没落し、その後は山内・扇谷両家が鋭く対立します。しかし、この2家も新興勢力の後北条家に追い落とされ、鎌倉は後北条家の領地となるのです。

文学の香り漂う近代

冒頭でも触れたように、鎌倉が再び繁栄を迎えるのは江戸中期以降です。当時は数多くある寺社の門前町でしたが、1889年（明治22）年の横須賀線開通以降は温暖な気候と相まって、保養地としても注目を集めるようになります。歴史情緒あふれる町並みは、とりわけ文学者からの人気が高く、島崎藤村や夏目漱石、芥川龍之介など多くの文豪が鎌倉に居を構えました。

昭和期に入ると「鎌倉文士」という言葉も生まれ、1933（昭和8）年には里見弴《さとみとん》と久米正雄を中心とする鎌倉ペンクラブが誕生。また大戦末期の1945（昭和20）年5月には久米や川端康成、小林秀雄らを中心に鎌倉文庫が創設されます。これは鎌倉に住む文学者たちが持ち寄った蔵書を貸し出す貸本屋で、戦中・戦後の困窮生活にあえぐ市民にとって、数少ない娯楽となりました。

鎌倉にゆかりのある文化人は300人を超えるといわれます。20世紀の100年間で醸成された文学の香りは、それまでの歴史に負けない鎌倉の魅力となっています。

小田原《おだわら》

100年にわたる戦国北条家の拠点

関東を代表する名城・小田原城は、かつては小規模な城であった。東国に下向した北条早雲は謀略によってこの城を奪い取り、関東制覇の根拠地とした。その子孫たちも軍事と民政の双方で手腕を発揮し、小田原は先進的な城下町となる。

江戸西方の玄関口とも呼べる小田原は、江戸幕府にとって軍事的要衝であった。城下は東海道でも有数の宿場町として栄え、旅人たちはここで身支度を整えて、峻険な箱根の山へ向かった。

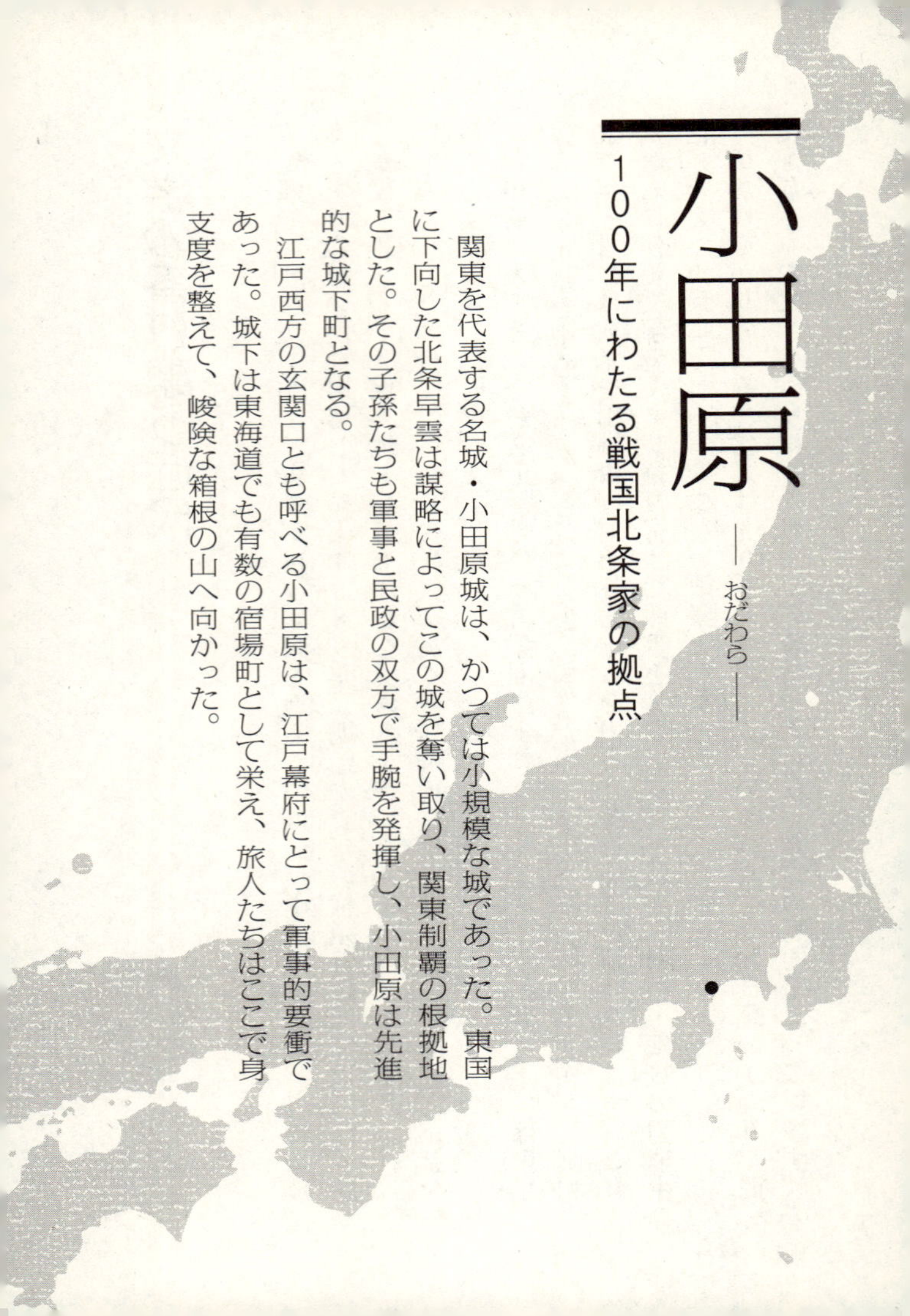

室町幕府の高級官僚だった早雲

小田原駅西口を出ると、勇壮な騎馬武者像が私たちを出迎えてくれます。像の人物は北条早雲。１００年にわたる北条王国の礎を築いた大名です。

「早雲」という名は出家後の名前であり、本名は伊勢新九郎といいます。伊勢家は桓武平氏の一族で、室町幕府の要職である政所の執事などを務めた名門です。若き日の早雲も９代将軍・足利義尚《あしかがよしひさ》の申次衆《もうしつぎしゅう》、現在でいう首相秘書官のような役職に就いていたとみられています。

早雲は姉（一説に妹）の嫁ぎ先である今川家の家督争いを収めるため、駿河（現在の静岡県中部）に下向。甥の氏親《うじちか》を当主の座に就けると、今川家の客将となりました。

１４９５（明応４）年、幕府と敵対する伊豆（現在の静岡県東部）の堀越公方（室町幕府の出先機関のひとつ）を滅ぼした早雲は、韮山《にらやま》城（静岡県伊豆の国市）を拠点に伊豆平定を進め、やがて相模（現在の神奈川県）への進出も企てるようになります。その矛先として目をつけたのが、扇谷上杉《おうぎがやつうえすぎ》家の重臣・大森家が治める小田原城です。

山河と海に囲まれた天然の要害

「小田原」という地名の由来は諸説あり、広大な原野を意味する「大田原」から転じたとする説や、「小由留木《こゆるぎ》」という地名の草書体を読み間違えたとする説などがあります。

現在の市街地は箱根山、丹沢山、相模湾に挟まれた足柄平野の南端にあり、小田原城は箱根山から延びる丘陵地の麓に位置しています。海と山に挟まれているだけでなく、北東に酒匂川《さかわ》、南西に早川を抱く小田原は攻めるに難い要害でした。

現在の小田原城天守閣はJR東海道線の南側に位置していますが、大森家の城だったころは線路の北、現在の小田原高校あたりに本丸がありました。当時の曲輪《くるわ》は「八幡山古郭《はちまんやまこかく》」と呼ばれ、現在は東曲輪の跡地が史跡公園として整備されています。

早雲の小田原城攻めに関する資料は乏しく、詳細はよくわかっていません。軍記物には、角に松明《たいまつ》を付けた牛の群れを城内に放ち、将兵が大混乱に陥った隙に城をかすめ取った様子が描かれていますが、これは江戸時代の創作とみられています。

名将のもとで開発が進む城下

早雲は相模平定後の1519（永正16）年にこの世を去り、家督は嫡男の氏綱に受け継がれました。氏綱は本城を韮山から小田原に移し、伊勢から北条に苗字を改めます。韮山はかつて鎌倉幕府執権だった北条家の本領であり、氏綱はその後継者を自称することで関東支配の正当性を得ようとしました。

小田原の町づくりは氏綱のもとで始まり、甲州道と東海道に沿って築かれた町屋には、農民だけでなく商人や職人も数多く住んでいました。また支城間を結ぶ街道沿いでは宿場や駅の整備が進みます。北条領では、これら宿駅に常置された馬を乗り継いで物資を運搬する「伝馬制」が普及し、北条家繁栄の一翼を担いました。

続く氏康の代になると、小田原城の本丸が八幡山の尾根から現在の場所に移されました。これは城下町経営を効率的に進める必要性から、より平地に近い場所に移築したと考えられています。

都市としての小田原の先進性は、日本初の上水道が敷設されていたことからもわかります。芦ノ湖を水源とするこの「小田原用水」は早川流域の板橋（小田原市板橋）を取水口とし、江戸口（小田原市浜町）まで引かれていました。板橋付近の水路は開渠《かいきょ》になっており、現在もその流れを見ることができます。こうした施策によって築かれた小田原城下の景観は、近世城下町を先取りしていたといえるでしょう。

「相模の獅子」とも称される氏康は、民政だけでなく軍事面でも類い稀な才能を発揮しました。1546（天文15）年の河越夜戦《かわごえよいくさ》では、わずか8000の兵で8万もの山内上杉・扇谷上杉・古河公方《こがくぼう》の連合軍を撃破。この合戦により武蔵（現在の東京都と埼玉県）の支配が確立し、小田原は南関東に広がる北条王国の首都となりました。

広大な総構で秀吉の大軍を迎え撃つ

やがて時代は豊臣秀吉の治世になり、関白の座に就いた秀吉は全国の大名に上洛を命じます。しかし関東制覇の野心を捨てきれない北条氏政（氏康の嫡男）は、これを頑なに拒みました。

1590（天正18）年、秀吉は全国の大名に号令をかけ、小田原攻め（小田原合戦）

■北条氏政統治下の小田原城周辺図

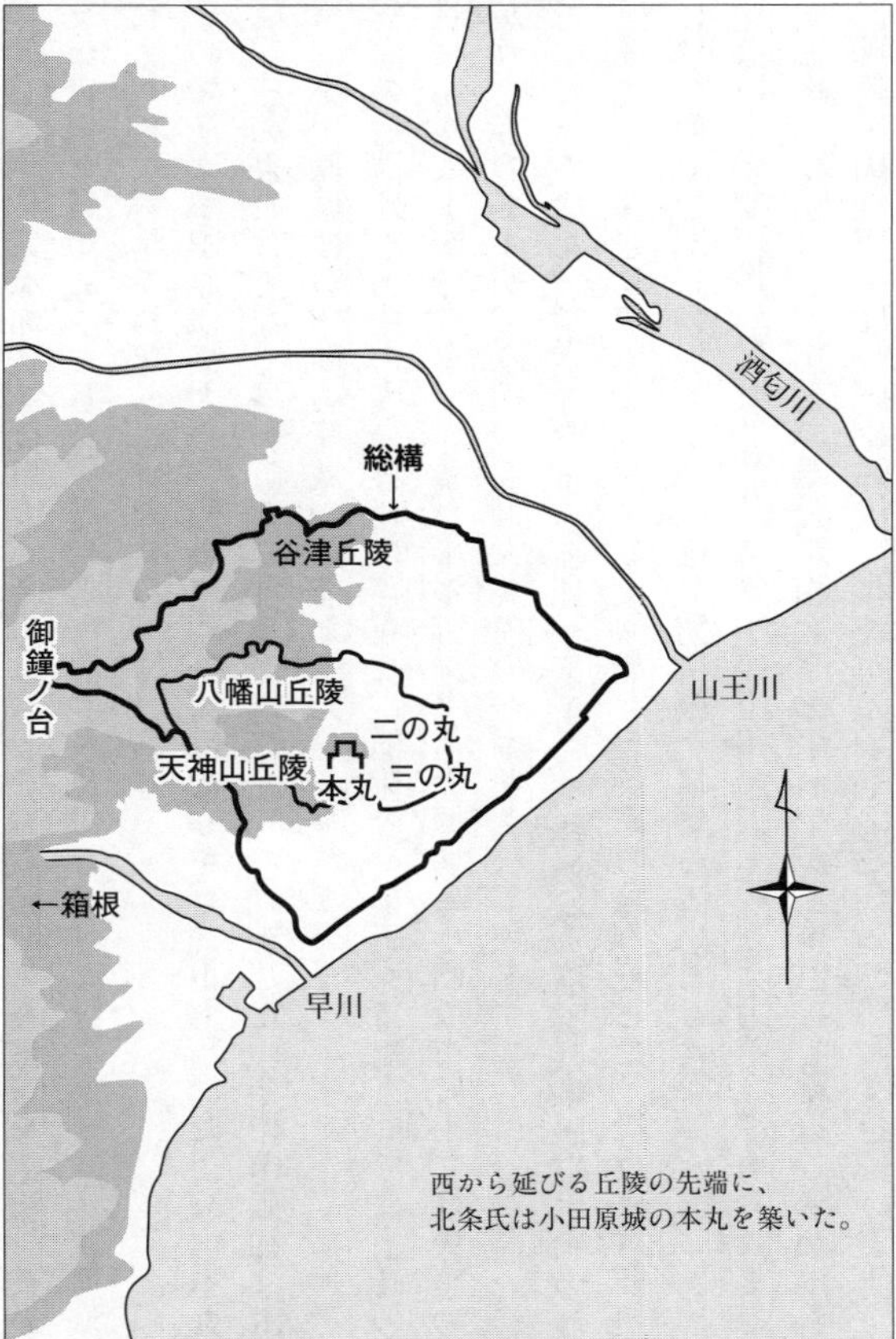
酒匂川
総構
谷津丘陵
御鐘ノ台
八幡山丘陵
山王川
二の丸
天神山丘陵
本丸
三の丸
←箱根
早川
西から延びる丘陵の先端に、
北条氏は小田原城の本丸を築いた。

小田原城「小田原城と小田原合戦攻防図」を参考に作成

を開始します。宣戦布告を受けた北条家は、長い軍議の末に籠城策を選択。氏政には少なからず勝算がありました。秀吉との決戦を見越し、3年ほど前から小田原城の周囲に大規模な総構《そうがまえ》を構築していたからです。

この総構は小田原城最大の特徴です。外周は約9キロメートルにおよび、本丸や二の丸、三の丸だけでなく城下町ごと堀や土塁で囲っていました。その内側には田畑もあり、小田原城は数年間の籠城が可能だったとみられています。

総構の遺構は小田原市内の各地に存在し、稲荷森（小田原市鴨宮《かものみや》）では当時の空堀を目にすることができます。また小峯御鐘ノ台大堀切《こみねおかねだいおおほりきり》（小田原市城山）は氏康の代に築かれたものですが、全国でも最大規模の空堀とされています。

総構だけでなく、八王子城（東京都八王子市）や鉢形《はちがた》城（埼玉県寄居町）、山中城（静岡県三島市）など、関東に点在する支城群も北条家の強みでした。氏政は重要拠点の城には一門衆を配し、広大かつ強固な防御網を構築していました。

とはいえ、北条軍5万6000に対し、豊臣軍22万という兵力差は埋められません。支城は次々に陥落し、兵士の離脱が相次ぎます。やがて重臣にも寝返る者が出るに至り、氏政・氏直親子はついに降伏。北条家の栄華はこうして終わりを告げます。

東海道の宿場町へと姿を変える

関東の西の玄関口である小田原は軍事的要衝であり、幕藩体制下の小田原藩は大久保家や稲葉家など、徳川家の重臣が歴代藩主を務めました。

また、小田原は東海道9番目の宿場町で、その先には峻険な箱根の山が控えています。東海道で最大規模の宿場町でもあった小田原は、最盛期には100軒近い旅籠《はたご》(旅館)が軒を連ね、多くの旅行者がここで箱根越えの準備を整えました。

ちなみに、江戸中期のヒット商品に、童謡『お猿のかごや』の歌詞にもある小田原提灯があります。この提灯は蛇腹状の胴体を折りたたんで携帯することができ、広く普及しました。

明治時代に入ると小田原馬車鉄道や熱海鉄道が開業し、小田原は箱根や熱海に向かう旅行者でにぎわいます。大正・昭和期には関東大震災と小田原空襲で被害を受けましたが、その後に再建された町並みは随所で江戸時代の宿場町としての風情をたたえています。

諏訪

——すわ——

信仰とハイテク産業が同居する門前町

山岳地帯の多い日本では、内陸の盆地に築かれた都市が少なくない。山地が85％を超える長野県の中部に位置する諏訪は、その代表格だ。四方を山に囲まれた諏訪湖のほとりでは、古代に諏訪大社が築かれ、現在まで広く信仰されている。諏訪大社の神職を務める諏訪家は、戦国時代の一時期を除いて中世から諏訪の支配権を維持し続けた。平地が少なく稲作農耕には不向きながら、近畿から関東・東北を結ぶ交通の要衝となった諏訪は、海沿いの都市にはない独自の歴史をもっている。

■諏訪湖周辺の地形

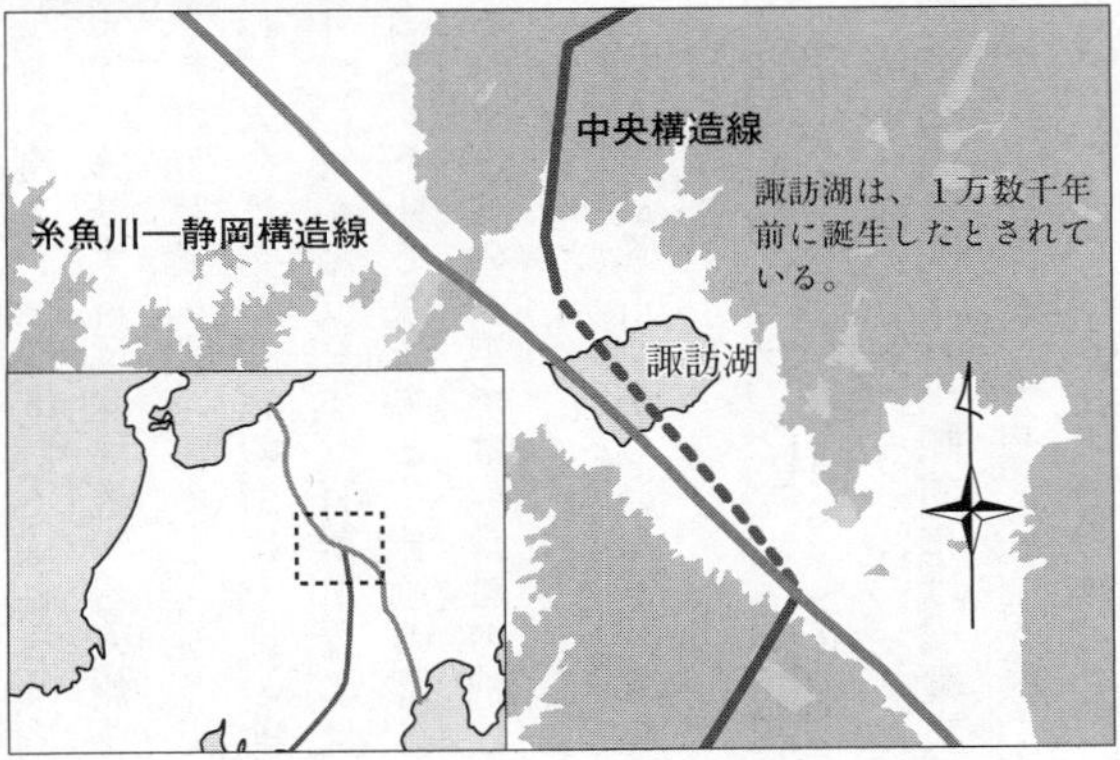
中央構造線
諏訪湖は、1万数千年前に誕生したとされている。
糸魚川—静岡構造線
諏訪湖

御神体は山と木

　長野県のほぼ中央に位置する諏訪盆地は、標高750～1200メートル。日本の盆地の中で最も高い場所にあります。その地中には、日本列島を東西に横切る「中央構造線」と、本州の中央を縦断する「糸《いと》魚《い》川－静岡構造線」という2本の大断層が交差しています。断層活動でできた凹地に河川の水が流れ込んでできたのが、諏訪湖です。その南に諏訪市、北に下諏訪《しもすわ》町と岡谷市の市街地が広がっています。

　数ある日本の祭りの中でも、諏訪大社で6年に一度、寅《とら》の年と申《さる》の年に山から伐採してきた高さ17メートルもの柱を境内に立てる「御柱祭《おんばしら》」は、その雄大さで知られています。諏訪大社は北海道から九州まで全国1万社を超す諏訪神社の総本社として知られ、諏訪はその門前町として発展してきました。

諏訪大社は、諏訪湖の南に上社《かみしゃ》の前宮《まえみや》と本宮《ほんみや》、諏訪湖の北に下社《しもしゃ》の春宮《はるみや》と秋宮《あきみや》という4つの宮があります。特徴的なのは、本殿の建物がなく、上社では南にそびえる守屋山を、下社ではスギとイチイの御神木をそのまま御神体として祀っている点です。もともと古代の神道では、常設の神社建築をもたず、自然の岩や山をそのまま神の宿る場所として拝んでいました。このように古い信仰の形を引き継いでいる諏訪大社は、日本で最も古くからある神社のひとつとされています。

神職から大名化した諏訪家

四方を山に囲まれた諏訪には、縄文時代から多くの集落が築かれ、早くから農耕が始まっていました。『古事記』では、天照大神の出雲支配に抵抗した建御名方神《たけみなかたのかみ》が諏訪に逃れてきて、諏訪土着の神である八坂刀売神《やさかとめのかみ》とともに、諏訪大社の祭神となる様子が書かれています。つまり、諏訪の地には出雲から農耕などの先進文化が伝わったのではないか、と考えることができます。

律令時代以降、諏訪は畿内と東北を結ぶ東山道の経由地のひとつになり、平安初期には、坂上田村麻呂が蝦夷《えみし》討伐の折、諏訪大社に寄って戦勝祈願したと伝えられます。御柱祭が始まった正確な年代は不明ですが、諏訪大社の縁起（いわれ）を今に伝える『諏訪大明神絵詞《えことば》』には、8世紀末ごろに桓武天皇が信濃国司に対して、諏訪大社の式年造営、すなわち御柱祭の実施を命じたとの記述があります。

諏訪大社の神職のトップは「大祝《おおほうり》」と呼ばれ、諏訪家が代々これを務めました。諏訪家のもとで歴代の神長官《じんちょうかん》を務めた守矢家は、6世紀に蘇我家との政争に敗れて諏訪に逃れてきた物部守屋《もののべのもりや》の末裔《まつえい》で、上社の御神体でもある守屋山は物部一族が神社を築いたとも伝えられていますが、定かではありません。

諏訪家は、鎌倉時代に起こった承久の乱で幕府執権の北条家に味方し、以降は有力な武士団に成長していきます。戦国時代には、信濃守護職の小笠原家、更級《さらしな》の村上家、木曽谷の木曽家とともに信濃四大将と称される勢力になりました。

しかし、1542（天文11）年に諏訪家は甲斐の武田家の侵攻を受け、一時的に壊滅します。その後、諏訪の支配権は武田家、さらに織田家に移り、豊臣政権で諏訪の領主となった日根野高吉《ひねのたかよし》が、1598（慶長3）年ごろ諏訪湖の南東に高島城を築きました。一方、一族の再起をはかっていた諏訪頼忠《よりただ》は信濃の平定をめざす徳川家康の臣下となっており、江戸幕府の成立後は諏訪に返り咲きます。

湖水を堀としていた高島城

1648（慶安元）年、3代将軍・徳川家光は、諏訪神社の上社に1千石、下社に500石の領地を寄進しました。これを機に諏訪大社は諏訪藩（高島藩）から独立した神領として運営されるようになり、諏訪家は神職の大祝を務める一族と、高島城で政務にあたる大名家に分かれます。

現在の高島城の東側には国道20号が走っていますが、そのさらに東にある旧甲州街道沿いの一帯が、かつての城下の町屋街でした。

湖畔に面していた高島城は「諏訪の浮き城」とも呼ばれました。江戸時代の諏訪家は湖畔の干拓によって城下町と農地を拡大し、衣之渡川《えのど》、中門川《なかもん》、角間川《かくま》などを開削

■諏訪大社と街道の位置関係

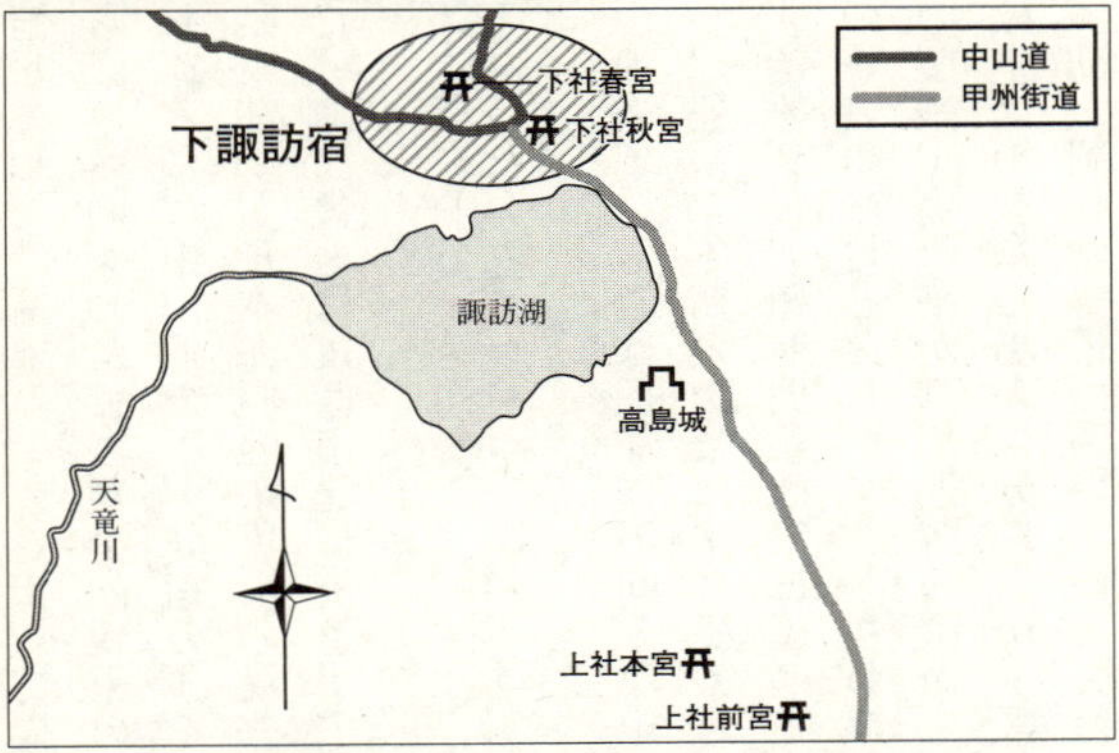
中山道
甲州街道
下社春宮
下社秋宮
下諏訪宿
諏訪湖
高島城
天竜川
上社本宮
上社前宮

下社周辺には宿場町が、諏訪高島城の周辺には城下町が成立した。

して城の外堀にしました。現在の諏訪湖の水深は平均して約4メートルと浅めですが、戦国時代まではこれより数メートルも深かったといいます。

一方、諏訪湖北東の下諏訪は、中山道と甲州街道の分岐点として宿場が整備され、参勤交代や朝廷が定期的に日光東照宮に派遣していた例幣使《れいへいし》などにも利用されました。比較的小規模でしたが、中山道の宿場町では唯一、温泉のある宿場として旅人に好まれたそうです。

下諏訪宿の中でも、小笠原家の流れをくむ岩波家が運営した本陣は、多くの大名や公家に利用されました。岩波家は京都から職人を呼んで中山道の宿でも随一の庭園を整備しました。幕末の1862(文久2)年には、14代将軍・家茂《いえもち》に嫁ぐために京都から江戸へ向かった和宮親子《かずのみやちかこ》内親王の一行も岩波家に宿泊しています。

ちなみに、中山道で下諏訪宿のすぐ隣にある塩尻宿は、太平洋側の三河(現在の愛知県東部)と日本海側の糸魚川の双方から内陸へ塩を運んでくる「塩の道」の終点でした。諏訪盆地は東西南北に街道が広がる土地だったのです。

戦前は日本最大の生糸の産地

山地の多い信濃は稲作に不向きな土地でしたが、江戸後期から桑の栽培と養蚕《ようさん》が広まり、製糸を冬期の副業にする農家が増えました。

明治維新後、殖産興業政策によって生糸は日本の代表的な輸出品になり、長野県はその一大生産地となります。とりわけ諏訪盆地は諏訪湖があるため水利に恵まれ、多くの製糸工場が築かれ、近隣の県からも工員が集まりました。1879(明治12)年には全国の製糸工場の半分以上が長野県内に集中し、県内の製糸労働者の約3分の1が諏訪・岡谷の一帯で働いていました。

20世紀はじめに日本の生糸輸出量は世界1位となり、一時はその半数近くが諏訪で生産されていました。

昭和の初期には諏訪に集まった製糸労働者のうち、3分の2近くを女性が占めました。彼女らの福利厚生の場となったのが、諏訪市湖畔通りに残る片倉館です。これは、製糸業で財を成した片倉財閥が1928(昭和3)年に築いた洋風建築の温泉施設で、多くの工員が湯に浸かり、疲れを癒やしました。

第二次世界大戦の末期になると、東京から多くの工場が諏訪に疎開してきました。これが基礎となって、戦後の諏訪では時計、カメラ、医療機器などの精密機械工業が発達し、精工舎(のちのセイコーエプソン)などの企業が進出してきます。このため、山深い地形の諏訪は「東洋のスイス」と呼ばれるようになりました。ただし、産業の発展に伴う工場排水によって諏訪湖の水質が変化し、年間を通じて水温が高くなったため、大量の藻が繁殖して湖水が緑色に見えるまでになりました。そこで、自治体が水質浄化に努め、21世紀に入る前後から大幅に改善されました。

こうした産業の課題を克服しつつ、今も変わらず御柱祭が営まれるなど、産業と信仰の共存関係は続いています。

新潟《にいがた》

西廻り航路で栄えた日本海側屈指の港町

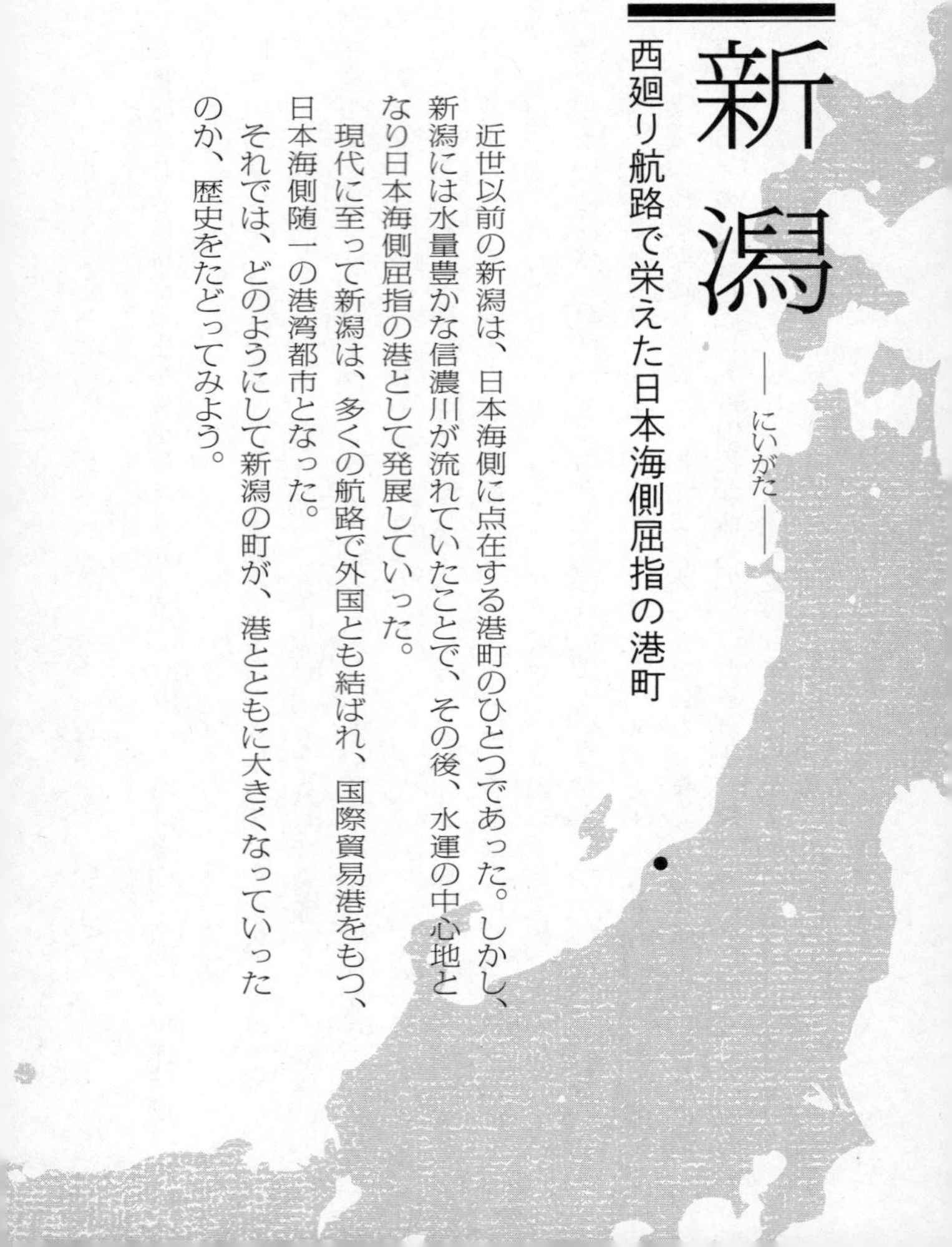

近世以前の新潟は、日本海側に点在する港町のひとつであった。しかし、新潟には水量豊かな信濃川が流れていたことで、その後、水運の中心地となり日本海側屈指の港として発展していった。

現代に至って新潟は、多くの航路で外国とも結ばれ、国際貿易港をもつ、日本海側随一の港湾都市となった。

それでは、どのようにして新潟の町が、港とともに大きくなっていったのか、歴史をたどってみよう。

河川との戦いを通して成長

信濃川の河口域を中心とする新潟市は、人口80万人を超える日本海側唯一の政令指定都市です。国内第4位の面積である越後平野が広がり、国内最大の水田面積をもつ農業都市でもあります。しかし、今日の新潟の町が成立したのには、河川との長くきびしい戦いと、それを制した人々の努力がありました。

信濃川は甲武信《こぶし》ヶ岳を源流とし、長野県（長野県では千曲《ちくま》川と呼ばれる）、新潟県内を通り、東から流れてきた阿賀野《あがの》川とともに日本海へと注ぐ、全長367キロメートルの日本一長い河川です。1年間に流れる水量も全国1位。この膨大な水量は田畑を潤す反面、時に洪水を起こし、上流から大量の土砂を運んできました。

戦国時代以前の越後平野は、たびたび起こる洪水のため、海岸線は現在と異なる形をしており、そこには「潟湖《せきこ》」が多く存在しました。潟湖とは、川により運ばれた土砂が河口部で堤防状に堆積し、さらに伸びて対岸に達して入江をふさいで外海から切り離されて生まれる湖です。新潟という地名は、信濃川と阿賀野川という2本の河川

■新潟市河口域の地形

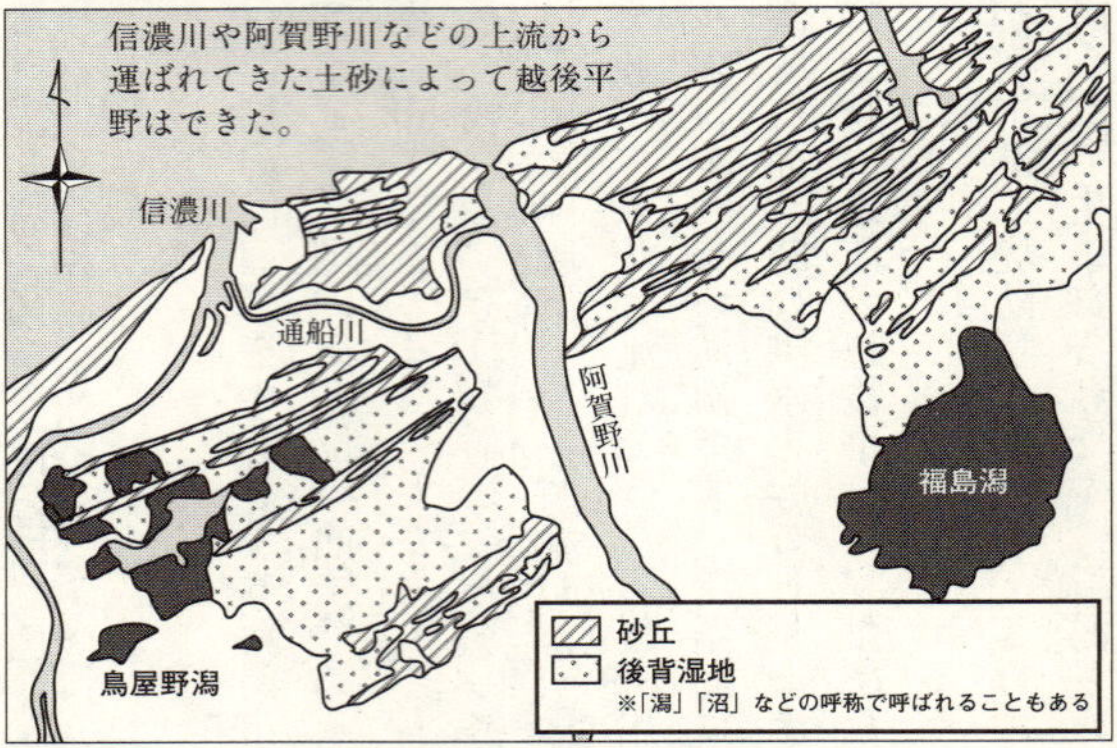
信濃川や阿賀野川などの上流から運ばれてきた土砂によって越後平野はできた。
信濃川
通船川
阿賀野川
福島潟
鳥屋野潟
砂丘
後背湿地
※「潟」「沼」などの呼称で呼ばれることもある

「阿賀野川え～とこだ！流域通信」HP掲載図を参考に作成

■江戸前期の新潟津周辺

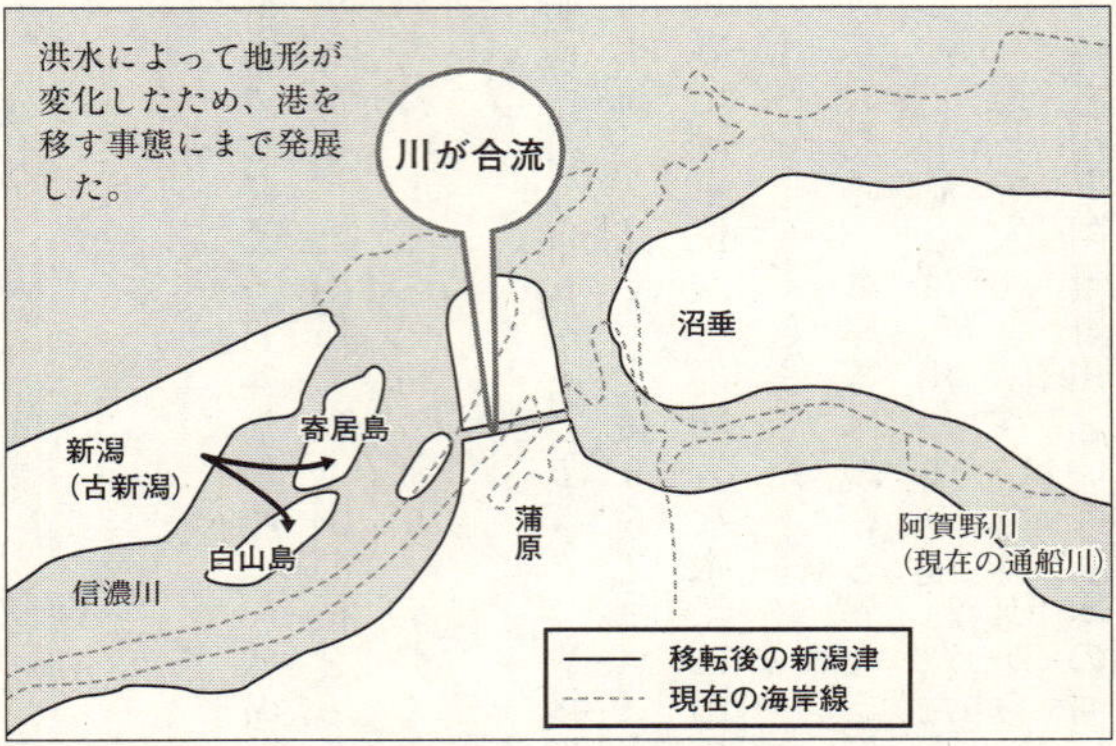
洪水によって地形が変化したため、港を移す事態にまで発展した。
川が合流
沼垂
寄居島
新潟
(古新潟)
白山島
信濃川
蒲原
阿賀野川
(現在の通船川)
移転後の新潟津
現在の海岸線

新潟中心商店街協同組合 HP「新潟ふるまち」掲載図を参考に作成

の河口付近に「新しくできた潟湖」に由来するといわれています。

信濃川の洪水による影響は地形の変化だけでなく、新潟の町が移転する事態を引き起こしました。1631（寛永8）年の洪水では、信濃川下流の川筋が阿賀野川と合流。土砂で川底が浅くなり、新潟津での船の停泊が困難になってしまうほどでした。

そこで、新潟の町は1655（明暦元）年に、信濃川の中洲にあった寄居島《よりい》と白山島《はくさん》、つまり現在の位置に移転され、島の東側を港としました。移転した町が現在の古町地区です。新しい港は水深が深く、利便性がよくなりました。

これを機に新たな町割が施されます。これにより、本町通（現在の中央区）を軸とした南北5筋からなる整理された都市構造となりました。

18世紀に入ると、長年の課題だった越後平野の治水対策がとられます。1730（享保15）年には、新発田藩の主導のもと、新田開発と増水時の排水のため、阿賀野川が直接日本海へと流れ込む水路（松ヶ崎掘割）がつくられました。

続いて1817（文化14）年には、とくに水害のひどかった信濃川流域の西蒲原郡《にしかんばら》の三潟（大潟、田潟、鎧潟）から水を抜くために、農民主導で日本海までの放水路である新川が掘削されました。新川掘削は、江戸時代を通して最大規模となる掘削工事でした。

　これらの水路により越後平野の干拓が進み、米の増産につながりました。新川には現在、鉄製の水路橋が架けられ、新潟市西区、西蒲《にしかん》区一帯の基幹排水路になっています。長きにわたる治水で水田は拡大。米の収穫量が飛躍的に増え、新潟一帯は米どころとなりました。

日本海側随一の貿易港への道程

　現在の新潟港は、フェリー乗り場がある旧新潟港でもある「西港」と、１９６９（昭和44）年に開港し、外資コンテナ基地や天然ガスなどのエネルギー供給基地としての役割をもつ「東港」の2港があります。また、日本海側唯一の国際貿易コンテナターミナルとして、ロシアのウラジオストクや中国の青島《チンタオ》、韓国の釜山をはじめ、東南アジア諸国との間にもコンテナ航路があります。

　貿易港となった新潟港のルーツは、奈良時代にあります。信濃川河口には、奈良時代に蒲原《かんばらの》津という港が存在し、舟運の重要拠点となっていました。平安中期に編纂された法令集『延喜式《えんぎしき》』で蒲原津は国津《くにつ》、つまり越後国の公的な港と認定されており、人と物資の集まる交通の要衝だったことが記されています。南北朝期には、蒲原津をめぐる争奪戦がくり広げられたほどでした。

戦国時代までに、阿賀野川の河口部東岸に「沼垂湊《ぬったり》」、信濃川の河口部西岸に「新潟津（湊）」の2港ができ、蒲原津と合わせて「三か津」と呼ばれるようになります。この三か津を、越後の大名・上杉謙信が代官を置き、支配していました。

現在確認されている、新潟の地名が文献に初めて登場したのは戦国時代です。1520（永正17）年に高野山清浄心院で「新方《にいかた》」の人が供養を依頼したことが供養帳である『越後過去名簿』に記されています。

開港した新潟津はより利便性が高く、蒲原津に代わり、この地の中心的な港となりました。1586（天正14）年には、謙信の後継者である上杉景勝が、戦国武将の新発田重家《しばたしげいえ》に占拠されていた新潟津を奪還。そのまま勢いに乗って新発田氏を滅ぼし、越後国を統一します。新潟という都市の原型はこのころにでき、慶長年間には形成されたといいます。なお、蒲原津は17世紀後半ばごろに廃港となりました。

その後、上杉氏は豊臣秀吉の命令で会津に転封されますが、新潟は伏見城建設のための物資の集積地となるなど、中央政権との結びつきを強めます。

江戸時代になると、新潟は長岡藩領、沼垂は新発田藩領となりました。長岡藩は賦役免除政策を打ち出し、新潟への廻船来航および商売の振興を奨励します。さらに新町、材木町、洲崎町などの新しい町をつくることを指示し、新潟の町の規模を拡大させました。

このときにつくられた町並みは、現在の東中通よりも海岸側の部分となります。そして、洪水による町の移転を経て、良好な港となった新潟湊は西廻り航路が浸透したこともあって全盛期を迎え、1697（元禄10）年には日本海側で屈指の貿易港へと発展しました。

流通を一変させた日本海の貿易網

新潟の発展を勢いづけたのは、西廻り航路の開設です。

西廻り航路は1672（寛文12）年、江戸の豪商にして幕府の公共事業にも深く関わった河村瑞賢《かわむらずいけん》により整備されます。その主な目的は現在の東北で収穫された米を海運のみで江戸に届けることでした。西廻り航路によって、米を積み替えることなく短期間での大量輸送が可能となり、人口の増加が著しい江戸の人々の胃袋を満たすことができたのです。

また、西廻り航路で使われる船舶は民間のものであったため、商人が積極的に市場を開拓しようと、経済活動を活発化させたことで交易圏は拡大し、昆布や、にしんなど蝦夷地からの交易品も取り扱われるようになります。

そうして、北前船の重要な寄港地となった新潟湊は沼垂湊の衰退もあいまって、元禄期には1年でおよそ40カ国、３５００隻にも及ぶ船が入港するなど、にぎわいをみせます。

さらに治水の成功により、米の増産が可能となったことで、おいしくて価格の安い大量の米が、新潟から大坂や江戸などの大都市に運ばれるようになります。最盛期には、越後国内の34万４０００俵もの年貢米が新潟湊に集められて、全国へと運ばれました。

江戸中期には、新潟湊は日本海側で最大の商品取引量を誇るようになります。北前船の寄港と米の増産は、新潟に巨万の富をもたらしました。

港への進出に消極的だった諸外国

ロシアによる南下政策や日本近海での外国船の出没などが相次ぎ、日本が大きく揺らいだ幕末、新潟も混乱と無縁ではありませんでした。海岸線を防衛する目的で、1843（天保14）年、新潟は幕府領となり、奉行所が置かれます。

1853（嘉永6）年、日本で薪や水の補給地を確保するため、浦賀（神奈川県横須賀市）にアメリカ艦隊司令長官・ペリー率いる黒船が来航したことが契機となり、幕府は開国を決めます。

1858（安政5）年には日米修好通商条約が締結され、神奈川（横浜）、兵庫（神戸）、箱館（のちの函館）、長崎、そして新潟の5港が諸外国に開かれました。ほかの4港と同様に、新潟港にもバンドと呼ばれる波止場を兼ねた商館の立ち並ぶ長い海岸、河岸線が整備されました。

そもそも新潟が選ばれた理由は、幕府領であったことや、日本海側に外国船が停泊できる規模の港が必要だったからです。

ところが、諸外国は新潟港への進出に対して消極的でした。というのも、新潟港は信濃川からの土砂が堆積したために水深が浅く、大きな外国船が停泊できなかったからです。しかも、追い打ちをかけるように戊辰戦争が勃発。旧幕府軍と新政府軍による戊辰戦争が始まると、旧幕府軍の武器弾薬の補給拠点となった新潟港は、新政府軍による制圧の第一目標になります。

1868（慶応4）年7月、新政府軍に寝返った新発田藩の手引きにより、新政府軍を率いる黒田清隆の船団が新潟砂丘に上陸します。奥羽越列藩同盟の一員として派遣され、新潟港を守っていた会津藩兵や米沢藩兵は、新政府軍や新発田藩兵と新潟の町中で交戦しますが敗退。新潟の町は新政府軍に占拠されました。補給線を断たれたのちも、会津藩は最後まで頑強に抵抗しますが、新政府軍に敗れます。

県庁設置の決め手となった港の存在

開港決定から10年が経った1869（明治2）年、佐渡の両津港を補助港とすることで、ようやく開港にこぎつけました。

しかし、他港に10年遅れをとったことで、当初こそイギリスなどの外国領事館が置かれましたが、領事館は撤退。新潟は国際貿易港となる好機を逃しました。

１８７１（明治４）年、廃藩置県により長岡藩や新発田藩が廃され、下越地域は新潟県に、中・上越地域は柏崎県となりました。まもなく両県と佐渡が統合され、現在の新潟県が生まれます。新潟県誕生の際、整備された城下町があった新発田や長岡ではなく、新潟に県庁が置かれました。これは、海外に開かれた新潟港の存在を新政府が重視したからです。

県庁所在地となった新潟では、県議会の開設や第四銀行の設立など、近代化に拍車がかかります。インフラ整備では、１８８６（明治19）年、信濃川に新潟町と沼垂町とをつなぐ木造の萬代《ばんだい》橋が架けられます。長さは７８２メートルで当時、日本最長を誇りました。橋は有料でしたが、通過量は年々増加し、新潟市街の重要な交通路となりました。

さらに、米の増産、金銀鉱山のある佐渡への渡海、日本海側の重要港と魅力がそろった新潟にはたくさんの人々が集まってきました。

ようやく始まった港の近代化

1899（明治32）年には、新津《にいつ》町（現在の新潟市秋葉《あきは》区）の新津油田で機械を使っての石油の掘削が始まり、大正時代には日本最大の油田に成長しました。新潟は石油産業でも潤いました。

1914（大正3）年には、新潟市と沼垂町が合併し、近代的な港づくりが始まります。この時期、信濃川下流の洪水対策の大河津分水路が完成したことで、洪水のリスクが解消され、新潟港の築港工事が可能になりました。1926（大正15）年に埠《ふ》頭《とう》が完成したことで大型船が発着可能となり、貨物列車が港内に乗り入れられるようになります。

日本が大陸に進出した昭和初期には、満州への玄関口として定期航路が開かれ、多くの人員、物資が新潟を起点に往来しました。

2019年、新潟港は開港150周年を迎えます。新潟港を中心に、新潟は世界に向けてのさらなる発展が期待されています。

金沢《かなざわ》

寺内町から発展した加賀百万石の城下町

一向宗の寺内町として出発した金沢であったが、前田家統治のもと、加賀藩１２２万石にふさわしい重厚な城下町が形成されていく。その裏では、江戸幕府の警戒心を解こうとする、大藩ゆえの苦心が町づくりから見てとれる。

歴代藩主の文化の振興政策によって、金沢には金箔をはじめとするさまざまな伝統工芸が根づいた。江戸時代の雰囲気を今に伝える町並みとともに、魅力を発信している。

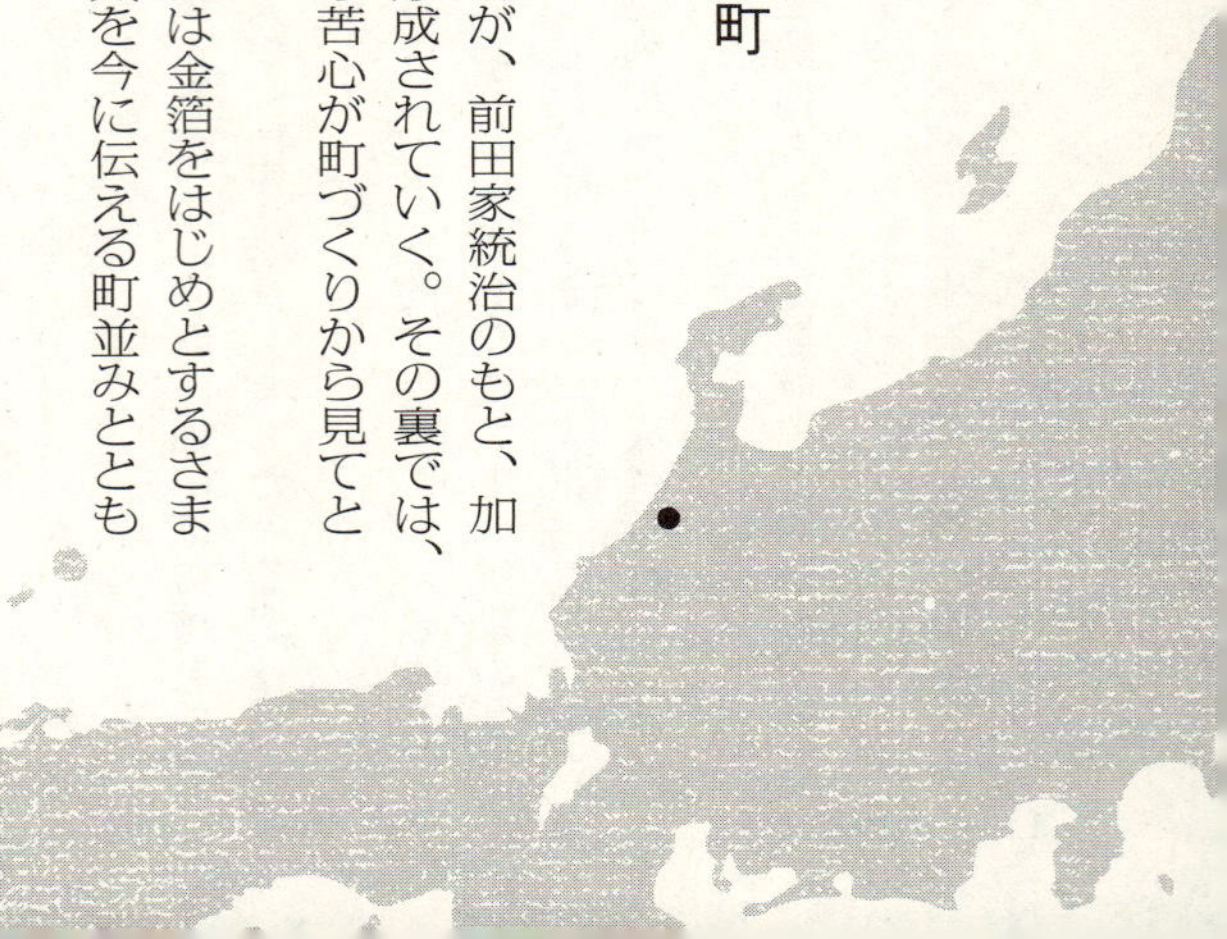

金沢御堂を政庁とした支配機構

北陸3県の中心都市といえば、石川県中央部に位置する金沢市でしょう。その歴史は1546（天文15）年、現在の金沢城公園の地に金沢御堂《みどう》（尾山御坊）が建立されたことにはじまります。

金沢御堂は一向宗の大坂本願寺（浄土真宗本願寺派）の別院ともいうべき寺院でした。なぜ御堂が建てられたかというと、当時の加賀（現在の石川県南部）を僧侶や土豪など一向宗門徒が治めていたからです。御堂は大坂本願寺のように石垣の上に建てられ、寺でありながら城のようだったそうです。

加賀国に武士階級の支配者がいなかったのは、1488（長享2）年に加賀守護の富樫政親《とがしまさちか》が一族の内紛で命を落として以降、富樫氏が実権を失ったためです。それからおよそ100年、加賀国は「百姓の持ちたる国のようなり」と言われました。

とはいえ、現実に一向宗門徒による自治があったわけではなく、大坂本願寺から派遣された坊官のもと、北陸における一向宗の中心道場および政庁として金沢御堂は機能していました。さらに、金沢御堂は一向宗門徒の精神的、政治的支柱として北陸に影響力をもち、その周辺には、一向宗門徒や商人が居住し、寺内町として発達します。

そんな寺内町も織田信長の台頭で終焉を迎えます。信長配下の柴田勝家が宮越（金沢市金石《かないわ》）を拠点として、１５８０（天正８）年に金沢御堂を攻略。一向宗の勢力は鎮圧され、加賀は信長の支配下に置かれました。

金沢御堂は改修ののち尾山城と改称され、勝家の甥・佐久間盛政が入ります。盛政は一向宗門徒の戦いでたびたび戦功を上げた人物です。盛政のもと、金沢は寺内町を組み入れた城下町として形成されます。

ところが、盛政の領国経営は長続きしませんでした。１５８２（天正10）年の本能寺の変をきっかけに、勝家と羽柴（のちの豊臣）秀吉の間で織田家の後継者をめぐって争いが勃発。翌年の賤ヶ岳《しずがたけ》の戦いで勝家は敗れ、秀吉に捕らわれた盛政は処刑されました。

このとき、能登国20万石を領有する大名で、勝家の与力であった前田利家は戦いの最中に無断で撤退。結果的に秀吉の勝利に貢献します。このため、秀吉に旧領を安堵されるとともに、加賀国の２郡を与えられ、尾山城に入りました。

金と関係が深い金沢の地名と産業

一向宗から佐久間盛政、そして前田家と支配者を変えてきた金沢ですが、その地名は時代ごとに変わりました。16世紀後半には「金沢」と「尾山」のどちらも使用されていましたが、尾山城に入った利家は「尾山」と定めます。ところが、尾山の地名は定着せず、2代藩主・利長の時代には金沢が正式な地名になったそうです。

金沢という地名が初めて文献に出てくるのは、1546（天文15）年に本願寺第10世の証如《しょうにょ》が書いた『天文日記《てんぶんにっき》』とされます。

地名の由来のひとつに、同地を流れる犀《さい》川の上流に金を産出する倉谷鉱山があったからという説があります。ほかにも、芋掘り藤五郎という正直者が芋についた砂金を元手に長者になったという話がもとになったという説もあります。藤五郎が芋を洗った場所が、現在、兼六園の南側にある金城霊沢《きんじょうれいたく》で、これが金沢の地名になったというのです。

実際、金沢は現在でも金と関係が深い土地です。金箔生産量の国内シェアの実に98

%を金沢市が占めています。

一方、「尾山」は地形に由来する地名です。金沢の地形は金沢平野に細長く突き出た「卯辰山《うたつやま》丘陵」、「小立野《こだつの》台地」、「寺町《てらまち》台地」の3つの台地と、その間を流れる浅野川と犀川からなっています。金沢御堂が建てられたのが、浅野川と犀川に挟まれた小立野台地の先端でした。このような地形は尾山と呼ばれ、それが由来となったという説です。

利長を陥れた家康の謀略

金沢に入った前田利家は、城下町の基礎を固めます。1586（天正14）年、金沢城に天守を完成させます。そして、大通りを城に向かうに町人地を形成し、権威の象徴である天守が、大通りから眺められるようにしました。

続いて、利長は城下に防御施設である惣構《そうがまえ》を築きます。これには理由があります。1599（慶長4）年、利家は秀頼を守り、大坂を3年離れないよう利長に遺言します。ところが、約束を破って利長は帰国しました。すると、家康の暗殺の首謀者とし

■金沢城周辺の地形（上）と江戸前期の金沢城下町（下）

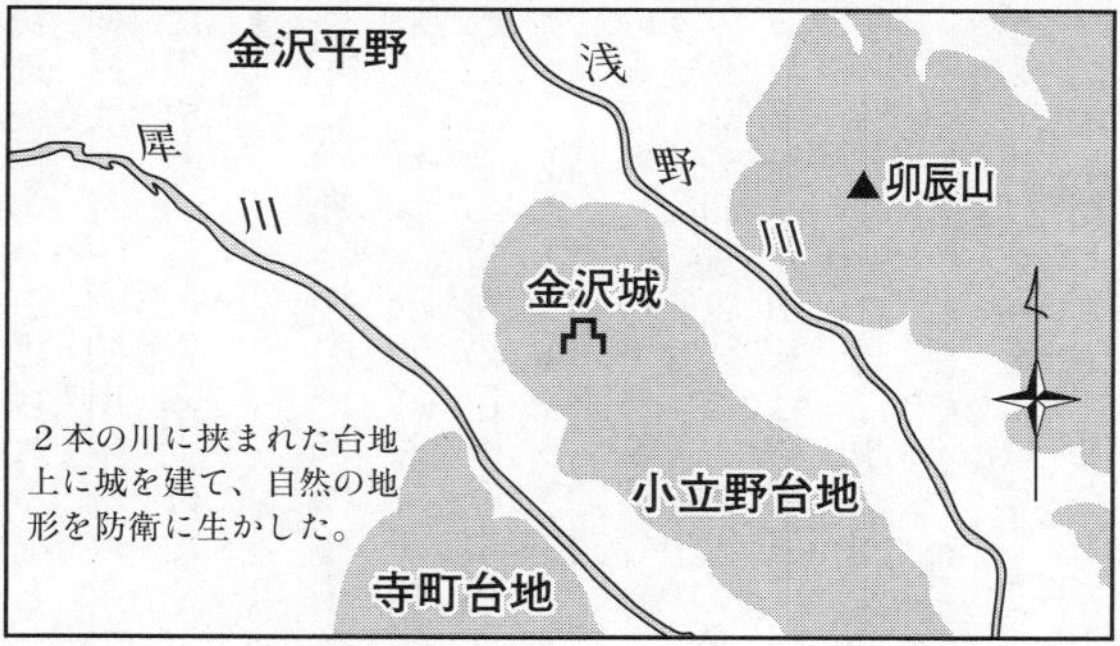
金沢平野
浅野川
卯辰山
犀川
金沢城
2本の川に挟まれた台地
上に城を建て、自然の地
形を防衛に生かした。
小立野台地
寺町台地

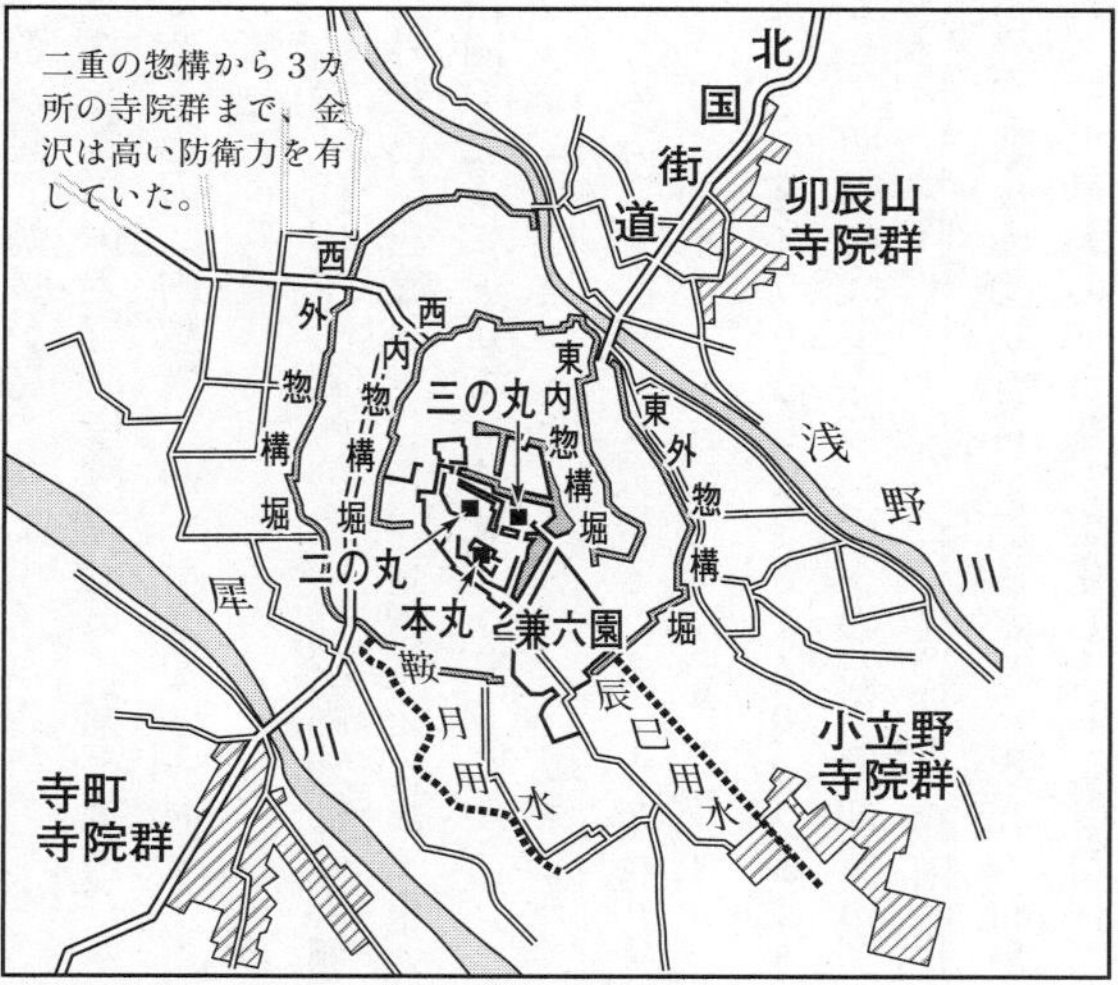
二重の惣構から3カ
所の寺院群まで、金
沢は高い防衛力を有
していた。
北国街道
卯辰山
寺院群
西外惣構堀
西内惣構堀
三の丸
東内惣構堀
東外惣構堀
浅野川
二の丸
本丸
兼六園
犀川
鞍月用水
辰巳用水
小立野
寺院群
寺町
寺院群

石川県立図書館収蔵『寛文七年金沢図』「寛文 7年（1667）」を参考に作成

て利長が疑いをかけられるなど、両者の間で緊張が高まります。

利長は、万一、徳川軍が攻めてきたときに備え、河岸段丘沿いに堀を掘削、そこで出た土を堀の脇に積み上げた土塁である惣構（内惣構）を、およそ3キロメートル築きます。

さらに、利長の弟でその養子となった3代藩主・利常《としつね》の代では、内惣構の外側におよそ4キロメートルにおよぶ惣構（外惣構）を築きました。金沢城を挟んで東西に築かれた二重の惣構の遺構を現在も市内で見ることができます。

幸い、戦争でこれらの惣構が使われることはありませんでした。非戦派であった利家の妻で利長の母である芳春院《ほうしゅんいん》（まつの方）が、自らが人質となることで徳川家と和解、戦争を回避します（慶長の危機）。

これ以後、前田家は徳川家に臣従することになりました。翌1600（慶長5）年の関ヶ原の戦いの際、利長は東軍として西軍の大聖寺《だいしょうじ》城（現在の石川県加賀市）を攻略。さらに北陸を戦場とした浅井畷《あさいなわて》の戦いで西軍に与していた丹羽長重《にわながしげ》（織田家重臣・長秀の長男）に勝利します。この結果、戦後の論功行賞で加領され、現在の石川県および富山県におよぶ122万5千石、日本最大の加賀藩が誕生しました。

前田家が振興した文化芸術

江戸幕府が開かれると、加賀藩は城下町を整備します。惣構外に直線道を設け、防衛のために寺院群を周辺に配置し、寺町を形成しました。有事の際には出城として活用するためです。また、重臣の下屋敷を惣構の外に移転させます。このときはまだ、内惣構内に町人地が存在していました。

やがて大坂の陣が終わるころ、幕府は有力大名の勢力を削ぐため、減封や取りつぶしに力を入れていました。利常は新参の侍を雇ったり、金沢城の補修をしたために謀反の嫌疑がかけられますが、弁明して罪を免れます。利常が2代将軍・徳川秀忠の娘である珠《たま》姫を正室に迎え、徳川家の遠戚となっていたことも、嫌疑を払拭できた理由でしょう。

金沢城の天守は1602（慶長7）年に落雷により焼失。再建されることなく本丸に三階櫓《やぐら》、二の丸に御殿が建てられました。再建しなかった理由には財政的な理由もありましたが、一説には徳川家を刺激したくなかったからともいわれています。前田家は徹底的に徳川家への忠誠を示したのです。

削られた軍事費は、工芸や芸能などの文化面にあてられます。5代藩主・綱紀《つなのり》を筆頭に歴代藩主は文化振興に尽力し、九谷焼や加賀友禅、漆器など今に伝わる産業が生まれました。

日本三名園のひとつに数えられる兼六園は綱紀が作庭し、歴代藩主がたびたび手を加え、13代・斉泰《なりやす》が拡張整備し、現在の形となりました。文化事業を推進することで徳川家に野心が無いことをアピールしたのです。

1631(寛永8)年、金沢を大火災が襲い、金沢城本丸や三階櫓が焼失しました。現在ある金沢城や曲輪の配置は、この大火のあとにつくられたものです。そして大火に備えて、犀川上流から城内へ水を引く辰巳用水がつくられました。総延長約11キロメートルの辰巳用水は、飲水の供給のほかに、城内の空堀に水を張ることによって水濠とし、防御力を高めたのです。

これを機に内惣構内にあった町人地も内惣構外に移転し、跡地には城内から重臣の屋敷や侍屋敷が移されました。今では長町武家屋敷跡として観光スポットになっています。

こうして金沢は、城を中心に外側を武家屋敷や町人地が取り囲む城下町へと成長していきました。

戦災を受けずに残った古い町並み

明治維新後、政府は廃城令を発します。前田家の去った金沢城址には陸軍第９師団司令部が設置されました。１８８７（明治20）年には、仙石町（現在の金沢市広坂）に第四高等学校（のちの金沢大学）が開校すると、前後して石川県師範学校や金沢市高等女学校などの高等専門学校が開校します。

軍都および学都となった金沢には人が移り住み、江戸時代には江戸、大坂、京都に次ぐ約12万人であった人口は１８９７（明治30）年に８万人に減少していましたが、１９２０（大正９）年には13万人まで回復しました。

第二次世界大戦中、金沢は米軍の空襲を受けることなく戦禍をまぬがれたため、古い町並みが各所に残っています。２０１５（平成27）年には北陸新幹線が開業し、情緒ある佇まいを見ようとたくさんの観光客が訪れています。

名古屋《なごや》

徳川家の肝入りで建設されたニュータウン●

東海地方の経済・文化の中心地である名古屋は、古代から熱田神宮のお膝元だった。この地が要衝として注目されるようになったのは、戦国時代に尾張出身の織田信長が勢力を拡大させてからだ。その後、江戸時代には尾張徳川家の城下町として本格的に都市が建設されていく。

日本でも数少ない幅１００メートルもの道路など、他地域にはない独特な都市開発と、江戸（東京）の方針にとらわれず、派手好きで商売が巧みという名古屋文化はいかにして生まれたのか。

「那古野」から「名護屋」を経て変わる地名

街路が碁盤目のような都市といえば京都や奈良が有名ですが、名古屋市の中心部を地図で見ると、東西南北に街路が走るきれいな碁盤状をしています。それもそのはずで、実は名古屋は江戸初期に計画的に築かれたニュータウンだったからです。江戸幕府の成立直後、徳川家康は豊臣家や西国の大名ににらみを利かせるため、尾張に拠点を置きます。

当時、尾張の中心地は、かつて織田信長の居城があった清洲でしたが、清洲は水害が起こりやすく、大軍を収容できる施設がありませんでした。このため、1610（慶長15）年、金のしゃちほこで名高い名古屋城が築かれ、清洲の町を丸ごと名古屋へ移動させる「清洲越し」が家康の命令で断行されます。

これ以来、「名古屋」の地名が定着していきます。江戸中期までは「名護屋」という表記も使われ、平安時代から室町時代には「那古野」とも記されました。那古野の名は、現在も名古屋市の中村区と西区に残っています。

この「ナゴヤ」という地名は、霧（ナゴ）の多い原野、あるいは波が高い土地を指す「浪越」から転じたという説もあります。「ナゴヤ」の地名は、愛知県のほかにも、豊臣秀吉が朝鮮出兵の折に「名護屋城」を築いた現在の佐賀県唐津市など各地にありますが、多くの場合は波の寄せる海辺の土地を指す言葉です。

熱田神宮の門前町から織田家の拠点に

名古屋市のある濃尾平野は、東が丘陵地で西側が低地です。東の丘陵地に接する名古屋市は、町の中心部が「n」の字のような台地で、奥まった部分は「那古野台地」と呼ばれ、その西北の高台に名古屋城が位置しています。

那古野台地の西側から南へ細長く延びた部分は「熱田台地」と呼ばれ、その形状から「象の鼻」になぞらえられます。その南端にあるのが熱田神宮です。

伝説によれば、熱田神宮は2世紀の日本武尊《やまとたけるのみこと》による東国遠征の折に創建され、皇室の三種の神器のひとつである草薙剣《くさなぎのつるぎ》を祀っています。

古代から中世までの那古野の南端には、熱田神宮の門前町が発展しました。当時は

■現在の名古屋市周辺の地形

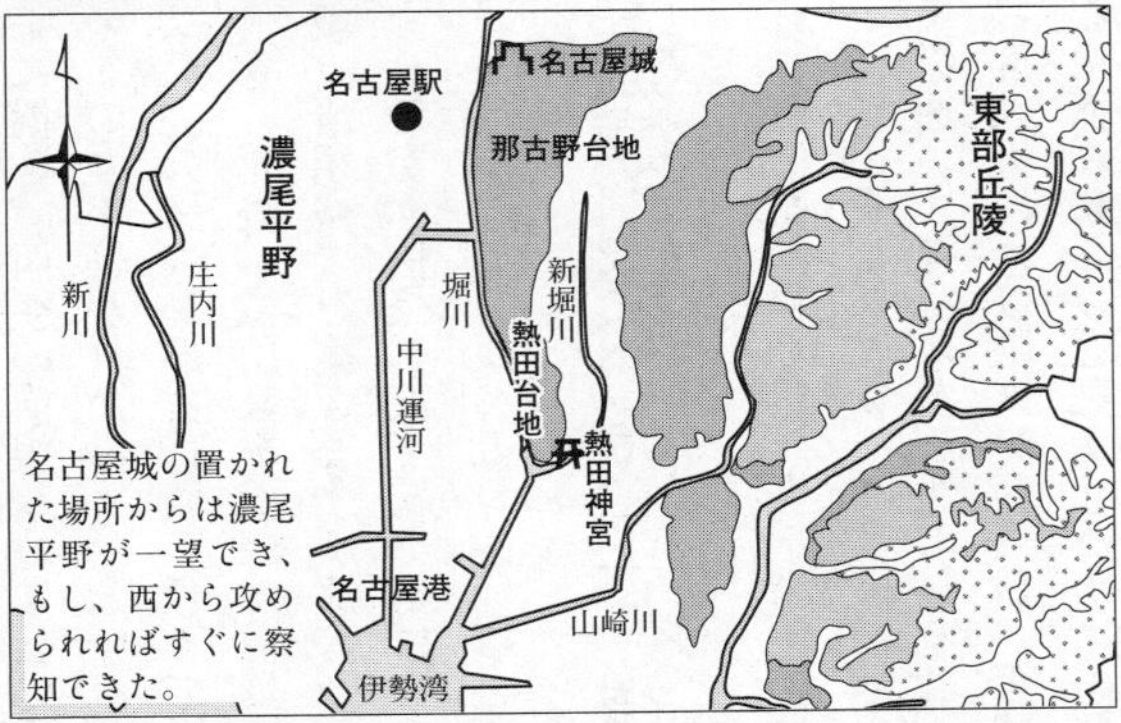
名古屋城
名古屋駅
那古野台地
東部丘陵
濃尾平野
庄内川
新川
堀川
新堀川
中川運河
熱田台地
熱田神宮
名古屋港
山崎川
伊勢湾
名古屋城の置かれた場所からは濃尾平野が一望でき、もし、西から攻められればすぐに察知できた。

観光文化交流局文化歴史まちづくり部歴史まちづくり推進室保存支援係の「名古屋市歴史的風致維持向上計画」（本編）を参考に作成

熱田神宮のすぐ南が海岸で港があり、熱田神宮の周囲には低湿地が広がっていました。

平安中期まで、那古野を含む尾張一帯を治めたのは、熱田神宮の大宮司を務めた尾張家でした。なお、鎌倉幕府を開いた源頼朝の母も、熱田神宮の大宮司の娘でした。

室町時代に入ると、足利将軍家の血を引く斯波《しば》家が尾張守護職に就き、そのもとで守護代として実務を担ったのが織田家です。この織田家から織田信長が登場します。信長は現在の名古屋市中区生まれ、そして豊臣秀吉はその西隣の中村区の生まれです。

1518（永正15）年、東の駿河から侵攻してきた今川氏親《いまがわうじちか》は、尾張の東半分を支配下に置き、西への前線基地として那古野城を築きました。その位置はのちに名古屋城の二の丸が築かれた場所だといわれています。1532（享禄5）年には、織田信秀（信長の父）が那古野城を奪って居城とし、息子の信長に与えます。

信秀の死後、織田家を継いだ信長は那古野よりも北西の清洲を新たな拠点とし、清洲城（清須城）を築きます。那古野城はその後もしばらくは織田家によって使われていましたが、信長が天下統一をにらんで京都に近い近江（現在の滋賀県）に安土城を築くと、重要性が低くなり、1582（天正10）年ごろには廃城となりました。

尾張徳川家の成立と藩府の建設

那古野一帯が再び重要性を増すのは、1600（慶長5）年に徳川家康が関ヶ原の戦いで勝利を収めてからです。日本全土を安定して統治するために、家康は東海道の整備を進め、神宮のある熱田を宿場（宮宿）に指定しました。さらに、江戸幕府の成立後も大坂には豊臣家が存続し、西日本には豊臣家恩顧の大名が多くいたことから、尾張は西ににらみを利かせるための要衝となります。

当初、尾張を治める清洲城の主は福島正則でしたが、家康はこれに代えて四男の松平忠吉《まつだいらただよし》を送り込みます。ところが、忠吉は病で早世。九男の徳川義直《よしなお》が新たな城主となり、義直を祖とする尾張徳川家が創設されました。尾張徳川家は、紀州徳川家、水戸徳川家とともに、将軍家に次ぐ家格を与えられた「御三家」の筆頭となります。

このとき、藩の中心となる清洲城は五条川にすぐ面して水害に見舞われやすく、しかも手狭でした。そこで、藩府の移動が検討され、那古野、古渡《ふるわたり》、小牧が候補地となります。最終的には現地を視察した家康によって那古野に決まります。那古野は東海道の宿場である熱田にも近く、すぐ南には港があり、広大な那古野台地の南に城下町を拡大していく余地がありました。

かくして、1610（慶長15）年から名古屋城と城下町の建設が始まります。

都市を丸ごとお引っ越し

1616（元和2）年には城と城下町がほぼ完成。町は、東西約5・8キロメートル、南北約6・1キロメートルの逆三角形で、清洲の城下町の5倍以上の広さでした。

城下町の建設とともに、名古屋から直線距離で10キロメートルほど西北の清洲からは、あらゆる建物が移築されました。武家屋敷や商家のほか、城下の門や川に架かる橋、３つの神社、実に１００を超える寺院などです。鍋屋町、長者町、呉服町、大津町など、清洲にあった多くの地名もそのまま移りました。

城のすぐ南は、一辺が50間（約91メートル）の正方形が並んだ碁盤割の町が整備され、南北の街路は「通」、東西の街路は「筋」と呼ばれました。城の大手門から南へ延びる本町通（札《ふだ》の辻《つじ》で美濃路と合流）は、熱田で東海道と接します。さらに美濃路は、京町筋と伝馬町筋ともつながっていました。

城内から熱田台地の西側には、庄内川の流れを取り込んだ堀川が開削され、資材の運搬に活用されました。明治時代には、町の中央を蛇行しながら流れていた精進川を開削して新堀川が築かれ、下水処理などに利用されます。

城のすぐ南には武家屋敷が立ち並び、町人の住む地域は、東西11区画、南北９区画の99ブロックに分けられ、各区画の中央には小さな寺院が置かれました。幕府の命令による強制移住でしたが、移住者は約7万人にも及び、良い場所を取ろうと先を争って引っ越したそうです。

■江戸後期の名古屋城下町

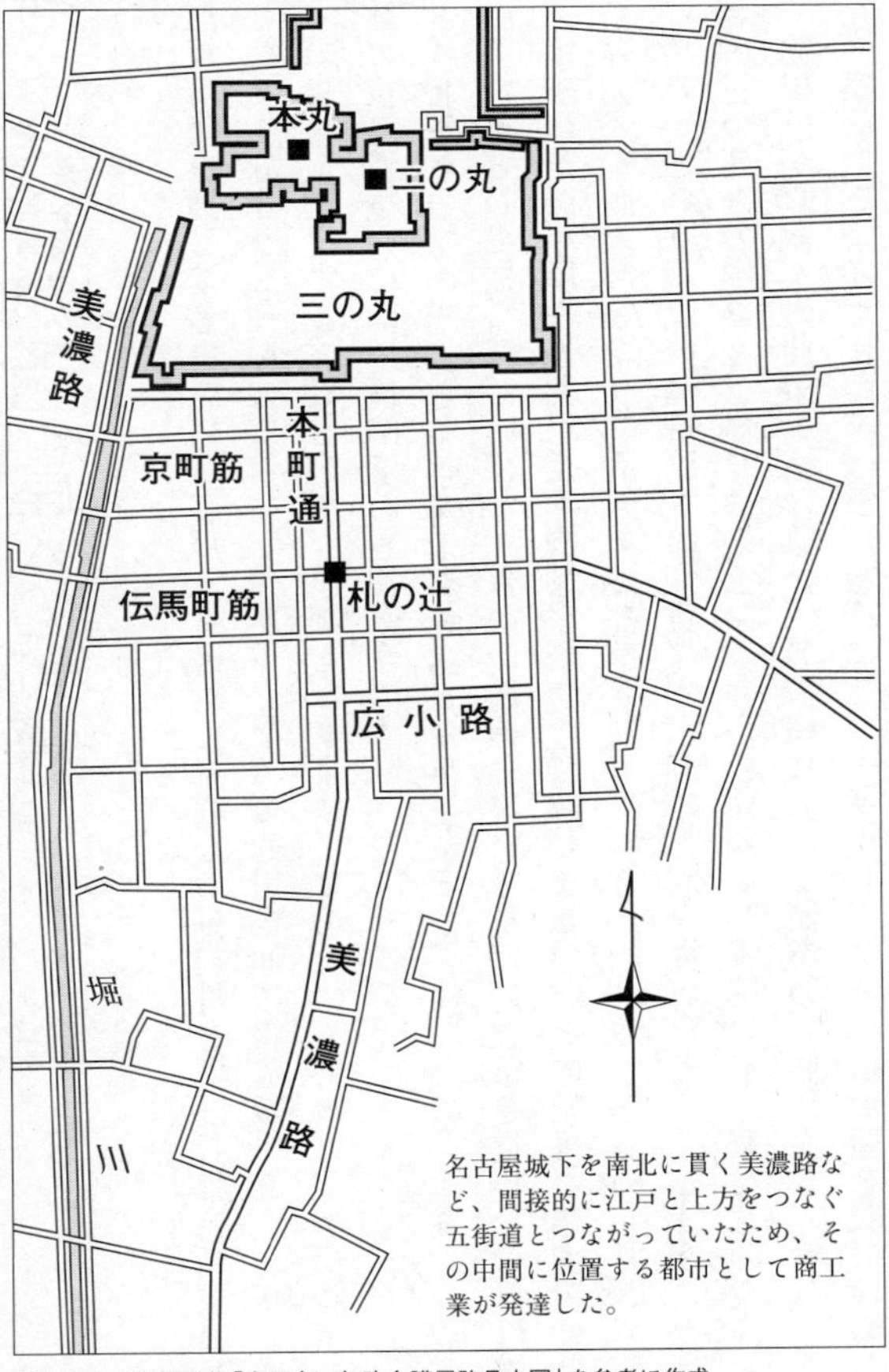
本丸
二の丸
三の丸
美濃路
本町通
京町筋
札の辻
伝馬町筋
広小路
美濃路
堀川
名古屋城下を南北に貫く美濃路など、間接的に江戸と上方をつなぐ五街道とつながっていたため、その中間に位置する都市として商工業が発達した。

愛知県立図書館所蔵「宝暦十二午改名護屋路見大図」を参考に作成

藩主の気質が名古屋人の気質に

江戸時代を通じて名古屋は、江戸とも大坂とも異なる独自性をもった都市に成長しました。1699（元禄12）年に4代藩主となった徳川吉通《よしみち》は将軍職に就くよりも、藩主の職務を重視する方針を定め、家訓となります。このためもあって、7代将軍・家継の後継者争いには消極的であったそうです。

8代将軍・吉宗の治世で尾張藩主を務めた7代藩主・宗春《むねはる》は、「かぶき者」のような派手好きとして知られています。吉宗が倹約を説いて享保の改革を進めたのとは逆に、宗春は芝居小屋や遊郭、豪華絢爛な祭りを公認しました。その結果、名古屋には多くの芸人や商人が集まり、活気ある都市となっていきます。派手なものが好きで商売が巧み、という現代の名古屋人の気質は、宗春の志向を継いだものでしょう。

名古屋の商人の中でも、紺屋（染色業）の小坂井家、呉服屋の茶屋家などの大商人は、徳川家から多くの仕事を請け負い、名古屋における商業の発展に大きく寄与しました。呉服店を営んだ伊藤家は江戸後期に江戸へ進出し、上野の松坂屋を吸収。のちには全国的な百貨店チェーンを築きます。

現在も名古屋名物として知られる「ういろう」は、中国の明王朝から渡来して尾張藩の2代藩主・光友に仕えた陳元贇《ちんげんぴん》が、藩の御用商人だった餅屋文蔵に製法を伝えたのが由来だそうです。明治以降、本格的に名古屋に広まりました。

大火がきっかけでできたメインストリート

城下町と平行して発達した熱田の宿場町は、250軒近い宿屋が軒を連ねるようになり、次第に城下町と一体化していきました。時代が進むと、新田開発によって熱田の南の低湿地が干拓され、町が広がっていきます。

江戸と同じく名古屋もたびたび大火を経験しています。1660(万治3)年の万治の大火では城下町の南半分が焼失。町の南部で道幅が3間(約5・5メートル)あった堀切筋は、大火のあと5倍に道幅が拡張され「広小路」と呼ばれるようになりました。明治時代には、この広小路に沿った名古屋駅から栄までの一帯が名古屋市のメインストリートとして開発されます。

日本でも数少ない2本の「100メートル道路」

1871（明治4）年、広小路にあった片町が栄町《さかえ》と改名されました。ここはもともと、栄生村《さこう》（現在の名鉄栄生駅がある周辺）から商人が移り住んでできた町だそうです。広小路の西端に近い笹島《ささしま》には、1886（明治19）年に東海道線の名古屋駅が設置されました。政府は当初、東海道ではなく中山道に鉄道を敷設することを検討しましたが、初代名古屋市長・吉田禄在《よしだろくざい》が、市の発展を考えて笹島に駅を誘致したといわれます。さらに、1898（明治31）年には広小路に路面電車が開通しました。

明治の末には、栄に名古屋最初の百貨店である松坂屋が開業、名古屋駅から広小路の間には、飲食店や映画館などの商業施設が立ち並びます。昭和に入ると〝東洋一〟とも呼ばれた鉄筋コンクリート6階建ての新駅舎が築かれました。

そんな名古屋市も、第二次世界大戦末期には空襲によって壊滅的な打撃を受けます。戦後、市長は土木事務所の所長を務めた田淵寿郎《たぶちじゅろう》に復興計画を一任しました。

田淵は将来の自動車の普及を見越して、幅100メートルの道路2本と、幅50メートルの道路9本を整備するという壮大な計画を提案。市の中心部を4分割して防火帯を築こうとしました。かくして、市の中心を東西に走る若宮《わかみや》大通、栄の南北を貫く久《ひさ》屋《や》大通という2本の「100メートル道路」が完成しました。日本で同規模の道路は公園化されている札幌の大通りを除けば、広島市の平和大通りのみです。

現在の交通量を考えると、100メートル道路の建設は先見の明といえます。しかし、栄と大須という二大繁華街が分断された側面もあります。また、広い道路が大量の自動車に占領された結果、歩行者は地下街を利用するようになり、名古屋は「地上に人がいない都市」とも呼ばれるようになりました。

田淵の手がけたもうひとつの大事業は、中区や東区にあった300もの寺院と19万基近い墓地を、千種《ちくさ》区の平和公園に移転したことです。このほか、復興計画の過程では、あたかも清洲越しの再現のように建物の移転が数多く行なわれました。

1954（昭和29）年には、復興のシンボルとなった名古屋テレビ塔が栄に完成します。高さは180メートル。4年後に完成した東京タワーの約半分ですが、完成時には〝東洋一の高層建築物〟と呼ばれました。このように、近代以降も、名古屋は多方面で先駆けとなる都市となりました。

伊勢

— いせ —

神宮のお膝元として発展した門前町

日本の都市の中でも、神社を中心に発展した門前町の代表格が伊勢である。伝承によれば、２０００年ほど前に天皇家の先祖とされる天照大神を祀る神宮（伊勢神宮）が、伊勢平野の南端に築かれた。

江戸時代には、『東海道中膝栗毛』に書かれたような「伊勢参り」の流行で全国から多くの参拝者が集まる。しかし、中世までの伊勢神宮は高貴な身分の人間しか参拝を許されていなかった。現在も江戸時代の宿場町の雰囲気を残す門前町は、いかなる歩みをたどってきたのだろうか。

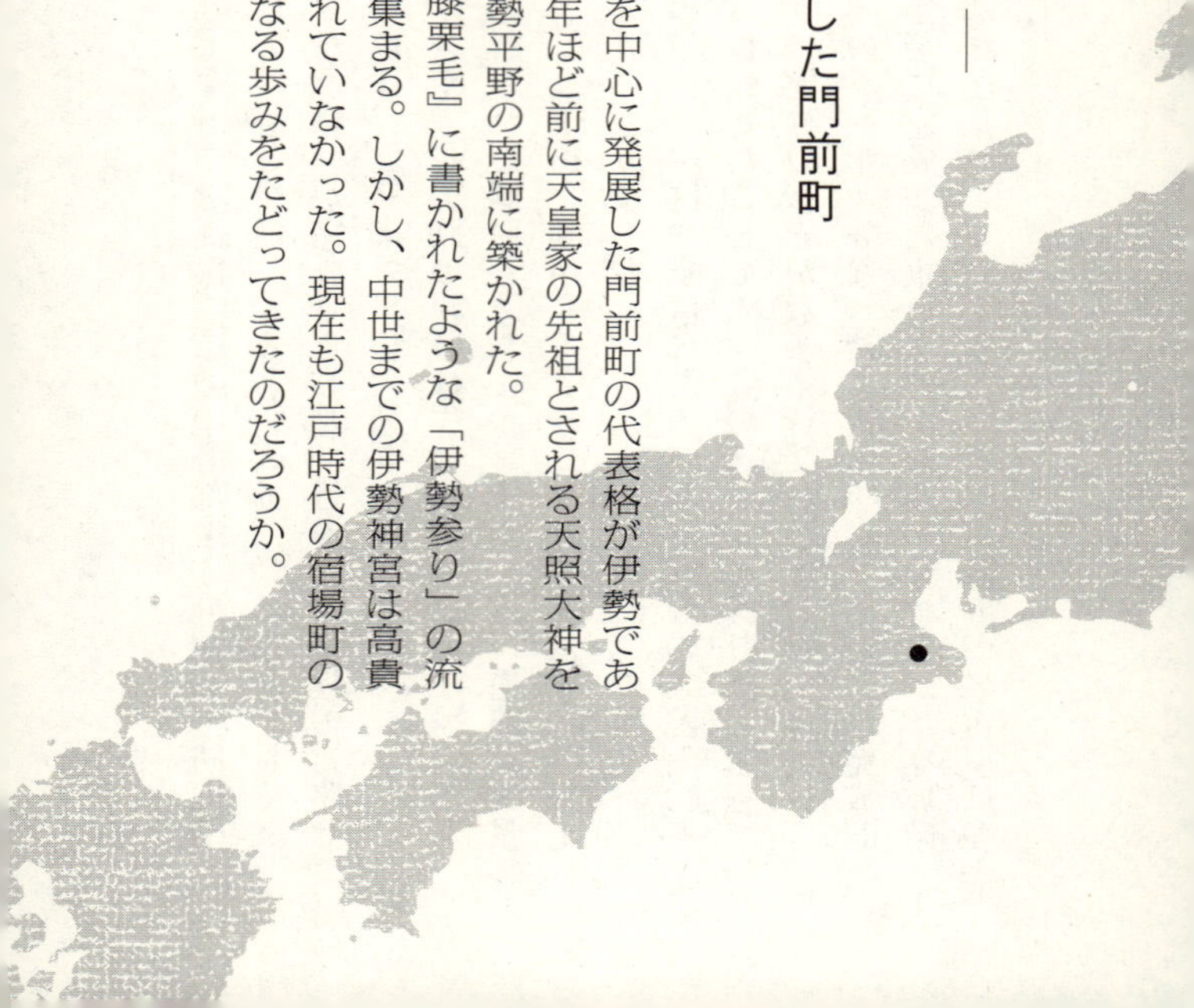

市域の4分の1以上が神宮の所有地

2016（平成28）年の伊勢志摩サミットで各国首脳が訪れた伊勢は、伊勢神宮の門前町として発展してきました。

伊勢神宮は、天皇家の先祖とされる天照大神を祀る「内宮《ないくう》」と、五穀を司る豊受大神を祀る「外宮《げくう》」を中心に、125もの神社がある巨大な宗教施設です。その面積は5500万平方メートルもあり、伊勢市の4分の1以上を占めます。

伊勢市は、1955（昭和30）年まで宇治山田市という名でした。これは、内宮の門前町の「宇治」、外宮の門前町の「山田」を中心に発展してきたことに由来します。

伊勢市は現在も条例によって歴史ある町並みの保全をはかっています。とくに、内宮前の宇治橋から五十鈴《いすず》川沿いにある「おはらい町」は、新築の家屋でもあえて中世以来の町屋の形式を守り、江戸時代の雰囲気が漂う人気の観光スポットです。この町屋の特徴は、ほとんどが「妻入《つまいり》」の家屋となっていることです。

日本家屋には、屋根が棟から下りている面に入り口のある「平入《ひらいり》」と、屋根が棟から両側に下りている三角形の断面に入り口のある「妻入」があります。山田に妻入の町屋が多いのは、伊勢神宮の本殿が平入なので、それと同じでは畏れ多いから妻入にしたという説があります。事実かどうかは定かではありませんが、このような通説が生まれたのも神宮と町のつながりの深さゆえでしょう。

各地をめぐり伊勢に落ち着いた神宮

8世紀に成立した『伊勢国風土記《ふどき》』の「逸文」によれば、伊勢の地にはもともとイセツヒコという土着の神がいて、神武天皇に国を譲ったとされています。このイセツヒコの一族は沿岸に住む漁民で、その名は海岸の磯《いそ》から転じたようです。

それでは、なぜ伊勢の地に神宮が築かれたのでしょうか？　『日本書紀』によれば、天照大神はもともと天皇のいる大和国に祀られていました。しかし、垂仁《すいにん》天皇の代に疫病が蔓延し、これは天照大神の怒りだと考えられたため、御神体を伊賀、近江、美濃の国の順に移し、最終的には天照大神の神託で伊勢の地に祀ったとされています。

672年に起こった壬申の乱では、伊勢神宮に戦勝を祈願した大海人皇子《おおあまのおうじ》（天武天皇）が敵対する大友皇子《おおとものおうじ》に勝利し、伊勢神宮の権威が確立されました。

平安中期に律令制が形骸化して以降は、有力貴族や武士が次々と領地を寄進したため、伊勢神宮は特定の領主の支配を受けることなく独立を維持します。

現在の伊勢平野には、三重県のみを流れる川としては最長の宮川と、五十鈴川を利用した農業用水路が発達しています。ところが、もともと川底の浅い宮川は氾濫を起こしやすいうえ、宮川左岸の平野は激しく波打つような洪積《こうせき》台地で堰《せき》も築きにくいので、米づくりには不向きな土地でした。

それでも、伊勢神宮には各地の神宮領からの年貢が集まるため、宮川と五十鈴川が

■現在の伊勢神宮周辺の地形

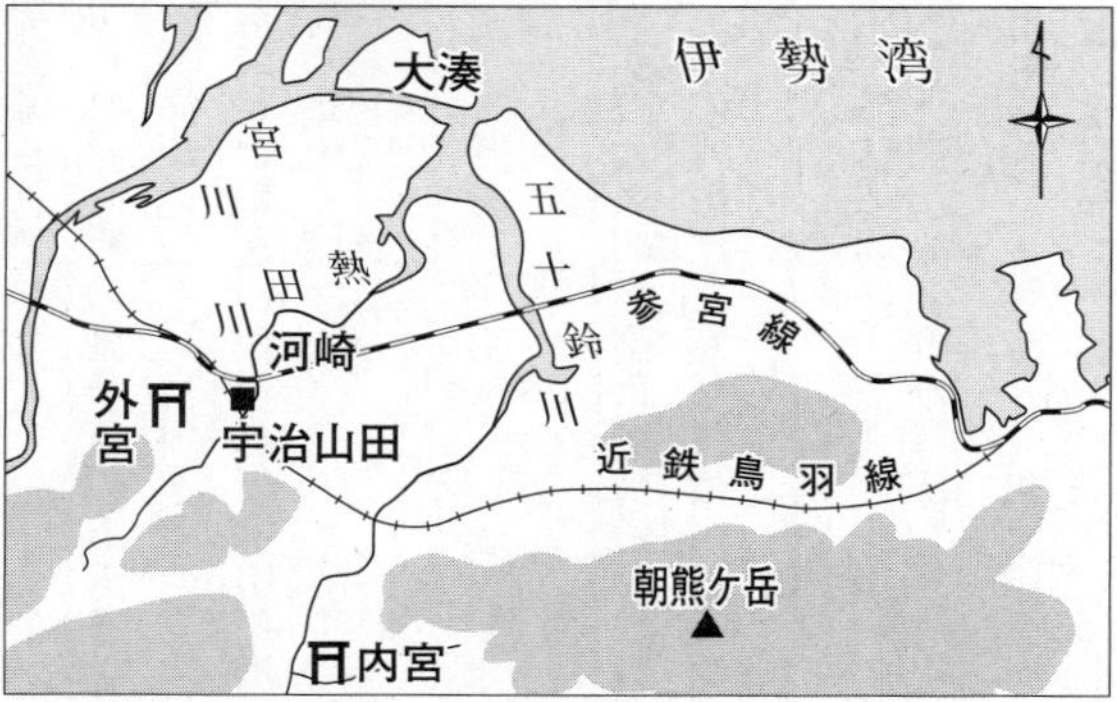

全国から神宮に届いた荷物は、大湊や河崎を通じて納められた。

合流する河口の砂州に、その荷受け港として大湊が整備されました。

伊勢の門前町では、宮川は外宮のみそぎにも活用され、内宮の前を流れる五十鈴川は、いわば俗世と聖域の境界線とみなされました。時代が進むと、宮川とその支流の勢田川や五十鈴川は、神宮で使われる材木や参拝客などの輸送に使われ、勢田川沿いの河崎には川船で運ばれてきた品々の集まる問屋街ができました。

世俗化していった伊勢の地

室町時代になると、伊勢湾に面した一帯は国司・守護大名の北畠《きたばたけ》氏が街道を整備、町を東西に貫く参宮街道を中心に山田は発展します。のちの江戸時代には、日永《ひなが》の追分《おいわけ》（現在の四日市市）で東海道から分岐する参拝ルートが定着し、神宮に帰依する氏子たちの寄進によって道標《どうひょう》や常夜灯が置かれるようになります。

こうした一方、武家社会の成立と戦乱のため、貴族や皇族と神宮領の結びつきは徐々に薄れていきました。室町時代には、外宮のある山田では「三方《さんぽう》」、内宮のある宇治では「会合《えごう》」という自治組織が行政を担うようになります。

もともと伊勢神宮は、貴族や身分の高い武士のみが参詣する施設でした。しかし、戦国時代にさしかかる15世紀後半から、商業と交通網の発展を背景に、道者《どうしゃ》と呼ばれる一般の参拝者が、各地から集まるようになりました。いわば、伊勢の世俗化が進んだのです。それに伴い、神宮の境内では神官ではない地下人《じげにん》と呼ばれた住民が、参拝客を宿泊させるようになりました。

また、伊勢神宮の一帯のみならず、伊勢では次第に各地の神宮領からの貢物を取り扱う廻船業者や問屋、市座商人などが活躍するようになります。こうした伊勢商人たちは、江戸時代に入ると盛んに江戸に進出し、大坂商人、近江商人と並んで全国的なネットワークを構築するようになりました。呉服屋から発展した三越百貨店や、明治時代に大財閥となった三井家は、伊勢商人を源流としています。

観光ガイドの登場で参拝が大流行

江戸幕府の成立後、1631（寛永8）年には、伊勢神宮の管理運営を行なう幕府直轄の機関として山田奉行所が置かれました。実は、8代将軍・徳川吉宗の治世に、

■三都からのお蔭参りの道程

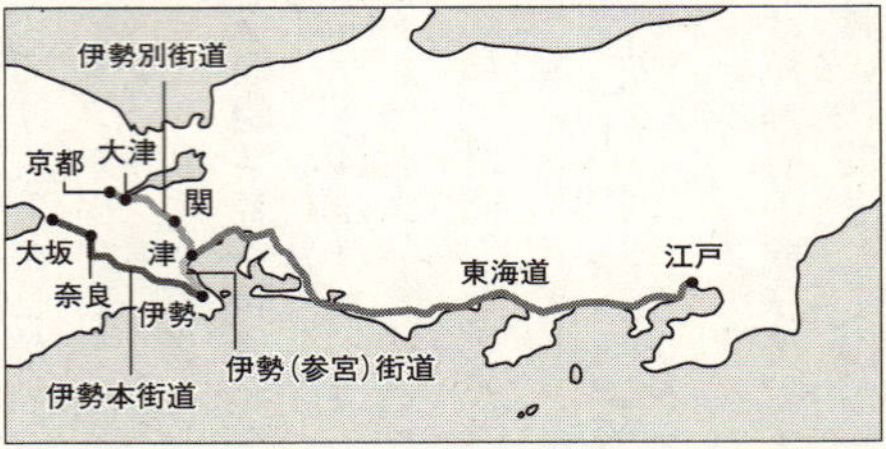

「伊勢」と名のつく街道がいくつもできるほど、伊勢神宮への参拝は活況を呈した。

江戸の南町奉行として活躍した大岡越前（忠相《ただすけ》）は、この山田奉行の経験者でした。

東海道の整備が進んだ江戸時代には、庶民に伊勢参り（お蔭《かげ》参り）が広まりました。これに貢献したのが御師《おし》でした。御師は自らの収入を得るため宿坊を経営し、神宮の風景を描いた観光ガイドのような参詣曼荼羅《まんだら》を広めて参拝者を集めました。宿の世話、お札の発行、お祓《はら》いなども引き受けます。最盛期には、山田と宇治で合わせて700軒もの御師が開業していたそうです。

伊勢参りは数十年おきに爆発的に大流行し、1830（文政13）年は約500万人が参拝、伊勢神宮の氏子は全国で440万軒にも及んだと伝えられます。

また、庶民にとって伊勢参りは見聞を広める社会勉強の一種でもありました。伊勢参りを題材にした十返舎一九《じっぺんしゃいっく》の『東海道中膝栗毛』のように、江戸からの参拝者の中には、ついでに大坂や京都に立ち寄る人も少なくありませんでした。

山田と宇治には参拝者のための宿場や茶屋が立ち並び、その中間の古市に遊郭街が築かれ、多くの客を集めました。

また、山田と宇治は学問の町でもありました。伊勢神宮には漢学や和歌などの多くの古典文献が奉納され、その研究者が集まったからです。現在も、伊勢市神田久志本《こうだくじもと》町にある神宮文庫には、31万冊もの歴史書や神道関係の文書が所蔵されています。

明治維新後、伊勢神宮は改めて国家神道の中心として政府の管理下に置かれ、神宮と庶民を結びつけていた御師も廃止されてしまいました。とはいえ、伊勢参りの熱は冷めることなく、修学旅行の定番コースになるなど、団体の参拝者が増加します。

1893(明治26)年には、津から宮川の区間で参宮鉄道が開業します。従来の参宮道沿いの住人は参拝客を奪われると反発しましたが、これにより三重県の運輸業は大きく発展しました。参宮鉄道は現在も、三重県から和歌山県に至るJR紀勢本線の一部と、多気《たき》町から鳥羽市を結ぶJR参宮線として存続しています。

戦後には国家神道が廃止され、伊勢神宮への参拝は次第に減少していきました。しかし、近年は冒頭で触れたおはらい町が観光地として注目されるなど、伊勢の町は再び庶民に愛される門前町として活気を集めています。

奈良《なら》

1300年の歴史が息づく、いにしえの都

元明天皇によって築かれた奈良の平城京。そのモデルは唐の都・長安であり、建設地の選定や都市計画も古代中国の思想にならっている。当時の平城京には高級貴族から奴隷まで、さまざまな身分の人々が住んでいたが、当然のことながら生活レベルには大きな差があった。

やがて首都としてはさまざま不備が露見し、平城京は廃されてしまう。平城京跡は長年、草木が生い茂る原野となっていたが、明治時代に入ると、ある人物の発案による保存顕彰運動が起こり、現在の姿に至る。

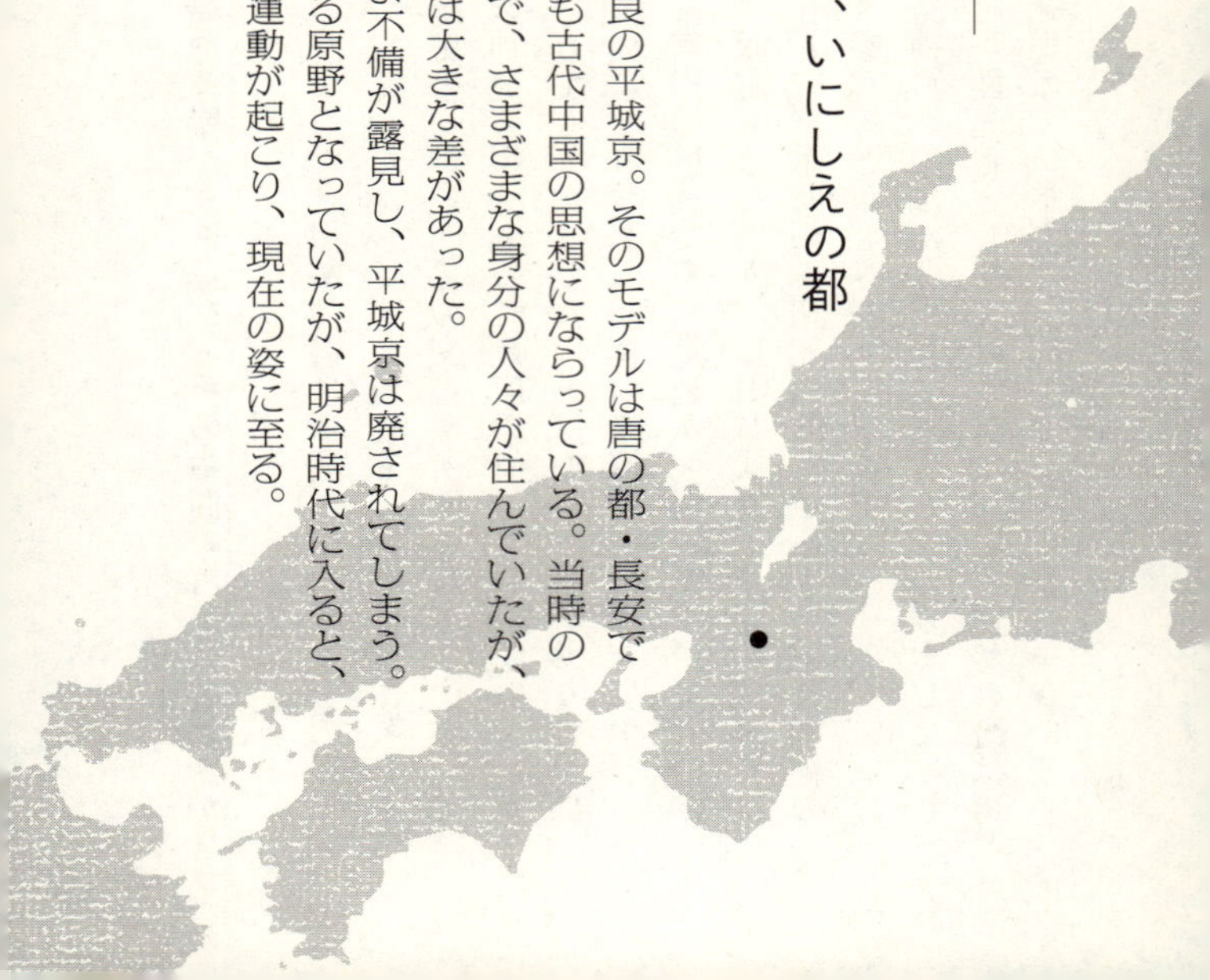

遣唐使が加速させた平城遷都

8世紀の都である平城京は、奈良盆地の北部に築かれました。明治時代の民俗学者・柳田國男によれば、「なら」の語源は「平（なら）す」であり、丘陵地をなだらかにしたことから転じたとしています。古代の文献には、「な」と「ら」を表す万葉仮名を並べた「奈良」だけでなく、「那羅」「寧楽」「平城」の表記も見られます。いずれも読みは「なら」であり、「平城京」と書いて「ならのみやこ」と読んでいました。

丘陵地に囲まれた立地は重要な意味をもっていました。「今まさに平城の地は、四禽図《きんず》に叶い、三山鎮めをなし、亀筮《きぜい》並びに従う」――これは元明天皇が平城遷都を決めた際の詔《みことのり》の一節です。

「三山」は東の春日山、北の平城山《なら》、西の生駒山《いこま》を指しています。「四禽図に叶い」は「四神相応《しじんそうおう》」の土地（風水における好適地の条件を満たした土地）であることを意味し、「亀筮」は当時の占いの一種です。当時の政治には古代中国の思想が取り入れられており、平城京は都を置くのに適した地とみなされました。

一方で遷都そのものの理由としては、従来の都であった藤原京（橿原市《かしはら》）の治水や交通網の不備、多発していた飢饉・疫病などがあります。折しも当時は32年ぶりに派遣された遣唐使が帰国したばかりであり、彼らが伝えた唐の都・長安の繁栄ぶりが、新首都の建造を加速させたと思われます。

都のモデルは唐の長安

平城京の建設は708（和銅元）年から始まり、元明天皇は建設の途中であった2年後に早くも遷都します。

平城京の規模は南北4・8キロメートル、東西6・3キロメートル。藤原京の宮殿が市街地の中央に位置していたのに対し、唐の長安をモデルにした平城京では、市街地の北端に宮殿（平城宮）が築かれます。天皇の邸宅である内裏《だいり》や、政務を執った大極殿《だいごく》、兵部省《ひょうぶ》や式部省など二官八省の庁舎は、すべて平城宮に置かれました。

平城京は平城宮から南に延びる朱雀大路を中心に、東の左京と西の右京に分かれています。左京の東には外京が築かれ、東大寺や興福寺、元興寺《がんごう》などの大寺院が立ち並

■平城京を中心とした四神相応

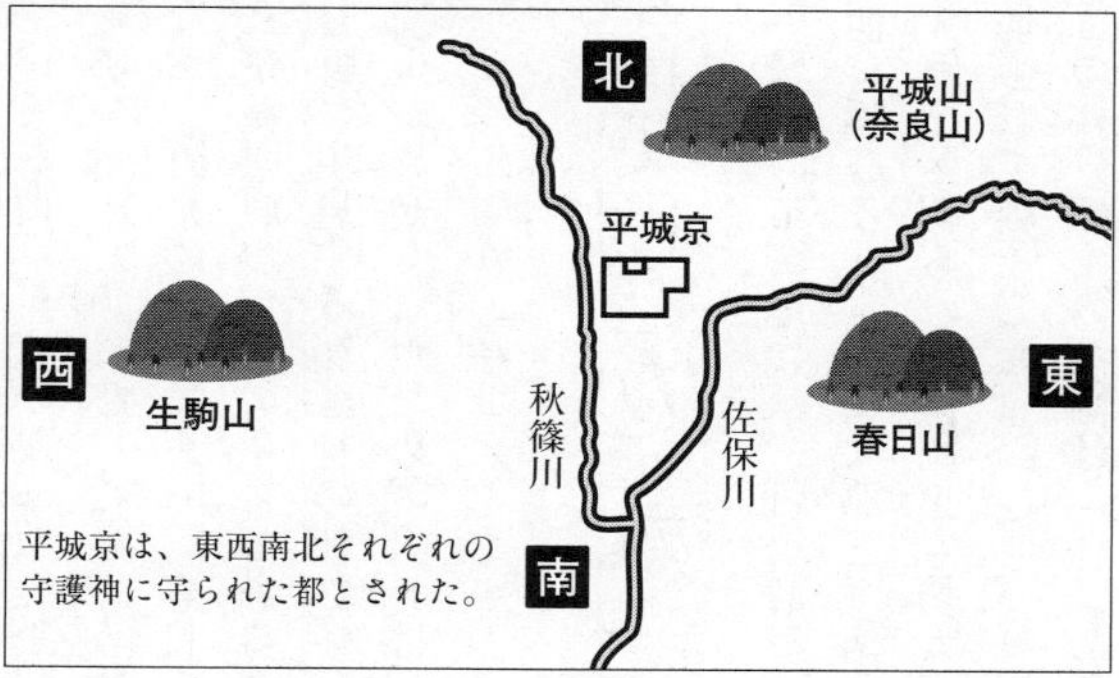
北
平城山
(奈良山)
平城京
西
生駒山
秋篠川
佐保川
東
春日山
南
平城京は、東西南北それぞれの
守護神に守られた都とされた。

■平城京街区

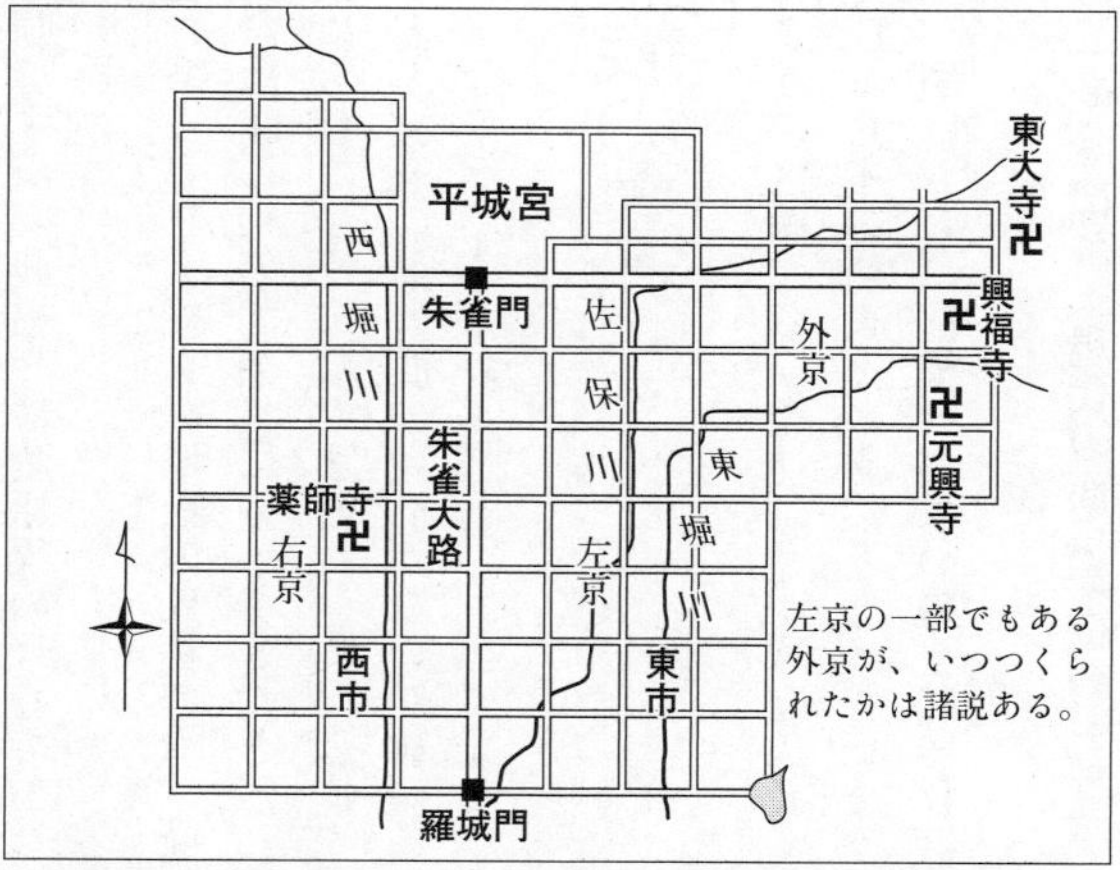
平城宮
西堀川
朱雀門
佐保川
外京
東大寺
興福寺
元興寺
東
堀川
朱雀大路
薬師寺
右京
左京
西市
東市
羅城門
左京の一部でもある
外京が、いつつくら
れたかは諸説ある。

「奈良県立橿原考古学研究所附属博物館」HP掲載図(平城京条坊復元図)を参考に作成

んでいました。外京が築かれた経緯は不明ですが、興福寺は藤原氏の氏寺であり、その威勢を示すために築いたという説があります。

なお、外京のさらに東方、春日山の麓にある春日大社も藤原氏の氏神です。鹿島神宮（茨城県鹿嶋市）の主神である武甕槌命《たけみかづちのみこと》は鹿に乗って奈良にやってきたと伝わり、春日野に生息する鹿は神の使いとして崇《あが》められるようになりました。当時は鹿を殺すと罰金が課せられたため、人々は朝起きると、家の前に鹿の死骸がないか確かめたそうです。ここから生まれたとされるのが、「早起きは三文の徳」のことわざです。

木簡で明らかになった貴族の暮らし

平城京の市街地には、町を碁盤の目のように区画する「条坊制」が取り入れられ、東西に延びる10本の条大路と、南北に延びる11本の坊大路が整然と通っています。この大路で区切られた区画を「坊」といい、坊はさらに縦横3本ずつの小路で16区画に区切られていました。

この16分の1の区画は「坪（のちに町）」と呼ばれ（現代の面積単位の「坪」「町」

とは異なる)、約133メートル四方の方形です。高位の貴族の宅地は平城宮の近くに割り与えられ、敷地面積は当時の単位で1~4坪ほどありました。1986(昭和61)年から行なわれた発掘調査では、現在のイトーヨーカドー奈良店の一帯から数万点の木簡(文字が記された木札)が出土。この場所が有力貴族である長屋王の邸宅跡だと判明しました。

木簡は貴族たちの豪華な暮らしぶりを克明に伝えます。長屋王は米、芹《せり》、大根のほか、鯛やアワビといった高級食材も取り寄せていたようです。また敷地内には家政を司る政所のほか、鋳物所や綿作所といった役所があり、数百人が働いていたとみられています。なかには馬司や犬司、鶴司という動物の世話をする役職もありました。

平城京の人口は10万人ほどとみられ、貴族以外にも官人や庶民、奴婢(奴隷)が住んでいました。身分の低い庶民は宮殿から離れた八条大路、九条大路あたりに住み、一帯からは坪区画の16分の1坪、32分の1坪といった比較的小規模な宅地跡が見つかっています。

庶民の多くは畿内各地から移住させられた農民で、京内では土木作業や警備などに従事していました。重労働に耐えかねて都から逃げ出す者も多かったようです。

遷都の原因はトイレ問題⁉

平城京では邸宅ごとに井戸を掘って生活用水とし、排水には道路脇に掘られた側溝が使われました。いうまでもなく、上下水道の整備は都市計画の重要な要素です。藤原京が廃された理由のひとつは、汚水が低湿地にある宮殿に向けて流れていたからだという説があります。平城京では佐保《さほ》川と秋篠《あきしの》川が運河および排水路として利用されていましたが、大規模な河川から遠いために抜本的な改善とはならず、天平年間（729〜749年）には疫病が多発していました。

加えて当時は、長屋王や藤原氏をはじめとする貴族たちが権力闘争に明け暮れていました。時の為政者である聖武天皇は異変が起こるたび、恭仁《くに》京（京都府木津川市）、難波宮《なにわのみや》（大阪府大阪市）、紫香楽宮《しがらきのみや》（滋賀県甲賀《こうか》市）、また平城京へと遷都しました。

しかし、最終的に平城京は廃され、桓武天皇によって長岡京（京都府長岡京市）に遷都されます。その後は平城《へいぜい》天皇の時代に都を戻す構想がありましたが実現せず、やがて平城京の建造物や道路は破壊され、田圃《たんぼ》になりました。

戦火で焼け落ちた「奈良の大仏」

長岡京への遷都は、仏教諸宗派の影響力を低下させる目的もあったとみられています。平城京には「七大寺」と呼ばれる有力寺院が伽藍を構えていましたが、長岡京への移転は認められませんでした。

平安末期には、朝廷や藤原氏と関係の深い南都（平城京の別名）の諸寺院が、宮中を牛耳る平清盛と対立します。後白河天皇の皇子・以仁王《もちひとおう》の挙兵を支援した南都は清盛の五男・重衡《しげひら》の侵攻を受け、東大寺や興福寺は焼き討ちに遭って焼失しました。

『平家物語』によれば、この焼き討ちは重衡の「かがり火を焚け」という命令を、兵士が「火を放て」ととり違えたことで起こったそうです。経緯はどうあれ、この蛮行は世間の猛反発を招き、平氏政権の求心力は著しく低下しました。

平氏滅亡後、東大寺と興福寺は再建されますが、東大寺は戦国時代にも大規模な火災に見舞われます。当時の大和（現在の奈良県）には守護大名がおらず、興福寺が守護を務めていました。のちに大和守護となる筒井順慶《つついじゅんけい》も、その父は興福寺の衆徒です。

順慶は大和の制圧をもくろむ戦国武将の松永久秀《まつながひさひで》と敵対し、三好氏を加えた両陣営は奈良の市街地で対陣します。戦局は東大寺から火の手があがったことで大きく動き、境内に布陣していた筒井・三好三人衆の連合軍は撤退しました。今日、この放火は久秀の犯行とされていますが、失火とする説や、筒井・三人衆陣営にいたキリスト教兵士の仕業とする説もあり、真相は不明です。

この火災で盧舎那仏《るしゃなぶつ》の仏頭は焼け落ちてしまいます。その後は簡素な修復が施されただけで、長く雨ざらしの状態が続きました。大仏殿の修復が完了し、落慶供養が行なわれたのは、1709（宝永6）年のことです。

宮跡の保存に生涯を懸けた植木職人

江戸時代に入ると、大和では郡山藩（大和郡山市）や高取藩（高取町）などが成立します。ただし現在の奈良市中心部に藩は置かれず、県南部の山間地域とともに幕府領（天領）となりました。興福寺をはじめとする寺社は朝廷に対する影響力を依然保持しており、それを監視する目的で直轄化したとみられています。

17世紀の奈良奉行の調査によれば、奈良中心部の集落は200を超え、およそ3万5000人が住んでいました。彼らは主に商工業に従事し、当時の元興寺境内に置かれた「奈良町《ならまち》」という地区は現代まで受け継がれています。

長岡遷都とともに廃された平城宮の跡地は、1998（平成10）年に東大寺などとともに世界文化遺産に登録され、大極殿は平城遷都から1300年後の2010（平成22）年に復元されました。現在、朱雀門の側にはある人物の像が立っています。棚《たな》田嘉十郎《だかじゅうろう》——今日に至る平城宮跡保存運動の発端となった人物です。

明治末期、奈良の植木職人だった嘉十郎は、都の跡地が荒れ果てている現状を嘆き、保存活動を開始します。地権者や政府当局のもとを訪れては土地の買い取りや保存の請願を続けましたが、拒絶する地主も多く、交渉はたびたび暗礁に乗り上げました。

それでも嘉十郎の意気は衰えず、1913（大正2）年には貴族院議員の徳川頼倫《よりみち》を会長とする「奈良大極殿阯保存会」の設立に至ります。しかし嘉十郎は心労の末に失明し、やがて土地買収に絡む不祥事から自決してしまいます。

大極殿の跡地が国の史跡に指定されたのは、嘉十郎の死の翌年、1922（大正11）年のこと。一介の植木職人の悲願は、ここに実を結びました。

今井

陸の中継貿易で繁栄した自治都市

―いまい―

一向宗の寺内町として誕生した今井は、堺と奈良を結ぶ街道沿いにあったことから、物流の中継地として発展する。住民は町に環濠を築いて武装化し、織田信長の侵攻に抵抗した。

江戸時代にはその財力に目をつけた幕府の直轄地となったが、引き続き町人による自治が認められた。富豪らは金融業でさらなる飛躍を遂げ、「大和の金は今井に七分」とまで謳われるようになる。この繁栄の背景には、町人に課せられた事細かな生活ルールがあった。

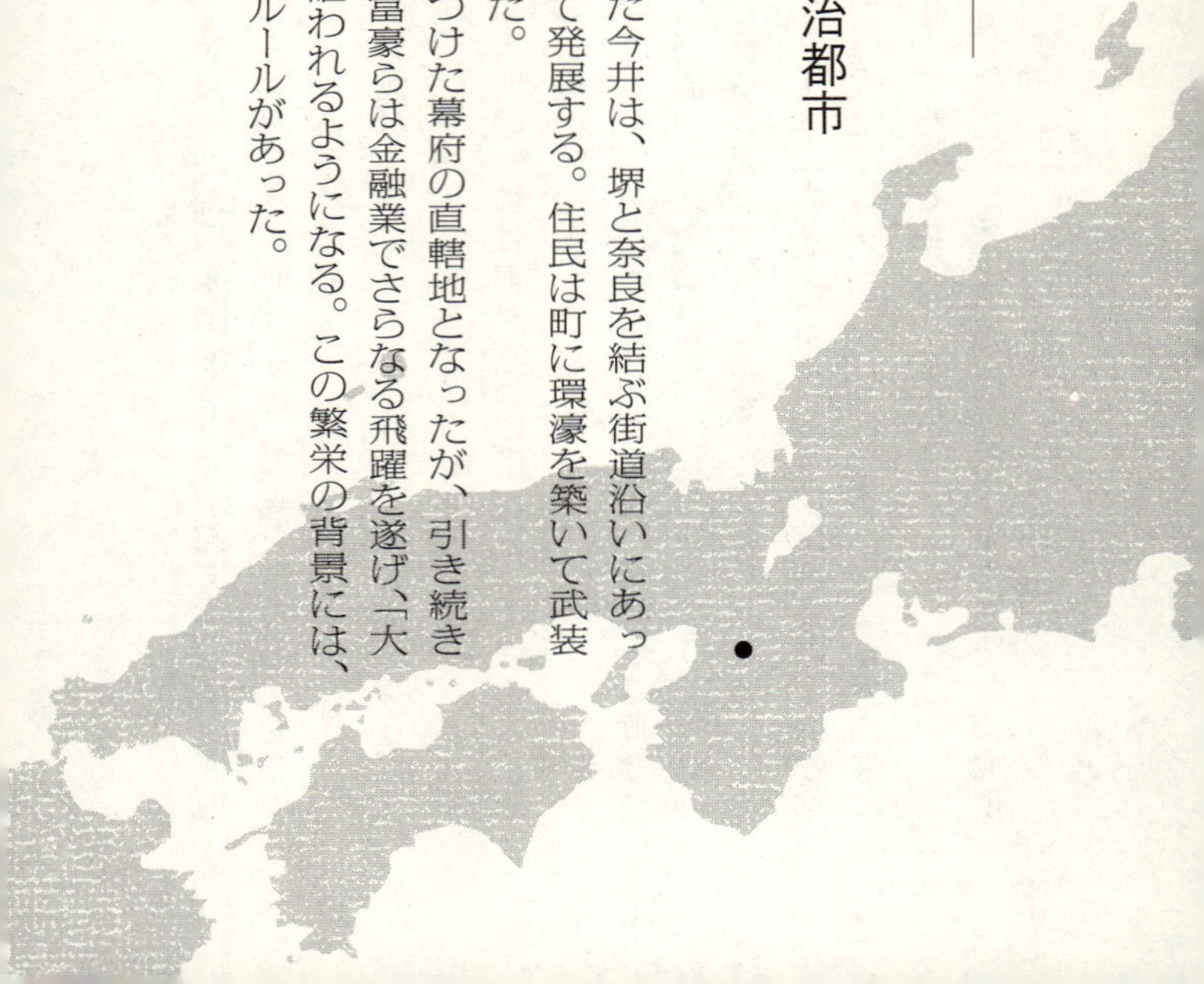

江戸時代の町並みが現存

奈良盆地南部の今井町は、1956（昭和31）年の町村合併で八木《やぎ》町、畝傍《うねび》町などとともに橿原《かしはら》市となりました。

今井という地名になじみはなくとも、おそらく多くの人がテレビなどでその町並みを目にしたことがあるのではないでしょうか。というのも、今井町は江戸時代以前の建物が数多く現存し、時代劇のロケ地としてたびたび利用されているからです。2015（平成27）年には、明治時代を舞台にしたNHK朝ドラマ『あさが来た』の撮影が行なわれたことでも注目されました。

今井町は橿原市の北西にある東西600メートル、南北310メートルほどの区域です。約760軒の民家のおよそ8割が江戸時代以前に建てられたとされ、惣年寄《そうどしより》を務めた今西家や上田家など、9棟の屋敷が国の重要文化財に指定されています。現在の日本でこれほど多くの伝統的建造物が集中している地域はなく、当時の建築様式や町民の生活を知る貴重な文化遺産となっています。

環濠と土塁で守られた都市

浄土真宗本願寺派（一向宗）の寺内町であった今井は、戦国時代に自治都市として発達しました。「今井」という地名が文献に登場するのは１３８６（元中３／至徳３）年からで、荘園としての今井庄の成立は、さらに１００〜２００年ほどさかのぼるとみられています。

もともと今井庄は大和（現在の奈良県）に勢力をもつ興福寺の荘園で、戦国時代に本願寺が大和に進出した際も、興福寺は道場を破壊するなど本願寺に弾圧を加えています。しかし、寺領を確保するため互いに誼《よしみ》を交わす僧も多く、興福寺の本願寺に対するスタンスは必ずしも一定ではありませんでした。

天文年間（１５３２〜１５５５年）には、本願寺の一家衆（本願寺門主の縁者）である今井《いまい》兵部《ひょうぶ》豊寿《とよひさ》という武士が今井に道場（のちの称念寺《しょうねん》）を築きます。本願寺は大和に影響力をもつ戦国武将の松永久秀《まつながひさひで》や三好三人衆と通じており、この道場は興福寺の攻撃を受けませんでした。兵部は門徒を集めて寺内町を興し、これが今日まで続く今井町のはじまりとされています。

やがて本願寺は織田信長と対立。畿内では10年にわたる石山合戦が勃発します。寺内町である今井も織田軍の攻撃対象となりましたが、住民は町の周囲に環濠《かんごう》や土塁を築き、また浪人衆を雇い入れて抵抗しました。

堺（大阪府堺市）と奈良を結ぶ街道沿いにある今井は、商人にとって重要な物流拠点であり、その壊滅を危惧した堺商人の津田宗及《つだそうぎゅう》は、知己であった明智光秀を通じて今井に降伏を促します。信長が提示した停戦条件もことのほか寛大で、住民が武装を解除すれば町を取り壊すことはせず、引き続き商業活動も認めるというものでした。この条件を受け入れた今井は、南大和でも屈指の商業都市に飛躍し、「海の堺、陸の今井」と称されるようになっていきます。

環濠都市としての今井の名残は現在の町割に見ることができます。当時の一般的な村落は道路が方眼状になった条里地割の上に存在していましたが、今井の場合は道路が町の末端まで一直線ではなく、筋違いの丁字路になっています。これは道の見通しをあえて悪くし、外敵の侵略を防ぐための工夫です。

また豊臣政権下では秀吉の許可を得て、9カ所ある町の出入口に門が設置されてい

■堺と奈良をつなぐ道程（上）と今井の町割（下）

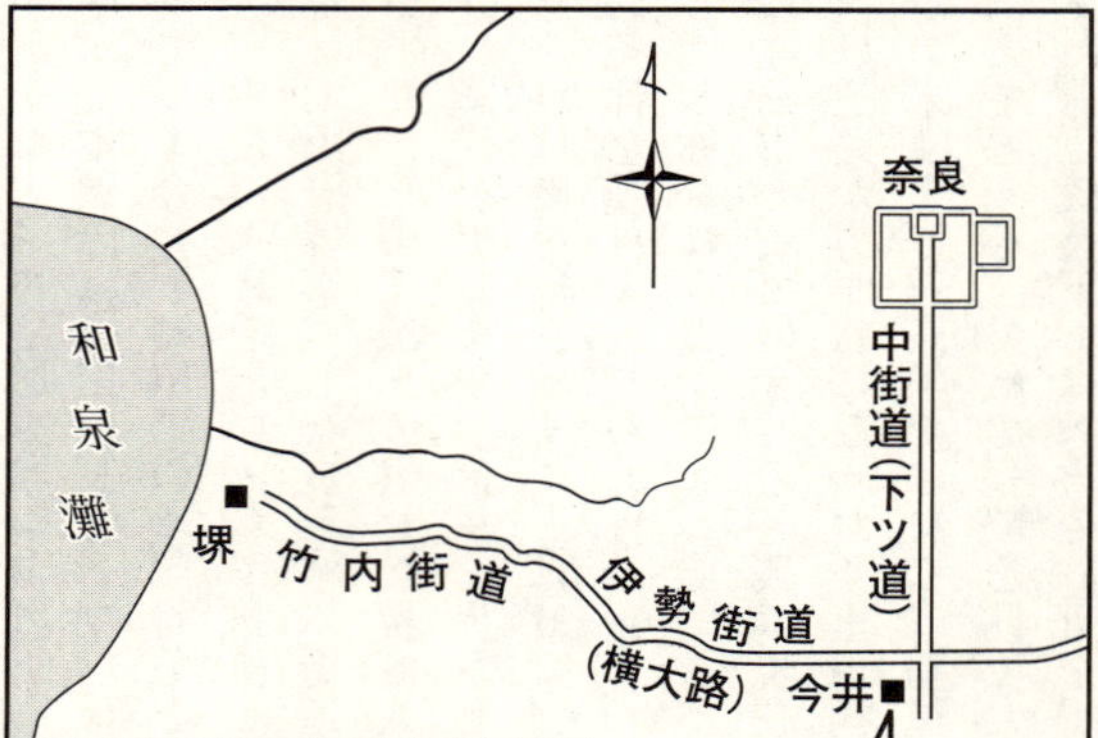
奈良
中街道（下ツ道）
和泉灘
堺
竹内街道
伊勢街道
（横大路）
今井

大和と和泉をつなぐ伊勢街道を多くの人々が利用した。

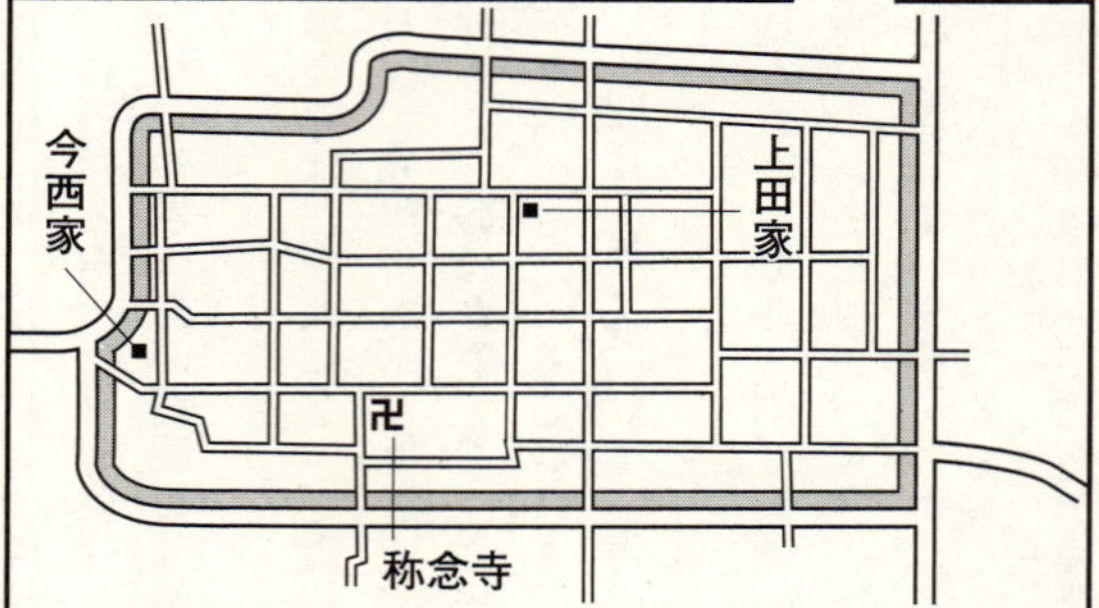
今西家
上田家
卍
称念寺

外敵の攻撃を想定し、道に突き当たりやすく違いがある町割を施した。

ました。夜間にも開いていた4つの門には番屋が併設され、門番が夜通し侵入者を見張っていたそうです。

大名相手の金融業で財を蓄える

今井はその財力を見込まれ、江戸幕府4代将軍・家綱の代に幕府領（天領）となります。ただし行政・司法・警察などの自治特権は従来通りに認められ、今西家、尾崎家、上田家の3家が惣年寄として町政を取り仕切りました。

ちなみに、それまで町の舵取りを担っていた今井兵部の一族は、住民との間に不和が生じ、士分を剥奪されたうえで仏門に戻っています。

今井は6つの町に分かれ、ピーク時の17世紀後半には1300戸、4000人以上が住んでいたとされています。当時の一般的な村落の戸数が20〜30であったことから考えても、その規模は突出していました。

商人たちは肥料や木綿、味噌などの取引に従事し、富を蓄えた豪商はやがて両替商など金融業も営むようになります。おもな融資先は旗本や下級武士ですが、大坂商人同様の大名貸も行なわれていました。なかには他藩の財政に関与する商家もあり、惣年寄のひとつである尾崎家は、奈良にあった甲府藩徳川家の飛地の掛屋《かけや》（公金の出納を扱う業者）を担っていました。

江戸前期には各藩で藩札が流通するようになり、今井でも1634（寛永11）年という比較的早い時期から藩札に準じる「今井札」を流通させていました。ところが信用の裏づけとなる金・銀・銭貨の蓄えが不十分な藩もあり、貨幣経済の混乱を危惧した幕府は、1707（宝永4）年に藩札の流通を禁じます。その際、今井では滞りなく硬貨に交換することができたので他藩の注目を浴びたそうです。

巷で流布されていた「大和の金は今井に七分」「金の虫干し玄関まで」の戯《ざ》れ歌も、あながち大げさではなかったようです。

町掟が防いだ大規模火災

今井が発展を遂げた背景として、住民にルールが課せられていたことが挙げられます。町には17カ条からなる掟《おきて》がありました。博打の禁止はもちろん、ごみ捨ての方法から牛馬の引き方まで、日常生活の規則が事細かに規定されていました。

なかでも特筆すべきは、4カ条からなる消防に関する規定です。火事の際は火消し役と一般町民が明確に区分され、それぞれ決められた道具を持ち寄って迅速な消火作業を行ないました。今井は江戸時代を通じて大規模な火災がなく、現代まで町並みが残った理由のひとつになっています。

加えて防犯対策も徹底され、住民の親族を除く部外者の出入りが厳しく制限されました。町内に旅籠はなく、宿を求める者は一般の屋敷に寝泊まりしました。ただし泊まれるのは原則1泊だけ。それ以上は町年寄への届け出が必要でした。

こうした掟が町に閉塞感をもたらしたのかどうかはわかりませんが、一般住民に重税が課せられていたこともあり、18世紀前半から今井の人口は徐々に減少していきます。やがて明治時代を迎えると株仲間などの廃止を受けて豪商が没落し、今井の繁栄には一旦終止符が打たれました。

大正以降は隣町の八木で開発が進む一方、今井の古い町並みはそのまま残されました。第二次世界大戦後には本格的な景観保全運動が起こり、江戸時代の風情豊かな今日の今井町へとつながっていくのです。

大阪

—おおさか—

天下人が礎を築いた日本有数の経済都市

瀬戸内海の東端に面した大阪は、古くから東アジア諸国との交易拠点として栄え、古代には都も置かれていた。中世に入ると宗教勢力の本願寺が史上最大の寺内町を構築。天下人・豊臣秀吉はその跡地に大坂城を建造し、全国の大名を支配下に置いた。

商人の町でもあった大坂は江戸幕府からも重視され、全国からモノと金が集まる経済都市として発展した。この時期に醸成された商人気質、活気あふれる風土は、現代の大阪にも脈々と受け継がれている。

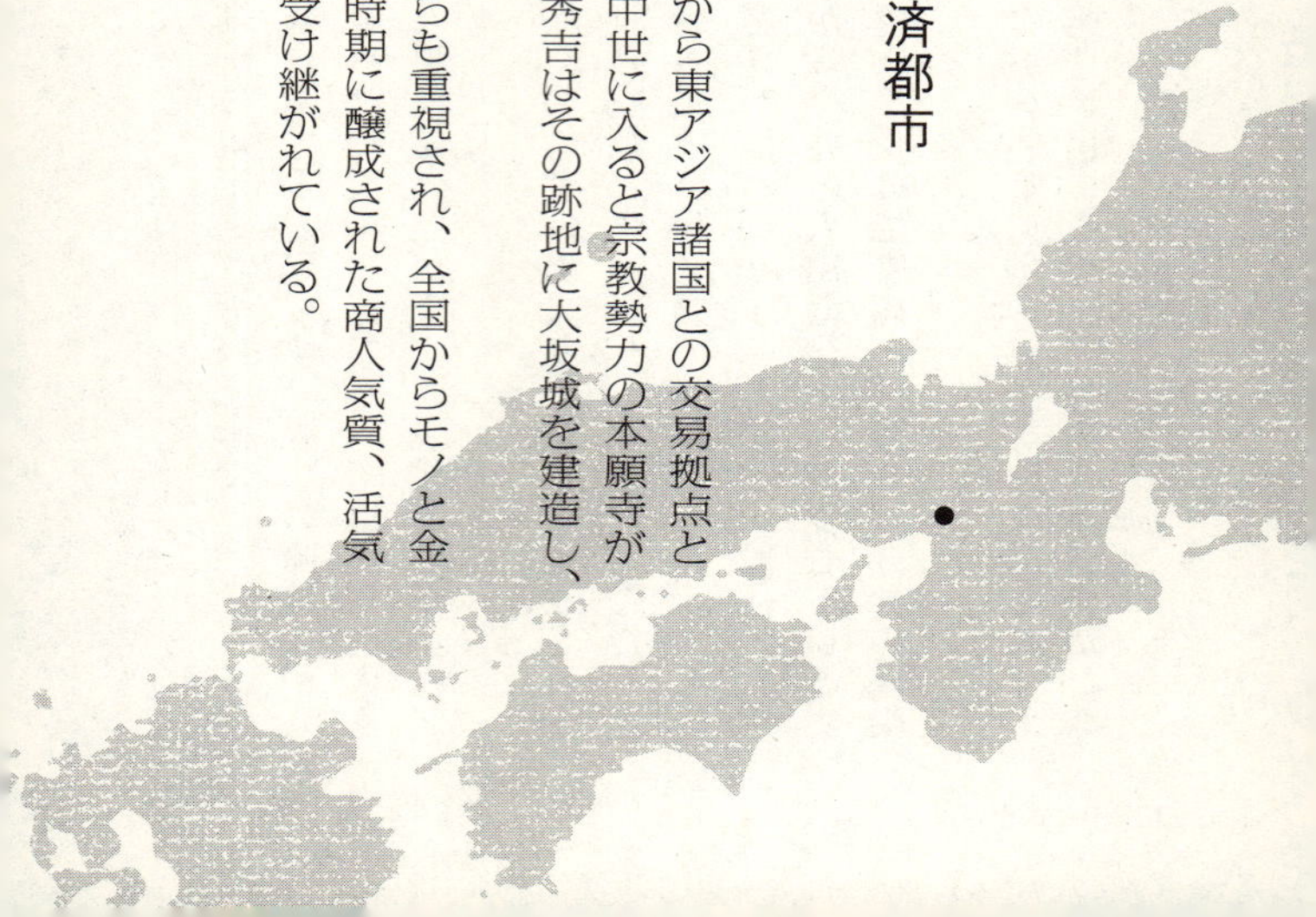

複数の宮都が置かれていた

大阪市を代表するランドマーク、大阪城。最上階の展望台からは、豊臣秀吉の時代から続く大阪の街を一望できます。今から約430年前、織田信長の後継者となった秀吉は、摂津（現在の大阪府北中部）の南部、現在の大阪市中央区に巨城を築き、全国の大名を支配下に置きました。

今日の大阪城は1931（昭和6）年に再建されたもので、徳川時代の天守台の上に、豊臣時代を真似た天守閣が置かれています。ただし所在地は今も昔も変わらず、上町《うえまち》台地と呼ばれる高台の北端に位置しています。古代、この上町台地の一帯は「難波《なにわ》」と呼ばれ、いくつかの宮都が置かれました。

伝承によれば、上町台地に築かれた最初の都は、仁徳天皇の在所であった難波高津《なにわたかつの》宮とされています。当時の大阪平野には河内《かわち》湖という大きな湖があり、周辺の集落にたびたび洪水被害をもたらしました。『古事記』によると、仁徳天皇はあふれた湖水の逃げ道として運河を開発。工事によって対岸と切り離された上町台地の北端には、

■古代の大阪の地形

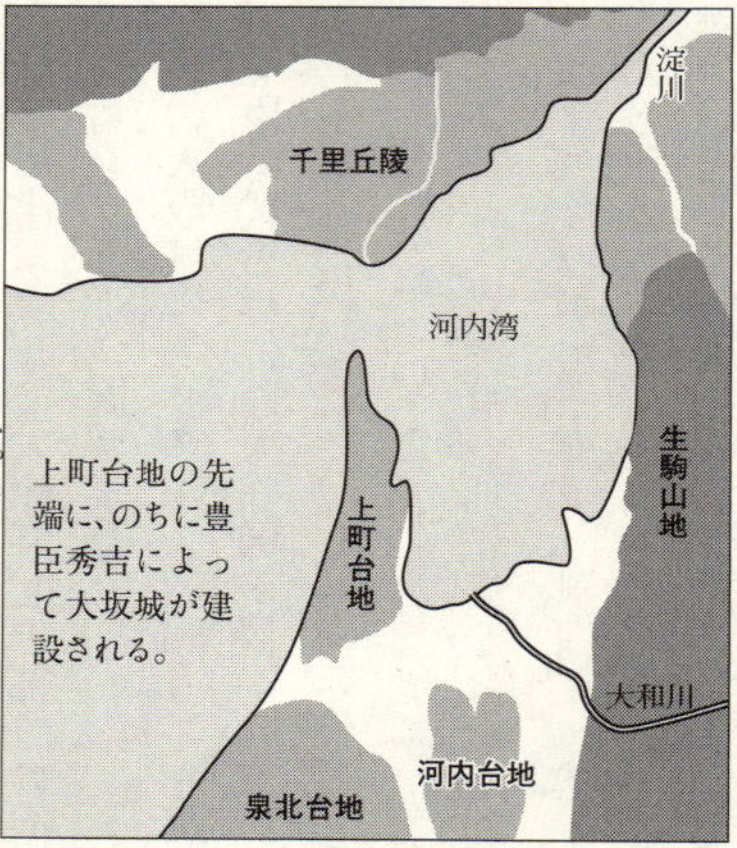
淀川
千里丘陵
河内湾
生駒山地
上町台地の先端に、のちに豊臣秀吉によって大坂城が建設される。
上町台地
大和川
河内台地
泉北台地

「大和川付替え300周年記念事業実行委員会」HP掲載図をもとに作成

難波津という港湾施設が整備されました。この難波津は瀬戸内海から河内湾（古代の大阪湾）、淀川を経て内陸部に至る水上交通の要衝であり、のちに遣隋使船と遣唐使船の発着点となりました。

その後、都は大和（現在の奈良県）の飛鳥に移されましたが、この飛鳥板蓋宮《いたぶきの》では中大兄皇子《なかのおおえのおうじ》（のちの天智天皇）と中臣（藤原）鎌足が蘇我氏を滅ぼした乙巳《いっし》の変が起こります。政変を機に孝徳天皇は都を長柄豊碕《ながらのとよさき》宮（前期難波宮）に移し、政治改革「大化の改新」がスタートします。難波への再遷都は、有力豪族が牛耳る政治から皇族による親政への転換点でした。

しかし、時代を重ねると、難波の交通・物流拠点としての地位は次第に低下していきます。これは淀川河口部の土砂の堆積により、大型船が河内湾からさかのぼれなくなったためです。

その後は難波京《なにわきょう》（後期難波宮）が平城京の副都として機能していましたが、朝廷は784（延暦3）年に山背《やましろ》（のちの山城、現在の京都府）の長岡京に遷都し、以降、難波に都が置かれることはなくなりました。上町台地にあった都は田畑になったとみられています。

こうして首都としての難波には終止符が打たれましたが、すべてが廃れたわけではありません。難波津を継いだ渡辺津は京都を結ぶ淀川水運の出発点として発達し、また四天王寺周辺は参詣者が絶えず、大きなにぎわいを見せていました。

さらに、戦国時代には浄土真宗の本願寺が上町台地に御坊を築きました。以降、難波は本願寺の寺内町として発展していきます。

近世都市の先駆けとなった大坂寺内町

「一向宗」の別名でも知られる本願寺教団。15世紀の門主・蓮如は北陸で布教活動をしていましたが、守護大名と門徒の間で大規模な争乱が起こり、山城の山科《やましな》に拠点を移しました。この山科本願寺は蓮如の死後に起こった天文法華《てんぶんほっけ》の乱で焼失。教団は1533（天文2）年、生前の蓮如が隠居所として着目していた上町台地の北端に新たな本山を築きます。当時、この一帯は「大坂」と呼ばれていました。

今日、この本山は「石山本願寺」の名で広く知られていますが、そう呼ばれるようになったのは豊臣時代以降のことで、「大坂本願寺」が正確な呼び名です。なお、蓮如が1497（明応6）年に発給した門徒宛ての文書に「大坂」と記されており、これが日本史上初めて「大坂」の表記が使われた例といわれています。

大坂寺内町は本願寺を中心に6つの町で構成されました。大名勢力から軍事的圧力をかけられることも多く、対抗するために町内全域を堀や土塁で囲っていたとみられています。

この防衛施設としての側面は戦国大名の城下町と似ています。ただし近隣の一円支配という観点でいえば、寺内町のほうがより先進的であったかもしれません。戦国後期まで大名の居城は山頂に築かれることが多く、山間部の家臣の居住区と、山麓のそのほかの町域が分断されていました。これに対し大坂寺内町は、隣接する渡辺津や森といった集落を内包しながら、都市としての範囲を広げていきました。

さらに注目すべきは、新たに組み込まれた集落の住人たちが一向宗門徒だけではなかったことです。本願寺と住人たちの結びつきは、信仰だけでなく、本願寺が獲得した権益が彼らの自由な経済活動を担保していたことでもたらされました。領主の主権が町域の末端まで及び、かつ活発な経済活動がなされていたという2点において、大坂寺内町は近世城下町の先駆けであったといえるでしょう。

その後、大坂本願寺は信長と衝突し、10年にわたる合戦の末に大坂からの退去を余儀なくされます。その跡地につくられたのが大坂城です。

秀吉が抱いた首都構想

秀吉が大坂を本拠地に選んだ最大の理由は水上交通の利便性です。かつて大阪平野に河内湖があったことはすでに述べましたが、縄文時代までさかのぼると、現在の大阪平野一帯は海の底であり、上町台地は河内湾に突き出た半島でした。

その後の気候変化や干拓などで湾の陸地化が進み、平野部には網の目のような河川が残りました。それらのいくつかは淀川と合流し、京都とつながっています。朝廷との関係を重んじる秀吉が、大坂に目をつけたのは自然な流れといえるでしょう。淀川の河口部は秀吉の治世下で浚渫《しゅんせつ》（堆積物を取り除くこと）が進み、大阪湾から船の遡上が可能になります。陸上でも大坂を中心に兵庫、茨木、枚方《ひらかた》、奈良、堺など四方八方に延びる道路が発達。大坂は水陸両面で交通の要衝となります。

秀吉は信長の死の翌年、1583（天正11）年から大坂城と城下町の建設に着手しました。まず天守と本丸がつくられ、着工から1年半で二の丸までが完成します。その後は外郭となる惣構《そうがまえ》が築かれ、二の丸との間に三の丸が建設されました。

惣構の範囲は、東の猫間川、西の東横堀川、南の空堀通、北の大川（淀川の旧流路）に挟まれた約2キロメートル四方です。当初の構想では、秀吉は全国の大名を城下に住まわせ、京都の有力寺院を移設し、さらには京都から天皇を移すつもりだったとみられています。

ただし、この構想が実現することはありませんでした。秀吉は大坂城下の開発と並行して京都に聚楽第《じゅらくだい》を築き、晩年は伏見城に拠点を移しています。大坂城は豊臣家の城、聚楽第は関白としての政庁、伏見城は隠居した秀吉の住まいと位置づけることができます。

西へと開発が進む城下町

ところで秀吉は、大坂城下町の開発に際し、商業都市であった堺（現在の堺市）と平野《ひらの》（現在の大阪市平野区）の商人を城下に移住させています。当時の一般的な城下町は約7～8割が武家屋敷でしたが、秀吉の晩年の大坂は7割以上が町人町でした。当初から大坂を経済都市にしようとしていた秀吉の意図がうかがえます。

大坂に移住した商人たちは、城下町を西へと拡大させていきます。上町台地の西側は湿地や砂地であり、宅地に向かない場所でしたが、商人たちは埋め立てなどで地盤を改善。こうして開発されたのが船場、島之内の一帯です。

さらに船場を囲むように東横堀川、西横堀川、長堀川、土佐堀川なども整備されていきます。今日まで受け継がれる〝水の都〟としての原型は、このときに完成しました。現在の船場には、秀吉が敷設した日本最古の下水溝「太閤下水」の遺構を目にすることができ、その一部は今も使用されています。

なお、今日の大阪市街地の道路は、長堀通や千日前通といった「通」と、御堂筋や

■大坂三郷周辺の地形と町割

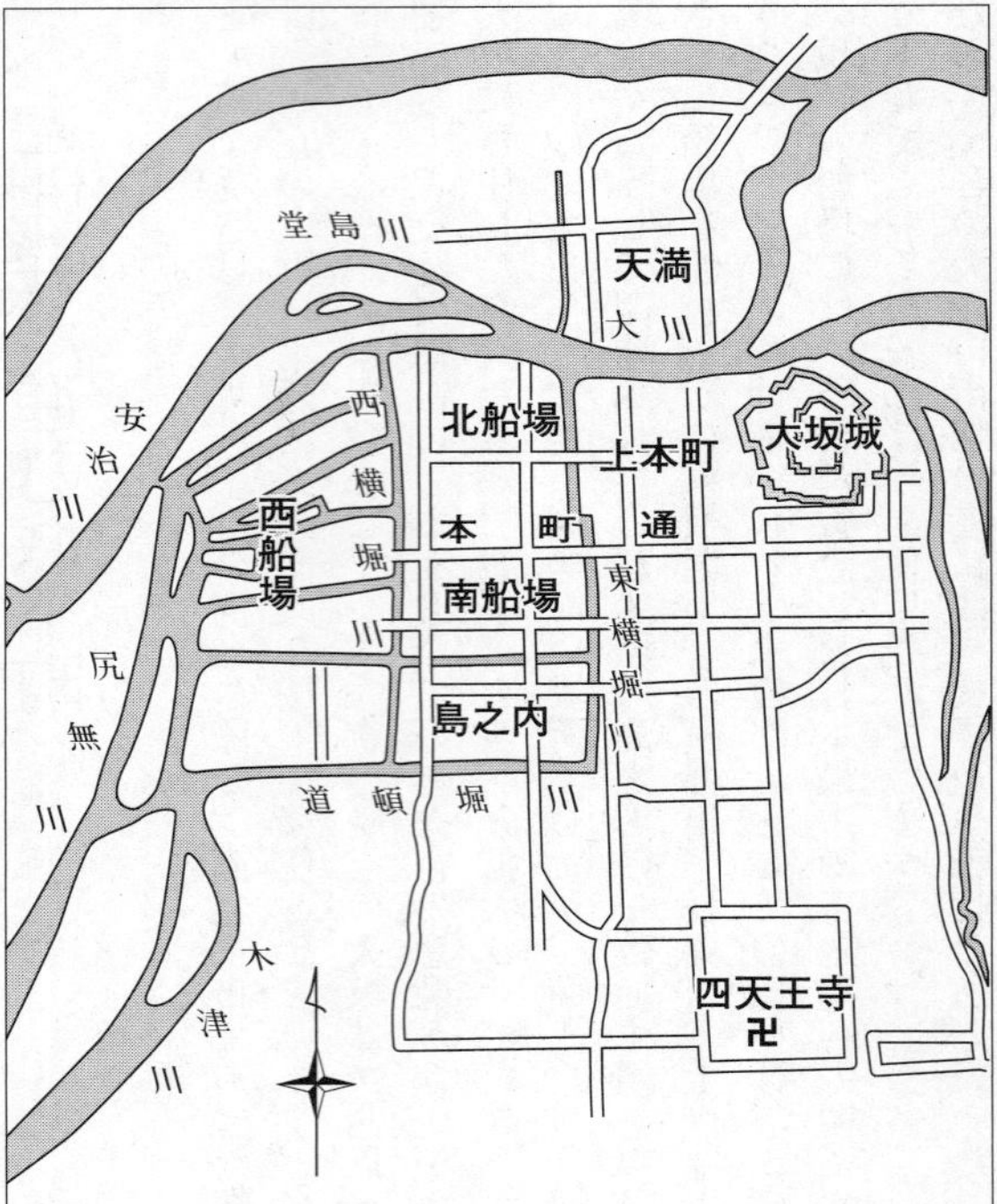

本町通を境として、北船場をはじめとした地域を「北組」、南船場をはじめとした地域を「南組」、さらに大川以北の天満をはじめとした地域を「天満組」とした。

大阪歴史博物館所蔵『大坂三郷町絵図』（明暦元年）を参考に作成

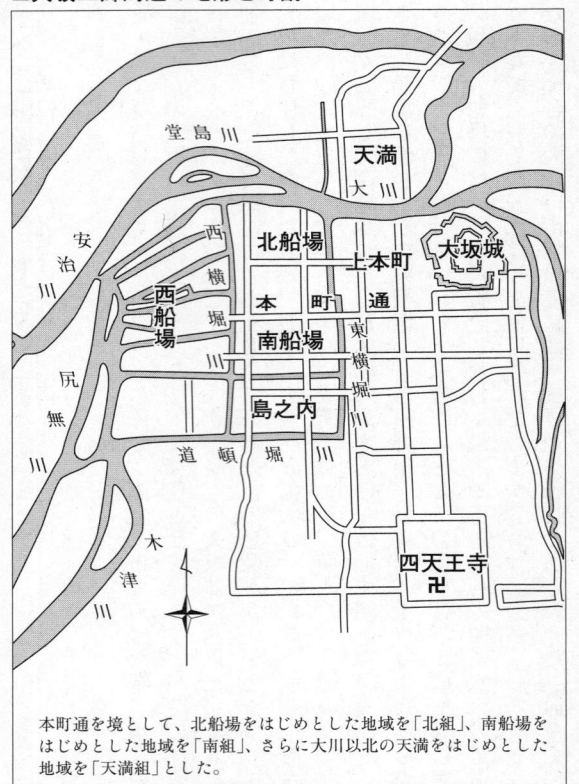

谷町筋といった「筋」に分かれていますが、原則として東西方向の道を「通」、南北方向の道を「筋」と呼んでいます。これには大坂城に向かう道幅の広い幹線道路を「通」、それと直交する狭い生活道路を「筋」と区別したからだとする説があります。

全国から物資が集まる「天下の台所」

秀吉は1598（慶長3）年に京都で息を引き取りました。政権は嫡男の秀頼に継承されましたが、徳川家との決戦に敗れて豊臣家は滅亡します。主戦場となり灰燼に帰した大坂の町は、江戸幕府のもとで新たなスタートを切ることになりました。

大坂復興を指揮したのは、家康の孫で伊勢（現在の三重県）の亀山藩主だった松平《まつだいら》忠明《ただあきら》です。新たな領地として大坂の10万石が与えられた忠明は、一代限りですが大坂藩主の座にありました。

忠明はまず大名屋敷があった三の丸を市街地として開放し、伏見などから商人を移住させます。続いて合戦で中断していた河川開発を再開。これにより完成した運河のひとつが道頓堀です。その名称は秀吉の下で掘削に従事し、大坂夏の陣で戦死した商人・成安《なりやす》（安井）道頓《どうとん》にちなみます。さらに忠明は水帳（土地の所有状況を記した帳簿）に基づいて新たな町割を施し、郊外では田畑の開墾にも力を注ぎました。

大坂復興に尽力した忠明は、その功績で大和郡山藩主に栄転し、大坂は1619（元和5）年から幕府の天領（直轄領）となります。復興事業は幕府から派遣された大坂城代が指揮し、忠明が実践した復興の基本方針も継承されました。

幕府は商業活動が盛んだった船場一帯の町組を、本町通を境に北組と南組に分け、両組から選出された「年寄」と呼ばれる代表者に行政実務を担わせました。さらに北組から天満《てんま》組が分離。この3つの町組に該当する地域を「大坂三郷」と呼びます。彼らには一定量の自治権が与えられ、お触れの通達や年貢米の徴収など、ほかの城下町であれば武士がこなす仕事も任されていました。

これらの政策に加えて、地子銀《じしぎん》（宅地税）の免除や、西廻り航路の開発も経済活動の追い風になり、やがて大坂は「天下の台所」と呼ばれるまでに発展します。この言葉は各藩の特産品が、大坂の大名蔵屋敷で売買されたのち、全国の消費地に運ばれたことに由来します。

同様に、西国・北陸各藩の年貢米も大坂を経由して江戸に運ばれました。これは米相場が大坂で決められていたからであり、なかでも堂島米会所《どうじまこめかいしょ》は、世界で初めて米の先物取引を行なったことで知られています。

商人気質が生んだユーモアあふれる文化

大坂は文化面でも独特の発展を遂げました。元禄期を代表する戯作者の近松門左衛門や井原西鶴、俳諧師の松尾芭蕉などはいずれも上方の文化人です。その作品の特徴は、商人をはじめとした市井の人々の生活をいきいきと描いている点にあります。

商人にとって顧客とのコミュニケーションは不可欠であり、その経験の中で培われたユーモアが、今日の大阪文化を代表する「お笑い」にも受け継がれているといえるでしょう。

また大阪は、「食い倒れ」の町としても知られていますが、語源は諸説あります。ひとつは「杭倒れ」。河川の多い大坂では橋の建設に私財を投じることが、富豪にとってある種のステータスになっていました。なかには浪費によって破産する場合もあり、それが転じて、食に金をかける様を「食い倒れ」と呼ぶようになったという説がありますただし、これは戦後に生まれた表現だとする説もあり、もしかしたら単なる言葉遊びに過ぎないのかもしれません。

日本の産業革命をけん引

大坂の中心地である大坂三郷の人口は、18世紀後半までに秀吉の時代を超えたとみられていますが、その後は徐々に減少していきました。これは成熟期を迎えた江戸に大坂商人が転出したことが理由に挙げられます。

やがて明治時代に入り、「大坂」は「大阪」に生まれ変わります。新時代の到来は大阪経済にとって逆風となりました。株仲間など江戸時代に認められていた特権の剥奪や、藩の解体にともなう大名蔵屋敷の廃止により、豪商の倒産が相次ぎました。殖産興業をスローガンに掲げる明治政府は、輸出品目の主力だった生糸や綿織物など繊維業に注力します。

これを受けて、大阪でも紡績業が盛んになります。1882（明治15）年に日本初の近代的な紡績会社である大阪紡績会社（現在の東洋紡）が設立されたのを皮切りに、紡績会社が次々と誕生。大阪は全国トップの工業生産額を記録し、日本一の繊維の町となりました。

その後、大阪では軽工業だけでなく重工業分野でも工場が次々と設立され、日露戦争のころには工業人口が商業人口を超えるようになります。日本の産業革命の中心地は、紛れもなく大阪でした。

時代の追い風を受けていた１８８９（明治22）年、大阪は市制を施行します。当時の大阪市の面積は江戸時代の大坂三郷とほぼ同じでしたが、その後も近隣市町村との合併を重ね、20世紀の初頭には世界第6位の人口を誇る大都市へと躍進します。

第二次世界大戦では、東洋最大の兵器工場である大阪陸軍造兵廠《ぞうへいしょう》が重要な役割を担いましたが、同時に大阪大空襲という悲劇にも見舞われました。米軍爆撃機の空爆は、1万人を超す一般市民の命を奪いました。

しかし、大阪は逆境にあっても活力を失いませんでした。戦後、大阪市は復興計画を即座に実行していき、さらに大阪湾修築や高速鉄道敷設にも着手します。好不況の波をくり返しながらも経済規模は着実に回復し、日本有数の大都市へと復活を果たしたのです。

堺

―さかい―

「東洋のベニス」と称された商人の自治都市

大阪や京都、神戸と並ぶ関西の中核都市・堺。広く知られているように、堺は室町時代、日本最大の商業都市であった。その成長の過程をたどると、産業勃興の起点は古墳時代にまでさかのぼることができる。

また堺には、自治都市としての側面もある。織田信長や豊臣秀吉の干渉を受けるまで、商人たちは100年もの間、権力者の支配を受けつけなかった。さまざまな支配層が入り乱れる畿内にあって、彼らはどのように自治を確立したのだろうか。

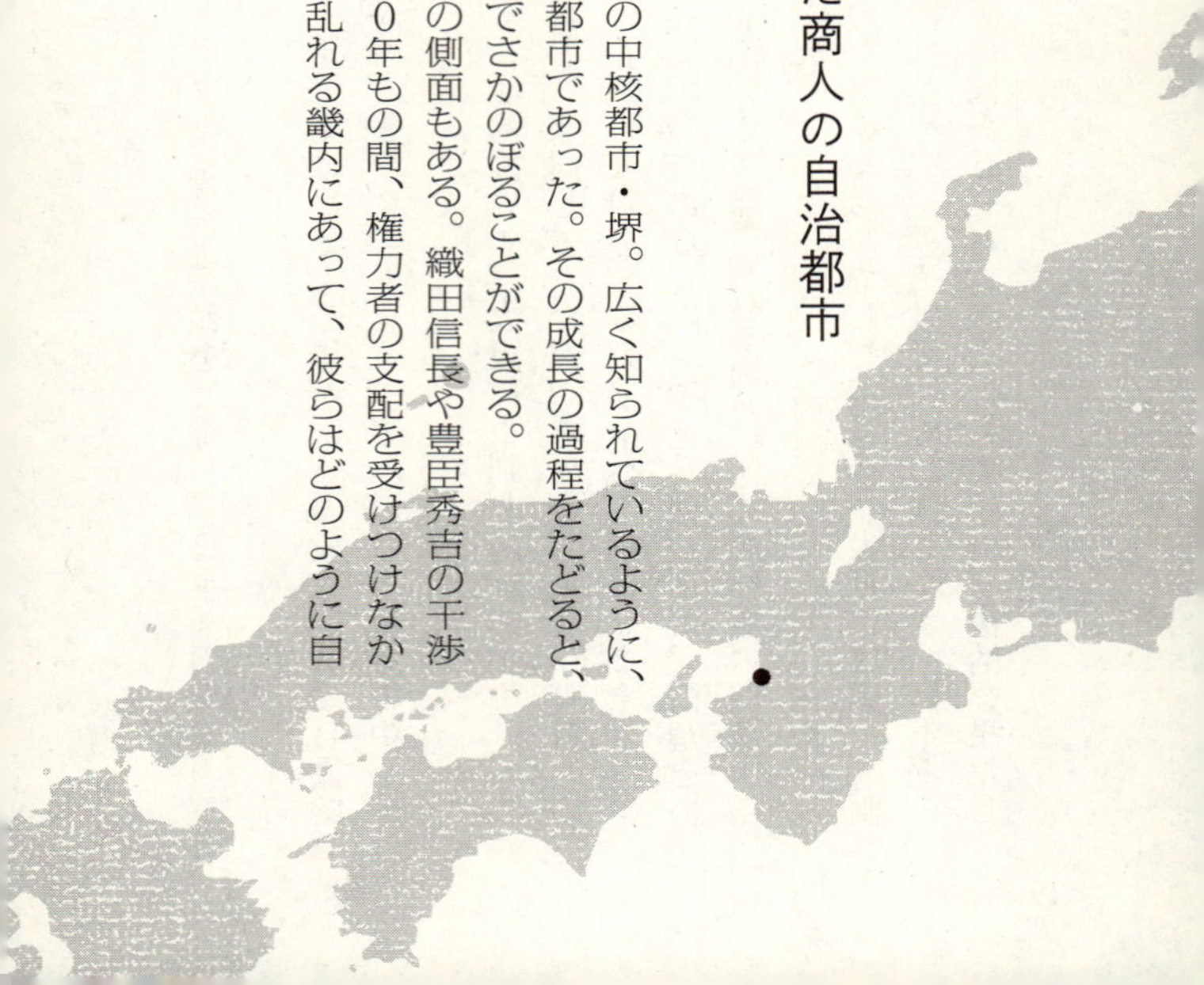

海と水濠に囲まれた環濠都市

中世日本の都市の中で、当時のヨーロッパ社会に最も名前が知られていたのは、京都でも博多でもなく、堺でした。１５５６（弘治２）年に来日したポルトガル人宣教師ガスパル・ヴィレラは、堺を「東洋のベニス」と自身の著書で紹介し、当時の世界地図にもその名が記されていたそうです。

商人による自治が行なわれていた堺は、西を和泉灘《いずみなだ》（現在の大阪湾）、残る三方を水濠で囲った環濠都市でもありました。町は水はけの悪い砂堆《さすい》の上に築かれ、都市の立地としては不向きでしたが、この悪条件が防衛の観点では有効でした。

天下統一を目指す豊臣秀吉は、堺の経済力を大坂城下に取り込むことをもくろみ、水濠を幅半分ほど埋め立ててしまいました。なぜ、すべてを埋めなかったのかは定かではありません。

一方、江戸幕府は堺を直轄化して新たな町割を施し、かつての水濠の外側に土居川《どい》を拓きました。この土居川は第二次世界大戦後に大部分が埋め立てられ、現在は阪神高速15号堺線が通っています。また市西部を流れる内川は当時の海岸線にあたり、内川と阪神高速の高架で囲まれた一帯が江戸中期までの堺市街地でした。

江戸中期には大和川のつけ替え工事が行なわれ、それまでの堺の景観が一変します。幕府は、たびたび氾濫していた大和川の河口を、従来よりも南、堺の北に移しました。新たな河口に堆積した土砂は南島新田をはじめとする新地となり、現在の堺市の輪郭が形づくられます。

なお、このつけ替え工事は堺津の機能不全を招き、幕府は1810（文化7）年に港湾施設を西の埋め立て地に移築しています。中世の堺津は現在のザビエル公園付近にあり、公園内には当時の海岸線を示す碑が立っています。

商人でもあった中世の職人集団

江戸時代に描かれた地図を見ると、堺の市街地には南北に延びる大道筋と、それを東西に貫く大小路が通り、その十字路を中心に町割が施されていたことがわかります。この2本の道は古代から畿内の主要幹線であり、なかでも大小路は摂津（現在の

■江戸末期の堺市街

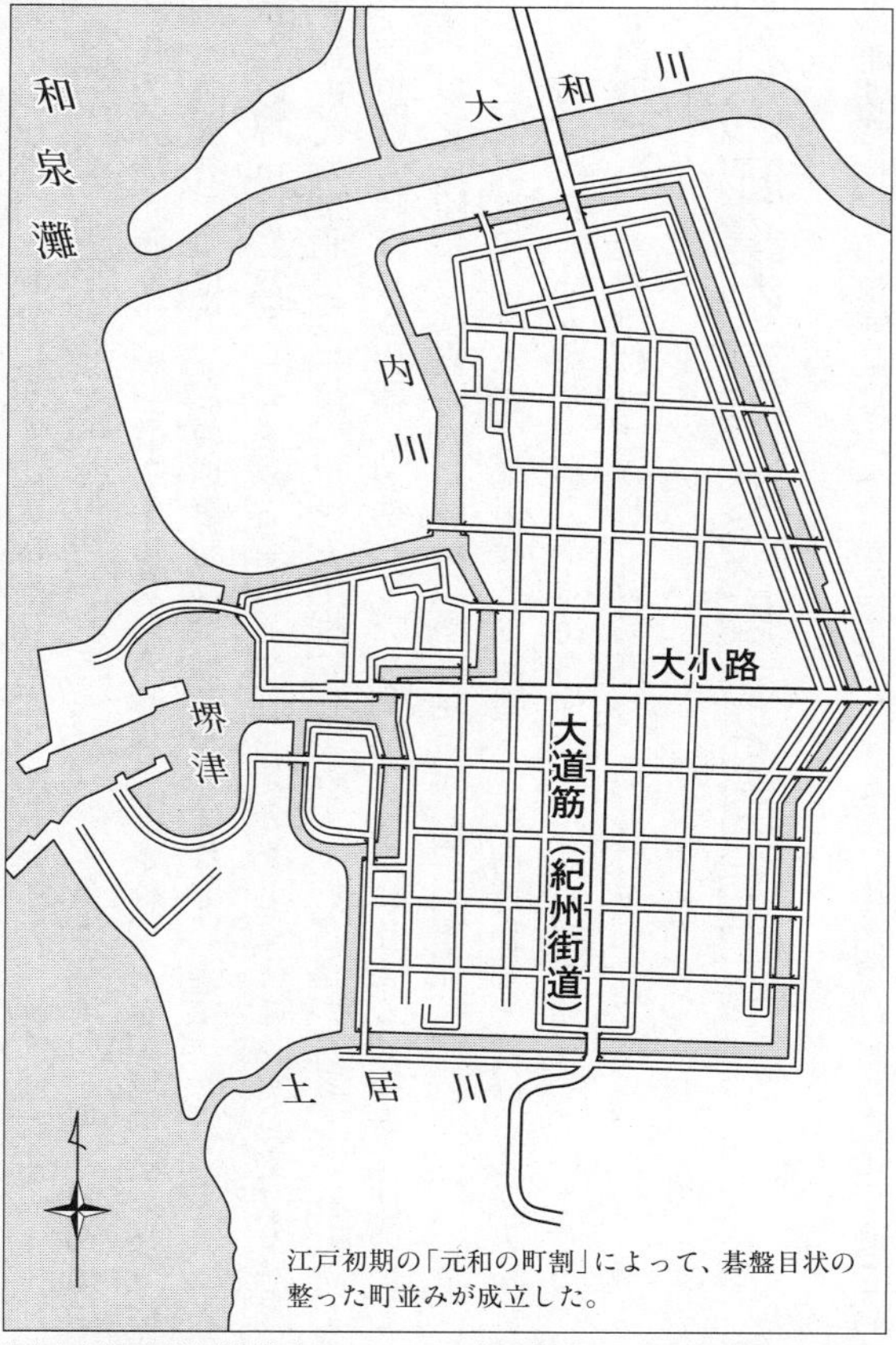
和泉灘
大和川
内川
大小路
大道筋（紀州街道）
堺津
土居川
江戸初期の「元和の町割」によって、碁盤目状の整った町並みが成立した。

堺市立中央図書館地域資料デジタルアーカイブ絵図『文久改正堺大絵図』を参考に作成

大阪府北中部）と和泉（現在の大阪府南西部）の国境線でもありました。「堺」という地名もこの立地に由来します。なお集落としての「堺」の初出は、平安時代の貴族・藤原定頼の歌を集めた『定頼集』とされ、人々が塩湯浴（病気治療のための海水浴）のため、この地を訪れた様子が詠まれています。

現在の堺市は仁徳天皇の陵墓とされる大仙古墳があることでも知られています。堺を含む古代の泉北《せんぼく》丘陵には、ヤマト王権に仕える人々の集落が数多く存在していました。須恵器と呼ばれる土器を製造していた陶部《すえべ》は天皇に仕える技術者集団のひとつであり、泉北丘陵からは当時の窯跡が数多く見つかっています。

さらに鎌倉時代になると、梵鐘《ぼんしょう》などを鋳造する丹南鋳物師《たんなんいもじ》と呼ばれる職人が活躍します。彼らは商人でもあり、地方から持ち帰った物品を堺で売買していました。もともと漁港であった堺津は、こうして貿易港へと発展していきます。

寺社の庇護を受けて成長する自治組織

南北朝時代、和泉守護は山名家が務めていました。山名家は11カ国の守護を務める大大名でしたが、1391（元中《げんちゅう》8／明徳2）年の明徳の乱を契機に没落し、乱の鎮圧で武功を挙げた大内家が新たな和泉守護となりました。それまで府中（大阪府和泉市）にあったとされる守護所が、堺に移されたのはこの頃とみられています。

しかし、この大内家も室町幕府と対立し、堺は1399（応永6）年に幕府軍の侵攻を受けることになります。この応永の乱によって、堺にあった1万戸の家屋が焼失したと伝わります。

その後、和泉は幕府管領を務める細川家が守護となります。ただし領内には足利将軍家の直轄領が多く、さらに朝廷や足利家と関係の深い寺社の荘園も各地にありました。当時の和泉は朝廷、武家、寺社という権力者が、モザイク状かつ多層的に支配する場所だったのです。これは裏を返せば、突出した強権を発揮する支配者がいないということでもあり、町人による自治が進む遠因になりました。

とりわけ宗教勢力と堺の結びつきは強く、町人は寺社の建立費用を寄進することで庇護《ひご》を受け、祭礼の運営などを通して町政の組織化が進んだとみられています。また当時の堺は時宗や法華宗、一向宗などさまざまな宗派の寺院が立ち並んでおり、この寛容性と多様性が町人の教養を高めることにつながりました。

大乱を契機に国際貿易港へ発展

堺には畿内以外の地域からも多くの商人が集まるようになり、それまで内港であった堺津は、室町時代中期より国際貿易港へと様変わりします。その契機となったのは1467（応仁元）年に勃発する応仁の乱です。西軍の大内家が幕府の外港である兵庫津を占領。このことは幕府や東軍の細川家にとって、瀬戸内海から玄界灘《げんかいなだ》へ抜ける航路が封鎖されたことを意味します。以降、幕府が推進する日明貿易は堺が拠点となり、現在の高知沖から鹿児島をまわって明へと向かう航路が主流となりました。堺は日本と明、朝鮮、琉球、東南アジア諸国との貿易基地として発展していきます。

戦国時代の堺が、イタリアのベニスにたとえられたことは冒頭で述べました。これは商業都市として栄華を誇っていたからではなく、自治を行なっていた町人組織が、ベニス市を運営する「十人委員会」にたとえられたからです。当時の堺は今井宗久や千利休など「会合衆《えごう》」と呼ばれる豪商たちが合議制で町政を担い、実際の担当者はベニスと同じ10人であったとされています。

現代まで受け継がれる技術力

工業都市でもあった堺では、やがて鉄砲の製造が始まります。これに目をつけた織田信長は、足利義昭を15代将軍に擁立する見返りとして、堺に代官を置くことを認めさせました。当初は対抗姿勢をみせた会合衆も信長の軍門に降ります。

ただし信長が代官に任命したのは宗久であり、引き続き会合衆の自治が認められました。宗久や同じく豪商の津田《つだ》宗及《そうぎゅう》らは信長を支援し、政権を引き継いだ秀吉も利休を重用しました。

しかし、一方で秀吉は腹心の武将・石田三成を堺奉行に任じており、町人による自治は名実ともに終焉を迎えます。商人は大坂城下への移住を強制され、また大阪夏の陣では2万戸もの家屋が焼失する大きな被害を受けました。

その後の堺は江戸幕府によって復興します。商人の多くは大坂に転出していましたが、鉄砲鍛冶の金属加工技術は今に受け継がれ、とくに刃物の製造は伝統産業になっています。現在、堺の人口は80万を超え、阪神工業地帯の一角を占めています。

京都《きょうと》

日本の中心であり続けた千年の都

平安遷都以来、長きにわたって日本の首都であった京都。神社仏閣をはじめとする各地の旧跡と古式ゆかしい祭事は、今も文化遺産として連綿と受け継がれている。

しかしその道程は必ずしも平坦ではなかった。皇族、公家、武家が混在する京の都はたびたび動乱の舞台となり、壊滅的被害を受けたこともあった。京都はどのような歴史をたどり、今日のような大都市へと復活したのだろうか。

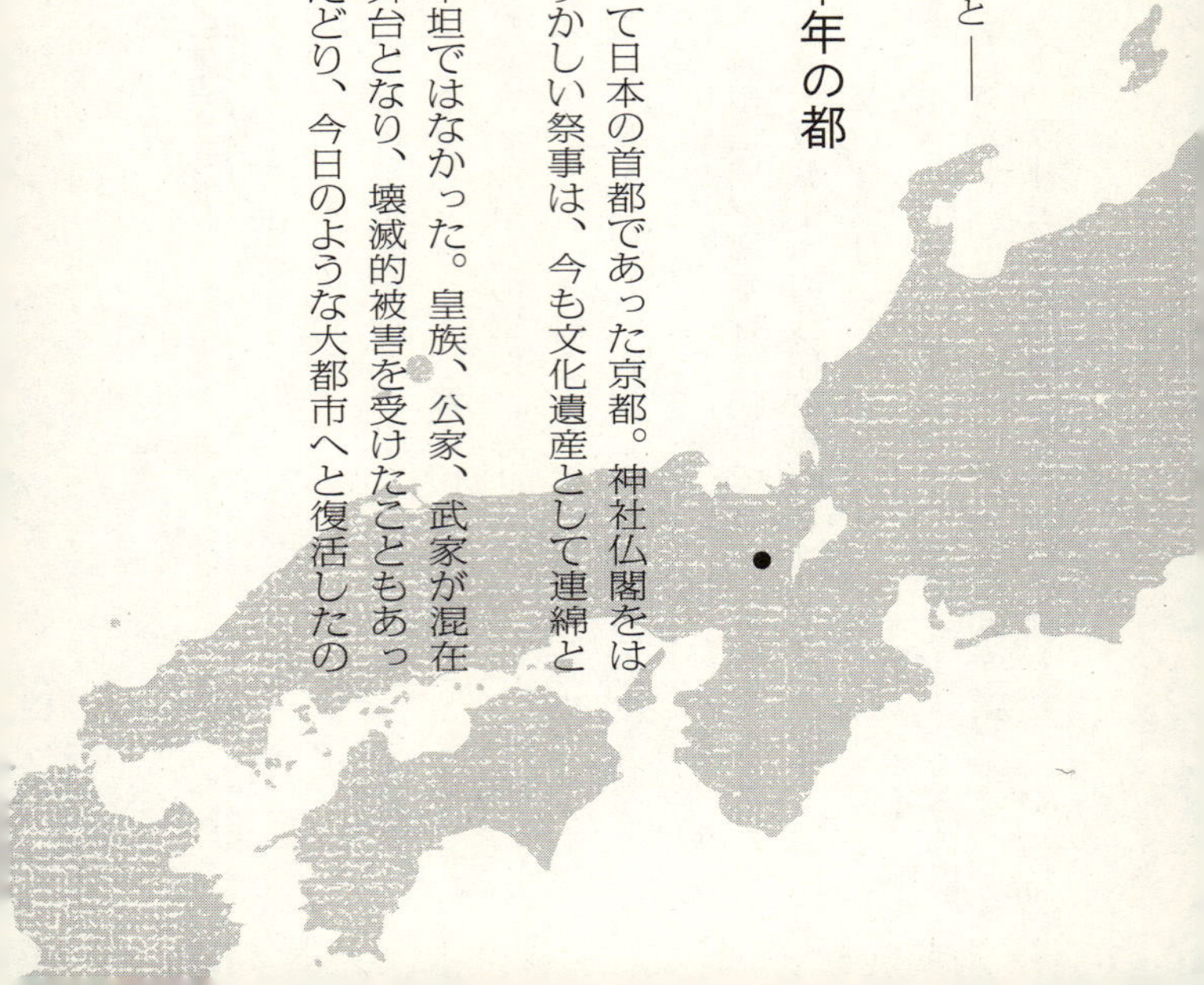

飢饉や疫病に悩まされての遷都

平安時代から江戸時代まで皇居が置かれていた京都。「京」あるいは「都」という字はどちらも「みやこ」と読み、天子、すなわちヤマト王権の首長である天皇の所在地を意味します。推古天皇から天武天皇までの治世では、天皇の代替わりごとに都を移すのが慣例でしたが、646（大化2）年の大化の改新を契機として、恒常的な都の建設が企図されるようになりました。

この方針に基づいて築かれたのが藤原京（奈良県橿原市）や平城京（奈良県奈良市）です。しかし交通や治水などの面で不足があり、桓武天皇は784（延暦3）年に平城京から長岡京（京都府長岡京市）に都を移しました。

当時は豪族と関係の深い仏教勢力が政治に介入することが多く、大和（現在の奈良県）から山背《やましろ》（のちに山城、現在の京都府）への都の移転は、これらを排除する目的もありました。当然のことながら仏教勢力はこの遷都に強く反発し、造長岡宮使《ぞうながおかきゅうし》の藤原種継《たねつぐ》が暗殺される事件が起こります。これに関与したとして桓武天皇の弟である早良《さわら》親王は、配流先に護送される途中で横死しました。

その後の長岡京では飢饉や疫病が相次ぎます。当時、これらの厄災は怨霊の仕業とされ、桓武天皇はわずか10年で長岡京を廃し、新たな都となる平安京を建造することとなりました。

良い運気が流れる「四神相応の地」

平安京が築かれたのは京都盆地の北部、丹後山地と比叡山の裾野に広がる扇状地です。地形を構成する山河は「山河襟帯《さんがきんたい》」と表現され、当時の都にとって重要な意味をもちました。

古代の日本の政治には中国の思想が取り入れられ、平安京の立地も「四神相応《しじんそうおう》」という考えに合致するとされています。「四神」とは東西南北それぞれの方角を守護する青龍、白虎、朱雀、玄武の4つの神獣のことで、青龍は川、白虎は道、朱雀は開けた土地、玄武は山に置き換えられます。東に鴨川、西に山陰道、南に巨椋《おぐら》池、北に船岡山を抱く平安京は、良い運気の通り道とみなされました。

■平安京を中心とした四神相応

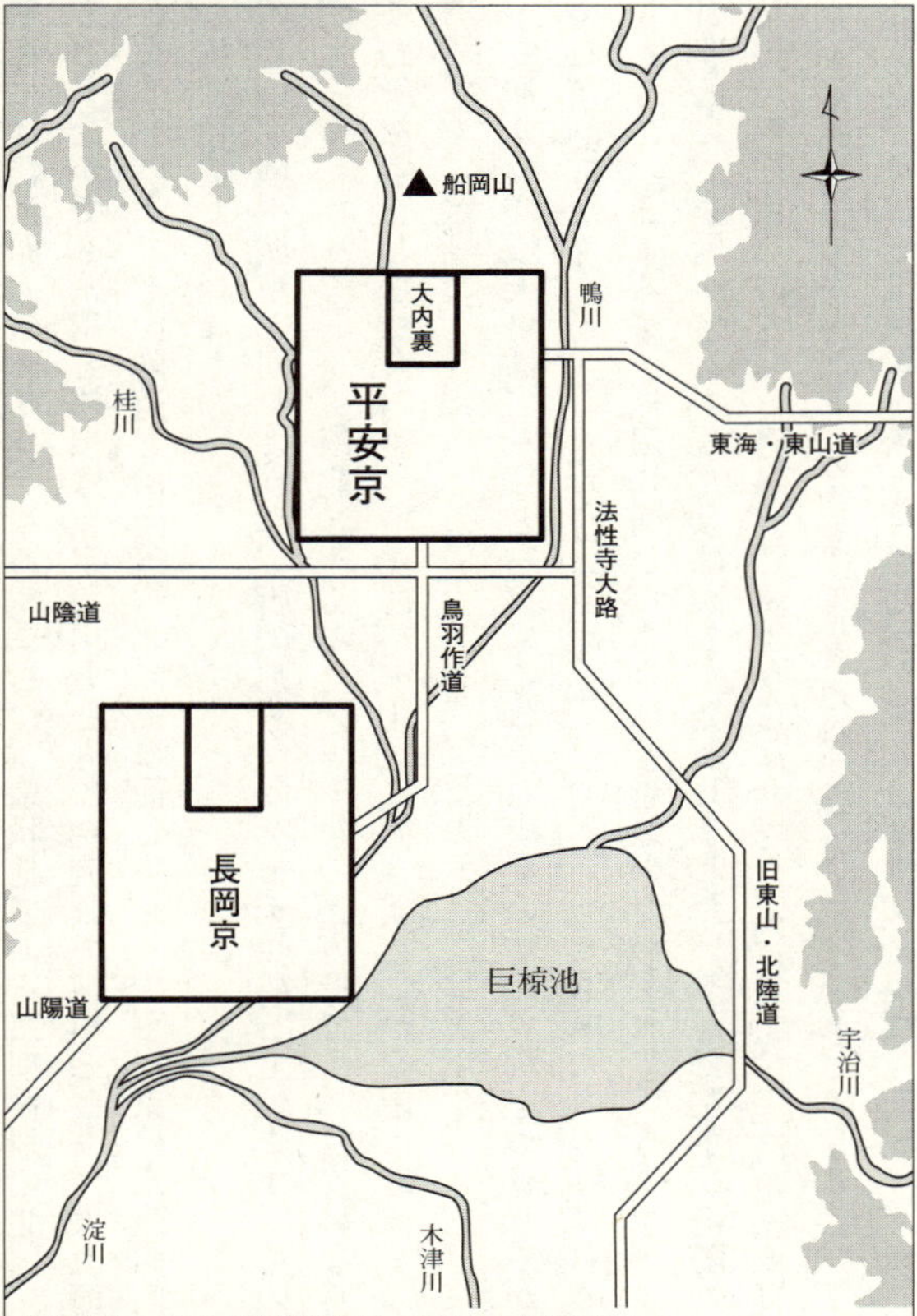

各地方とつながる幹線道路が、平安京から延びている。

足利健亮『日本古代地理研究』（1985）

遷都には経済面でのメリットもありました。扇状地である京都盆地の北部には河川が多く、なかでも鴨川と桂川は、宇治川とともに合流して淀川となり、大阪湾に注いでいます。陸上でも山陰道と山陽道、北陸道に面しており、平安京は水陸両面で交通の要衝に位置していました。

新しい都は平城京と同じように、唐の都・長安をモデルにしています。その範囲は東西4・5キロメートル、南北5・2キロメートルの長方形です。長安にならって天皇の御所を中心とした大内裏《だいだいり》（平安宮）を北辺に置き、そこから南に延びる朱雀大路《すざくおおじ》（現在の千本通付近）を軸に、東の左京と西の右京に分かれています。

平安初期の嵯峨天皇は、左京と右京にそれぞれ唐風の坊の名称をつけ、やがて唐王朝の東西の都になぞらえ、左京は「洛陽城」、右京は「長安城」とも呼ばれるようになりました。ところが、桂川に面した右京は低湿地のため廃れていきます。

対照的に、家屋が密集する左京は大きく発展しました。やがて左京（洛陽）が中心となった平安京そのものを洛陽と呼ぶようになり、その内外を表す「洛中」「洛外」や、上京を意味する「上洛」などの言葉が使われはじめました。今日では上京《かみぎょう》区、下京《しもぎょう》区、中京《なかぎょう》区と、南区と北区の一部が「洛中」にあたります。

古来の風習が残る市内の住所表記

現在の京都市内は道路が碁盤の目のように直交しています。これは「条坊制」という都市計画の名残です。平安京には東西13本、南北11本の大路が通い、東西の大路で区切られた列を「条」、各条の南北の大路で区切られた区画を「坊」と呼びます。4つの大路に囲まれた坊は、さらに縦横3本ずつの小路で16分割され、この16分の1の区画を「町」と呼びます。平城京にも同様の町がありましたが面積は異なり、平城京の町が隣接する道の幅によって差異があったのに対し、平安京では1町＝120メートル四方と均一でした。さらに、この32分の1が宅地給付の基本単位です。

ところで、京都市内では、「上《あが》る」「下《さが》る」「東入《い》る」「西入《い》る」という住所表記が用いられます。たとえば京都市役所の住所は「京都市中京区寺町通御池上る上本能寺前町488」。これは「寺町通と御池通の交差点を北に進んだ上本能寺前町」という意味です。平安京では大内裏がある北に向かうことを「上る」、南に向かうことを「下る」といい、東西に延びる道では「東入る」「西入る」という表現が使われました。

対照的だった貴族と庶民の生活

平安京の人口は諸説あり時期にもよりますが、およそ12万〜13万人。主な内訳は皇族を含む上級貴族が1600人、下級貴族が3700人、官位をもたない役人が1万5000人、一般庶民が9万人との説があります。

上級貴族は左京の五条大路より北に1町以上の宅地が割り与えられ、寝殿造の邸宅に住んでいました。午前中は大内裏にある中務省《なかつかさ》、民部省などの官庁に出仕し、主に事務作業に従事。午後は和歌や蹴鞠などを楽しんでいたそうです。

貴族が雅《みやび》な生活を送る一方で、庶民の暮らしは必ずしも恵まれたものではありませんでした。彼らは貴族に雇われる形で屋敷内の雑務に従事。病気などで働けなくなると屋敷を追い出され、そのまま死亡するケースも少なくなかったようです。

左京はその後、北野、鴨東《おうとう》、白河まで範囲を広げ、北部は「上京」、南部は「下京」と呼ばれるようになります。市域の拡大は院政期から始まり、それらの地域には天皇・上皇の別邸や、六勝寺《りくしょう》をはじめとする寺院が築かれました。

平安時代は下級貴族や地方官人から転じた武士が台頭し始めた時代であり、平安京ではたびたび武力を伴う豪族の衝突が起こっています。なかでも1156（保元元）年の保元の乱と1159（平治元）年の平治の乱は、藤原氏に代わって平氏が宮中の実権を握る契機となりました。平清盛が拠点とした六波羅（京都市東山区）は、平氏滅亡後には鎌倉幕府の出先機関である六波羅探題が置かれ、以降、平安京には武家地（武家屋敷）も多く見られるようになっていきました。

京を焦土に変えた応仁の乱

平安京の中枢である大内裏はたびたび火災に見舞われ、1227（嘉禄3）年の火災を最後に廃されてしまいます。その後の天皇は藤原家など有力貴族の屋敷で政治を行ないました。この仮の御所を「里内裏《さとだいり》」と呼びます。

南北朝時代初期の天皇である光厳《こうごん》天皇は、里内裏の土御門《つちみかど》東洞院殿《ひがしのとういんどの》（京都市上京区）で即位。以降、明治時代を迎えるまで、この土御門東洞院殿は天皇の正式な御所となりました。現在は京都御苑が置かれています。

鎌倉幕府を倒した足利尊氏は、光厳天皇の弟である光明《こうみょう》天皇を北朝の2代天皇に擁立し、京都に室町幕府を創設。尊氏の邸宅は現在の二条通、御池通、柳馬場《やなぎのばんば》通、高倉通に囲まれた一帯にあり、ここが室町幕府発祥の地とされています。室町（京都市上京区）に御所（室町御所）を移したのは3代将軍・義満で、敷地内の庭園に色とりどりの花が植えられていたことから、室町御所は「花の御所」とも呼ばれました。

室町時代は京都にとって激動の時代であり、なかでも1467（応仁元）年に勃発した応仁の乱は京都の景観を一変させました。

この乱は8代将軍・義政の弟である義視《よしみ》と、義政の嫡男・義尚の後継争いに、細川家や山名家など有力大名の権力争いが結びついたことで大乱に発展。細川家とともに幕府管領を務める畠山家でも内紛が起こり、従兄弟同士の政長と義就《よしなり》が上御霊《かみごりょう》神社（京都市上京区）で激突します。この御霊合戦が引き金となった東軍と西軍の戦いは10年にわたって続き、平安京では3万戸が焼失したと伝わります。

西軍が本陣を置いた大宮今出川（京都市上京区）は、現在「西陣」とも呼ばれています。かつて大内裏で織物をつくっていた職人たちは、戦火を逃れて畿内の各地に避難し、戦後はこの地で織物産業を発展させました。これが西陣織の由来です。

京の復興はこれら商工業者を中心とする町衆がけん引し、1500（明応9）年には合戦で中断していた八坂神社（京都市東山区）の祇園《ぎおん》祭が再開されます。盛大に行なわれる山鉾巡行《やまほこじゅんこう》は、町衆の経済力の表れでもありました。

秀吉のもとで生まれ変わる都

京の復興は織田信長と豊臣秀吉にも引き継がれ、なかでも秀吉の時代には大きな変化が起きています。天下人となった秀吉は大坂城を根拠地とし、当初は皇居も大坂に移すことを考えていました。この構想は実現しませんでしたが、京の町には大規模な改造が施されます。

関白に就任した秀吉は、かつての大内裏の跡地に政庁となる聚楽第《じゅらくだい》を建設。1588（天正16）年には後陽成天皇の行幸を実現させ、その眼前で全国の大名に豊臣家への臣従を誓わせました。その後は甥の秀次に聚楽第と関白の座を譲り、自身は東山連山の南端に伏見城（京都市伏見区）を建造し、太閤として政権運営にあたりました。

また、市街地の周囲には「御土居《おどい》」と呼ばれる堤防が築かれます。これは町を外敵

■豊臣政権下前後の京都市街

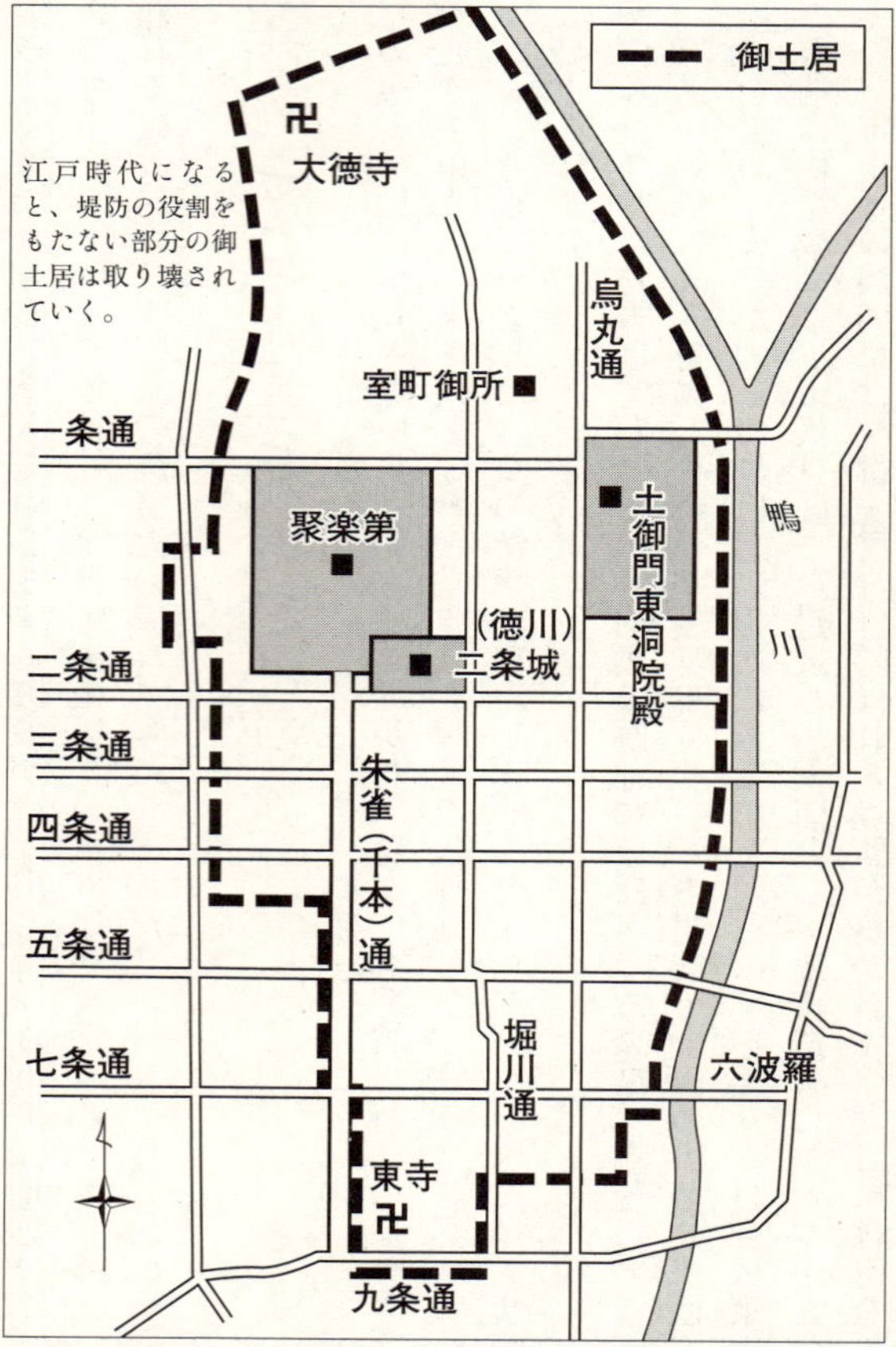

御土居
大徳寺
江戸時代になると、堤防の役割をもたない部分の御土居は取り壊されていく。
烏丸通
室町御所
一条通
聚楽第
土御門東洞院殿
鴨川
(徳川)二条城
二条通
三条通
朱雀(千本)通
四条通
五条通
堀川通
六波羅
七条通
東寺
九条通

京都市 文化市民局文化芸術都市推進室文化財保護課「京都市情報館」HP掲載の史跡 御土居を参考に作成

や鴨川の氾濫から守るためのもので、総延長は約22・5キロメートル。東西は河原町通から中京区西《にし》ノ京円《きょうえん》町まで、南北は南区の東寺から北区紫竹上《しちくかみ》ノ岸《きし》町までがその範囲にあたり、今も御土居史跡公園（京都市北区）などで遺構が見られます。

御土居の建造後はその内側が洛中、外側が洛外と定められました。これには洛の範囲を明確に定めることで、豊臣家の権勢を誇示する目的があったとみられています。

国内有数の観光地から動乱の町に

徳川政権下の京は幕府の直轄地となり、京都所司代の管理下に置かれました。

この時代は経済都市・大坂の発展に伴い、京でも物流面で変化が起こります。代表的な事例は豪商・角倉了《すみのくらりょう》以《い》による高瀬川の掘削です。京と伏見を結ぶこの運河により、淀川を遡上した大坂からの物資を、そのまま船で京の中心部まで運ぶことが可能になりました。河川港である伏見の浜は、京と伏見を往来する高瀬舟、大坂と伏見を往来する過書船《かしょぶね》の基地としてにぎわいました。

また江戸時代は、応仁の乱で焼失した多くの寺院が復興し、南禅寺（京都市左京区）

や仁和寺《にんな》（京都市右京区）、善峯寺《よしみね》（京都市西京区）などが再建されます。江戸後期にはこれら神社仏閣や旧跡を訪ね歩く観光ブームが起こり、曲亭馬琴《きょくていばきん》、司馬江漢《しばこうかん》、貝原益軒《かいばらえきけん》などの文化人・学者が京都観光の様子を書物に著しています。

ところが、こうした泰平の世は1853（嘉永6）年の黒船来航によって終わりを告げ、日本は再び動乱の時代に突入します。全国の大名家は開国と攘夷、それぞれの主張を掲げてしのぎを削り、京の町は暗殺事件が多発する殺伐とした空気に包まれました。

当時の騒動としては、新選組が尊攘派浪士を取り締まった池田屋事件（京都市中京区）、坂本龍馬が遭難した寺田屋事件（京都市伏見区）と近江屋事件（京都市中京区）がとくに有名です。いずれも建物は現存しませんが、寺田屋は明治時代に再建され、現在も旅館として営業しています。

大幅な人口流出からの復活

日本は鳥羽・伏見の戦い（京都市南区、伏見区）に端を発する戊辰戦争を経て明治という新時代を迎えます。政府首脳である大久保利通は、京から大阪への遷都を考えていましたが、財政が逼迫《ひっぱく》していたこともあり、江戸幕府の庁舎がそのまま使える東京への遷都が決まりました。

これまで「京」および「京都」が混在していた地域の呼称も新政府の設立を機に、正式に「京都」と定められます。平安遷都から1000年以上続いた首都としての歴史には、こうして終止符が打たれました。

江戸末期に35万人だった人口が20万人にまで減少するなど、東京への遷都は京都にとって大きな痛手となりました。そこで京都府は「京都策」と呼ばれる都市振興事業に着手。代表的な施策としては、織物や金属加工など伝統工業を中心とする産業促進、内国勧業博覧会の開催、繁華街としての新京極（京都市中京区）の開発などが挙げられます。明治から大正にかけて行なわれたこれら施策の結果、京都市は1935（昭和10）年に人口100万人を突破しました。

京都はほかの国内主要都市と比べて、第二次世界大戦で大規模な空襲に見舞われず、歴史ある神社仏閣や文化財がそのまま残されました。これらは貴重な観光資源であり、今日の京都は日本を代表する観光都市となっています。

神戸《こうべ》

古代から外国に開かれていた山麓の港町

近畿地方の都市の中でも、明治期に築かれた洋風の異人館が立ち並ぶ神戸は、おしゃれな港町のイメージが強い。

しかし、その歴史は古く、古代から畿内の都に近い貿易港として活用され、平安時代の末期には日本の首都になりかけた。幕末に貿易港として開港する以前にも、北海道や沖縄までを結ぶ全国的な海運ネットワークの中心地として栄えた。１５００年以上もの歴史をもつ港湾都市が秘める数々のエピソードをたどってみよう。

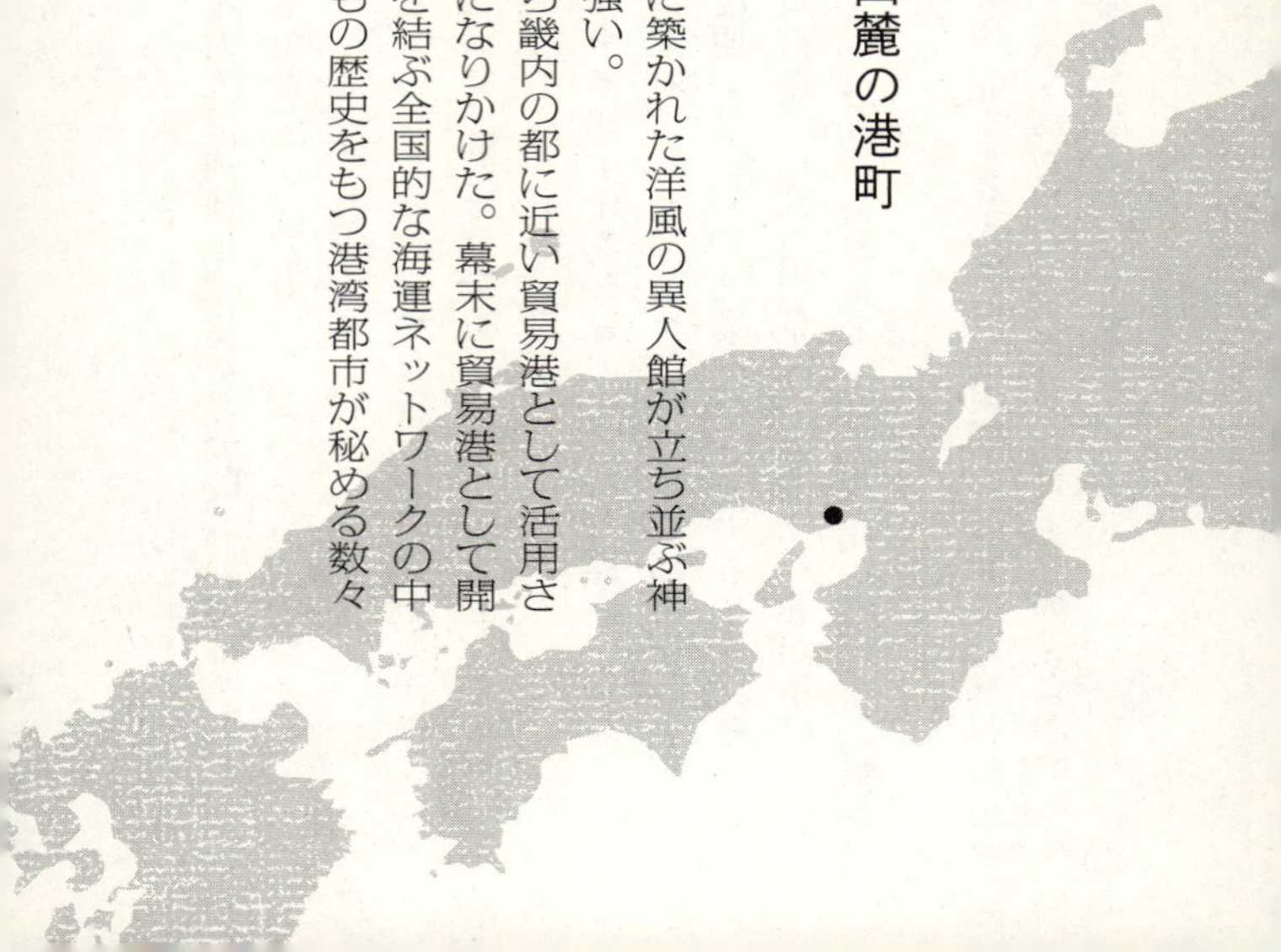

六甲山地とともに生まれた天然の良港

神戸市といえば、北海道函館市、神奈川県横浜市、長崎県長崎市と並んで「洋風のハイカラな港町」というイメージで知られています。この4都市はいずれも港湾と山地が近接していますが、とりわけ神戸市は、背後に標高1000メートル近い六甲山地が東西に広がっています。

現在の神戸市周辺は、約100万年前からたびたび地殻変動がくり返されて六甲山地が隆起。山地から流れ出た土砂が市街地の土台をつくり、「阪神タイガースの歌」で有名な六甲おろし（上から吹き下ろす風）が吹く土地が生まれました。

港湾に面した六甲山地の南斜面は、階段状にでこぼこしています。これはたび重なる地殻変動でいくつも断層ができたためです。こうした断層は今も不安定で、有史以来、大きな地震をたびたび引き起こしてきました。

神戸はこの六甲山地と東部の和田岬によって冬期以外は強い風がさえぎられ、さらに湊川《みなと》の河口では土砂の堆積によって水底に小山のような地形が形成されたため、大きな波が入ってきません。このため、古くから船の停泊に適した港でした。加えて、過去の地殻変動で六甲山地が隆起したのとは反対に、海側は深く沈み込んだため水深もあり、近代以降には大型船の停泊に有利となります。

平氏の最盛期に首都になりかけた!?

先に触れた函館、横浜、長崎と比べると、神戸は都があった畿内に近いため、古代から西日本各地の荘園からの物資輸送や大陸の王朝との外交に活用されてきました。『古事記』や『日本書紀』によれば、3～4世紀ごろ神功皇后《じんぐう》が朝鮮半島に遠征した折「務古《むこ》の水門《みなと》」を利用したそうです。この「務古」は「武庫」「六児」などとも記され、現在の神戸市と重なる武庫川から生田川の一帯のことです。この地名は、朝廷のある畿内から見て「向こう」だったことに由来するとされ、ここから転じて後年には「六甲」という字があてられます。

神功皇后は帰国後、生田《いくた》神社を築いたと伝えられます。神社に税を納める住民を「神戸《かんべ》」と呼びますが、生田神社の神戸だった集落は平安時代に「神戸郷」という地名になりました。これは中世には「紺部」「上部」とも記されましたが、江戸後期に神戸と書いて「こうべ」と読むことが定着しました。

8世紀に成立した『万葉集』には、当時の神戸の港は「敏馬《みぬめ》の浦」と呼ばれ、多くの船が行き交っていたことを示す和歌が収められています。

平安末期には、中国の宋王朝との貿易に力を入れた平清盛が、1161（応保《おうほう》元）年から現在の神戸市兵庫区に大輪田泊《おおわだのとまり》を整備しました。このとき東南からの波風を防ぐ防波堤として築かれたのが、人工島の「経《きょう》が島」です。その名は人柱の代わりにお経を書いた岩を埋めたことに由来し、広さは約650メートル四方もあったそうです。今も築島《つきしま》水門の近くには、経が島の工事に使われた巨石が残っています。

この頃、清盛をはじめとする平氏の有力者は大輪田泊に接する福原に居を構えました。さらに、1180（治承4）年、清盛は福原京を造営して遷都しますが、源氏の挙兵など平氏への反発の高まりを受けて、約半年で京都への帰還を余儀なくされました。なお、未完成となった福原京は、東は宇治川から西は妙法寺までの範囲と想定されています。

鎌倉時代に入ると、大輪田泊は「兵庫津」と呼ばれ、引き続き九州や四国など西日本各地からの物資の荷揚げ港として活用されます。さらに室町中期には、足利義満が始めた日明貿易の拠点となり、朝鮮や琉球の商船が来港しました。

米が大量に荷揚げされた兵庫津

中世には有力寺社が多くの所領を支配していましたが、1308（延慶《えんきょう》元）年には、伏見上皇が兵庫津を東大寺に寄進します。

奈良の東大寺と興福寺は兵庫津の南北にそれぞれ関所を設置し、入港する船舶から通行税を徴収しました。東大寺が記録した『兵庫北関入船納帳』によれば、1445（文安2）年の1年間に日本各地、106カ所から約2000隻もの船が兵庫津に入港し、米や塩、材木、鉄など、64品目にも及ぶ積荷が取引されていたことがわかっています。

しかし、1467（応仁元）年に応仁の乱が起こると、細川勝元の率いる東軍と山名宗全の率いる西軍の衝突によって兵庫津は壊滅状態となりました。それ以降は戦国時代を通じて堺津が国際貿易港として発展していきます。

1580（天正8）年には、織田信長から摂津の支配権を与えられた池田信輝《いけだのぶてる》が現在の兵庫区切戸町《きれと》に兵庫城を築きました。江戸幕府の成立後、兵庫津は尼崎藩《あまがさき》の所領を経て幕府領となり、幕府派遣の奉行が城下を治めます。

江戸時代には、伊勢出身の河村瑞賢《かわむらずいけん》が西廻り航路を開拓し、兵庫津は再び日本有数の港湾都市に返り咲きます。それまで、東北の日本海側で収集された米などは越前《えちぜん》（現在の福井県）で荷揚げし、陸路で上方へ輸送されていました。しかし、西廻り航路は一貫して海路を使い、瀬戸内海を通って兵庫津に荷揚げします。荷の集まる兵庫津は大いににぎわいました。

この頃、兵庫津で活躍した大商人が、北風七兵衛《きたかぜしちべえ》らの北風家です。北風家は入港した荷主や船頭を無料で自宅に泊めるなどして厚くもてなし、慕われました。

北風家が扱った商材のひとつが、上方から江戸に運ばれた「下り酒」です。神戸の上灘など「灘五郷《なだごごう》」では、江戸中期から酒造りが盛んになりました。これは近隣で良質な米と水が確保できたことに加え、六甲山から流れる宮川や住吉川などに水車を利用した精米小屋が多く築かれたことが影響しています。灘の酒造家の酒蔵は、六甲おろしが窓から吹き込むように設計し、空調に役立てていました。幕末には、江戸に入る酒樽の実に6割が神戸から来ていたそうです。

江戸後期になると、高田屋嘉兵衛が兵庫津を拠点にして蝦夷地《えぞち》（現在の北海道）と上方を結ぶ航路を開拓し、昆布をはじめ海産物の取引で大いに利益を上げました。

兵庫津ではなく神戸が開港された理由

幕末の1858（安政5）年、幕府はアメリカ、イギリス、ロシア、フランス、オランダと修好通商条約を結びます。各国は神奈川や長崎とともに畿内の開港を求めましたが、開国に乗り気でない幕府は畿内の商業の中心である大坂を避けました。そこで兵庫津の開港が決まりますが、すでに人口密集地であった兵庫津に新たな交易施設を築くのは難しく、住民と外国人の接触も避けたかったため、兵庫津の東にあった人口の少ない神戸村に新たな港と外国人居留地が築かれました。

1868（慶応3）年に兵庫開港が行なわれますが、これは実質的に神戸開港でした。このとき、湊川を境にして西を「兵庫港」、東を「神戸港」と定めましたが、市が発展した後年にはひとまとめに神戸港となります。

■現在の神戸市周辺の地形（上）と明治初期の神戸（下）

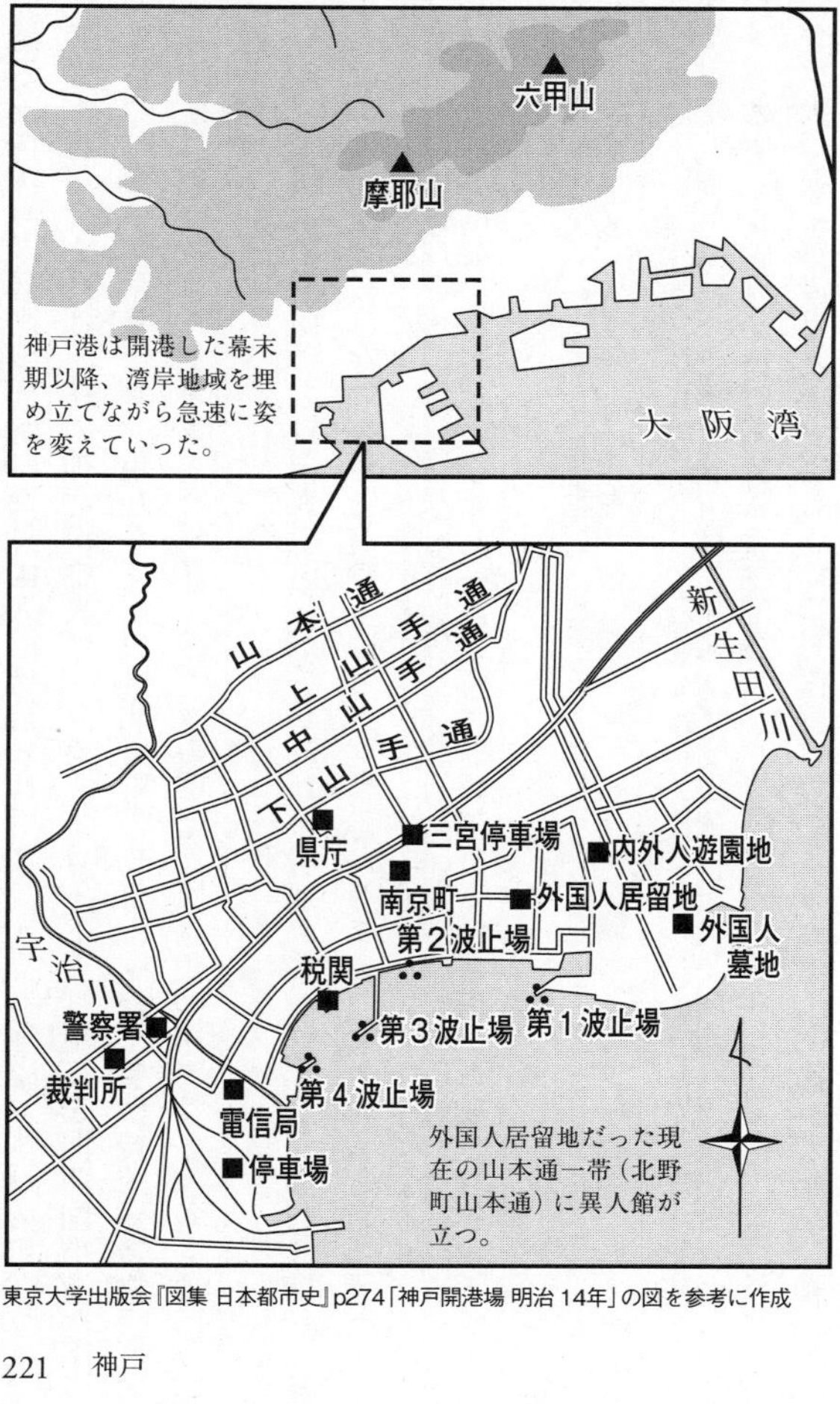
六甲山
摩耶山
神戸港は開港した幕末期以降、湾岸地域を埋め立てながら急速に姿を変えていった。
大阪湾
山本通
上山手通
中山手通
下山手通
新生田川
県庁
三宮停車場
内外人遊園地
南京町
外国人居留地
外国人墓地
第2波止場
宇治川
税関
第1波止場
第3波止場
警察署
裁判所
第4波止場
電信局
停車場
外国人居留地だった現在の山本通一帯（北野町山本通）に異人館が立つ。

東京大学出版会『図集 日本都市史』p274「神戸開港場 明治14年」の図を参考に作成

開港の前後から、区画整理された外国人居留地には、洋館が立ち並ぶ異国風の町並みができました。これは現在の神戸市中央区、フラワーロードと鯉川《こいかわ》筋と旧西国街道に囲まれた一帯にあたります。現在も、中央区北野町の一帯は国の重要伝統的建造物群保存地区に指定され、ドイツ人貿易商トーマスの邸宅（風見鶏の館）など、多くの異人館が残っています。

さらに、居留地の西側にも外国人の居住が許された雑居地が築かれます。これは横浜などほかの開港地にはない神戸特有のもので、居留地からあふれた外国人と日本人が混在する地域になりました。修好通商条約の対象に含まれなかった中国の清王朝の人々は居留地ではなく雑居地に集まり、「南京町《なんきんまち》」と呼ばれる中華街が形成されます。

空襲と震災からの復興

神戸港は、開港後も大型船に対応した桟橋《さんばし》や台風に耐えうる波止場がありませんでした。そこで、兵庫県庁に雇われた英国人ジョン・マーシャルが、１８７３（明治6）年に大規模な築港計画を立案します。日露戦争後の１９０５（明治38）年、元神戸税関長の水上浩躬《みなかみひろみ》が神戸市長に就任して以降、マーシャルの構想をもとに、鉄筋コンクリート製の大型ドックなどが本格的に整備されていきます。

神戸港は、明治末期には、上海、シンガポールとともに東洋で最大級の貿易港となります。しかし、重要な港湾都市だけに、第二次世界大戦の勃発後は、何度も空襲がくり返され、1945（昭和20）年6月の神戸大空襲では市の東半分が全壊しました。野坂昭如の小説『火垂るの墓』は、この大空襲を題材にしています。

高度経済成長期に入ると、海沿いの狭い平地を広げるため、背後にそびえる六甲山地の土砂を削って利用した埋め立てが進められました。1981（昭和56）年には巨大な人工島ポートアイランドが完成、続いて六甲アイランドがつくられます。

しかし、1995（平成7）年1月、マグニチュード7・3の兵庫県南部地震（阪神淡路大震災）が襲います。神戸市は明治以降に湿地を埋め立てた土地が多く、地盤が弱かったため、25万戸以上が被災しました。

震災によって生田神社や旧外国人居留地の異人館などたくさんの貴重な文化財が被災しましたが、神戸市によって修復されました。

こうして立ち直った神戸市は、2017年に開港150周年を迎えます。

広島

河口の砂州から発展した瀬戸内海の要衝

―ひろしま―

原子爆弾によって壊滅的な被害に遭いながらも、市民の努力によって飛躍的な復興を果たした広島。その歴史は、瀬戸内海に注ぐ太田川の治水と干拓の積み重ねだった。

多くの河川があり水運に恵まれた広島は、戦国時代に毛利氏が河口を干拓して広島城を築き、江戸時代には瀬戸内海きっての商業都市になった。明治維新後は中国地方における陸軍の拠点として栄えた。三角州に広がる「水の都」は、どのようにして築き上げられたのか。

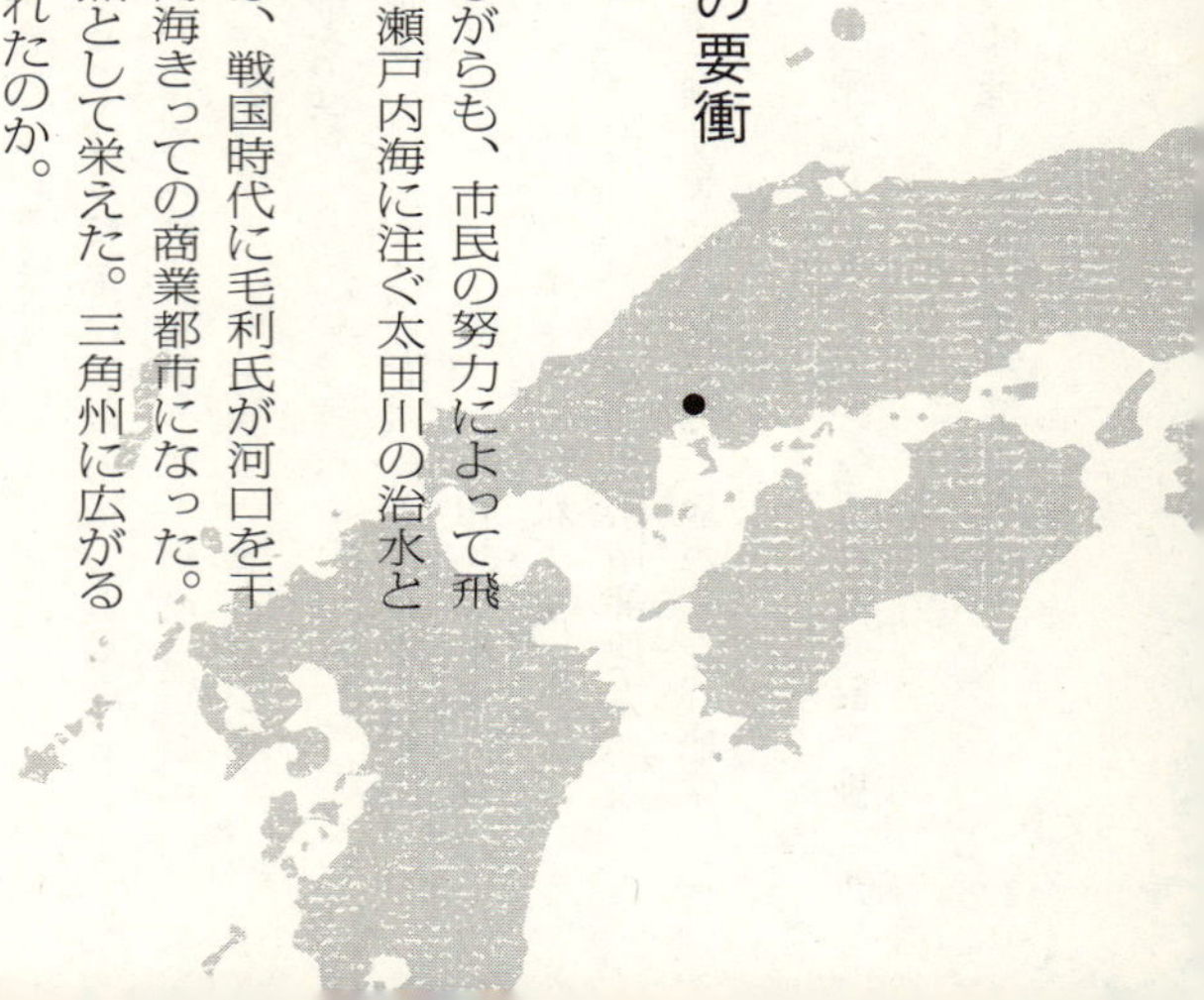

いくつもの河川が流れる「水の都」

広島市を航空写真で見ると、太田川とそこから分流した天満《てんま》川、元安《もとやす》川、京橋《きょうばし》川、猿猴《えんこう》川などの複数の河川が広がり、まさに「水の都」というイメージです。日本の大都市の中でも、広島市の地形は、複数の河川の河口に堆積した土砂によって形成された三角州（デルタ）の典型例といえます。

４００年ほど前まで、原爆ドームがある広島市中区大手町のあたりまでは、ほぼ海で、南区にある標高約70メートルの比治《ひじ》山は小島でした。

律令時代の安芸《あき》国府は、広島市の中心より東の府中町にあったと推定されています。平安中期には、太田川が内陸と沿岸を結ぶ水運に活用されるようになりました。現在の広島市安佐南《あさみなみ》区の山本周辺には、厳島神社が所有する荘園で収穫された物資を集積する倉敷地があったそうです。

１２２１（承久３）年に起こった承久の乱で軍功をあげた武田信光は安芸の守護職に就き、現在の安佐南区の武田山に佐東銀山《さとうかなやま》城を築きます。標高４１１メートルの山頂にあったこの城は、水上交通の要衝となる太田川と、陸上交通の要衝となる山陽道を押さえる場所にありました。城下には市が立ち、安芸の中心は次第に広島市の位置に移っていきます。

16世紀中期には、毛利氏によって安芸武田氏が滅ぼされました。この時期になると、太田川の河口では上流から運ばれてきた土砂によって三角州地帯が拡大し、多くの漁民が住む土地になっていました。

城下が三角州のひとつにあった!?

武田氏に代わって安芸を支配下に置いた毛利氏でしたが、毛利元就の孫にあたる輝元の代に豊臣氏に臣従します。

天下統一が進んだこの時期において、城の役割は戦闘の際に立てこもる要塞というよりも、人が集まる都市の中心に変わりつつありました。毛利氏はもともと現在の安芸高田市の山中にあった吉田《よしだ》郡山《こおりやま》城を拠点としていましたが、この城があった吉田盆地は手狭で、城下町を築くのには不向きでした。その点、太田川の河口は河川による内陸との水運にも便利で、瀬戸内海に面しているため、海路で畿内に出やすいという大きなメリットがありました。

そこで、毛利輝元は1589（天正17）年、五ケ村と呼ばれた、太田川の三角州で最も広い島の高台に新たな城を築くことにしました。以降、この地は「広島」と呼ばれるようになります。城の周辺は埋め立てられ、銀山城のあった佐東の周辺などから建設資材のため大量の材木が集められました。

こうして2年後に完成したのが広島城です。太田川とその分流を城の外堀とし、内堀として開削された運河の西堂《せいとう》（塔）川によって、武士の居住区と町人の居住区を区分しました。築城時に資材運搬のため開削された運河の平田屋《ひらたや》川は、その後も長らく城下での水運に活用されましたが、第二次世界大戦後の1956（昭和31）年に埋め立てられ、現在は並木通りに姿を変えています。

瀬戸内海と日本海を結んだ雲石街道

1600（慶長5）年の関ヶ原の戦いで、毛利輝元は西軍の総大将を務めました。

そして西軍の敗戦後、毛利氏の所領は周防《すおう》・長門《ながと》（現在の山口県）の2カ国のみになり、豊臣恩顧の武将・福島正則が広島城の新たな主となります。

正則は城下町を拡張するとともに、京都から下関までを結ぶ西国街道（山陽道）を城下の中心に引き込みました。広島城下町は、もともと城の正門に至る縦軸の大通りを中心に町割が形成されていたのですが、これ以降は次第に横軸となる西国街道を中心に町割が再編されていきます。

また、現在の中区堺町1丁目には、西国街道から出雲石見《いずもいわみ》街道（雲石路）への分岐点がありました。出雲石見街道は広島から中国地方を縦断して山陽と山陰を結び、出雲（現在の島根県）の松江城下に至ります。松江の手前にある出雲大社への参詣道に使われたほか、一部は石見大森銀山からの運搬路としても活用されました。

低湿地の太田川河口は昔から洪水が絶えない土地でした。1617（元和《げんな》3）年には、大洪水のため広島城の石垣や櫓《やぐら》が損壊します。翌年から城の改修が行なわれましたが、正則は幕府の許可を得ずに工事を行なったため、安芸と備後《びんご》の領地を没収されてしまいます。1619（元和5）年には、新たな広島城の主として、紀伊和歌山藩を治めていた浅野長晟《あさのながあきら》が着任しました。

■江戸中期の広島城周辺図

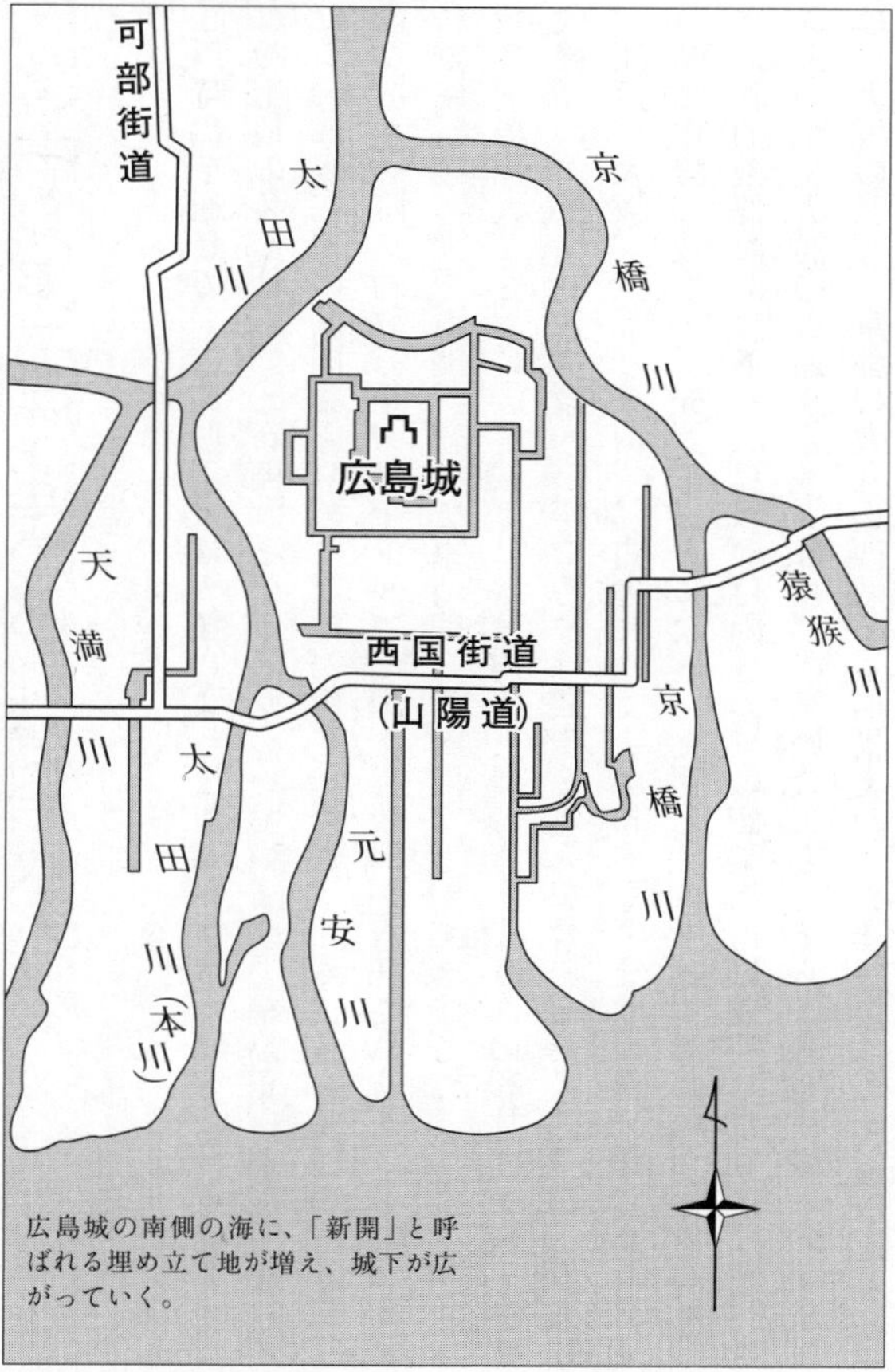
可部街道
太田川
京橋川
広島城
天満川
西国街道
(山陽道)
猿猴川
京橋川
太田川(本川)
元安川
京橋川
広島城の南側の海に、「新開」と呼ばれる埋め立て地が増え、城下が広がっていく。

広島城蔵『広島城下町絵図』を参考に作成

埋め立てとともに進められた治水

江戸時代を通じて、広島城下では干拓によって町域が拡大します。干拓で新しく開かれた土地の多くは「〇〇新開《しんかい》」という名がついています。福島正則が城主を務めていた当時は現在の中区国泰寺町のすぐ南が海でしたが、1634（寛永11）年にはその南に広さ45町（約45万平方メートル）の国泰寺《こくたいじ》新開が干拓されます。さらに、城の東に蟹屋《かにや》新開、大須新開、続いて東新開、西新開などができました。

新開地の拡大とともに広島城下には藩内や近隣からたくさんの移住者が流入。江戸時代後期の1820（文政3）年ごろには武士と町人を合わせた人口は約7万人に及び、江戸、大坂、京都、金沢、名古屋に次ぐ大都市となります。江戸中期からは綿などの商品作物の栽培と、売買が盛んになり、九州と畿内を結ぶ瀬戸内海航路の中間という地理的条件もあって、広島は瀬戸内きっての商業都市に成長しました。

幕末の頃、広島の人通りの多さは京都の祇園会にもなぞらえられ、城下の藤屋呉服店は、大坂の三井、京都の大丸に匹敵する店構えだったそうです。

干拓と並ぶ広島城下の課題は太田川の治水でした。正則の統治下では、城の周囲に複数の堤防が築かれます。現在の東区牛田《うした》では堤防を頑丈にするため、村人を集めて踏み固めさせました。

城主が浅野氏に代わって以降も、堤防が拡充されたほか、土木工事によって太田川とそのほかの河川が直線的に直されています。さらに、太田川の流域では土砂崩れが起こりやすい山林での伐採を制限、川筋の要所には洪水の際、水の勢いを押し留めるための植林も行なわれました。

中国地方の内陸では、たたら製鉄のため、水流で岩石を破砕して砂鉄を採取する鉄穴《かんな》流しが盛んに行なわれていましたが、太田川の川底に土砂がたまってしまうのを防ぐため、1628（寛永5）年には禁止されます。

18世紀前半ごろになると、町人によって太田川の川底に堆積した土砂を取り除く作業が行なわれるようになりました。

治水の改良は近代以降も続き、1967（昭和42）年には、昭和初期から工事が進められていた太田川放水路が完成します。これにより、太田川の分流の山手川と福島川が統合され、大雨による大量の増水にも対応できるようになりました。

臨時の大本営と帝国議会が置かれた⁉

明治維新後、広島城には広島県庁が置かれました。しかし、1873（明治6）年には、中国・四国地方の陸軍を統括する広島鎮台として使われるようになり、県庁は水主町《かこ》（現在の中区加古町）に移転します。

太田川の河口は土砂が堆積して水深が浅いため、広島には本格的な外港がありませんでした。しかし、県令（知事）として赴任した千田貞暁《せんださだあき》は、巨額の予算と人員を投じて宇品《うじな》新開を干拓し、1889（明治22）年に宇品港を築きます。

この5年後に日清戦争が勃発すると、開通したばかりの山陽鉄道広島駅と宇品港を結ぶ宇品線がわずか2週間で敷設され、宇品港は陸軍の兵站《へいたん》基地として活用されます。日清戦争中は広島城に大本営が置かれて明治天皇をはじめとする政府要人が集まり、臨時の帝国議会が開かれるなど実質的に臨時の首都となりました。

以降も引き続き、広島では陸軍第5師団の司令部が置かれ、軍事輸送のための労働者などが集まり、昭和の初めまで、陸軍とともに広島の町は発達していきました。

一方、広島湾に浮かぶ江田島には海軍兵学校が置かれ、江田島の対岸にある呉《くれ》は、東洋では最大級となる軍用の造船所を備えた軍港となります。

発展を遂げた広島市ですが、第二次世界大戦末期の1945（昭和20）年8月6日、原子爆弾が投下され、一瞬にして焦土と化しました。当時あった7万6000戸の家屋の92％が半焼・半壊以上の被害を受けたうえ、爆心地には強い放射線が残留し、同年中だけで約14万人が死に至っています。

戦後は資金が乏しいなか、市長・浜井信三の働きかけで広島平和記念都市建設法が成立し、国から補助を受けます。復興計画には建築家の丹下健三らが関わり、市中心には防火帯を兼ねた幅100メートルの「平和大通り」がつくられました。

もうひとつの復興のシンボルが広島東洋カープです。市民から資金を集めて運営される異例の球団として誕生し、大正時代から広島市に本社を置いていたマツダ自動車が大きなスポンサーとなります。ちなみに、終戦直後の約1年間は、マツダの工場に臨時の県庁が置かれていました。

市の再建後も、爆心地にあった原爆ドーム（旧広島産業奨励館）は戦災遺跡として残され、1996（平成8）年には世界文化遺産に登録されました。

鞆の浦《とものうら》

潮の境目として栄えた小さな港湾都市

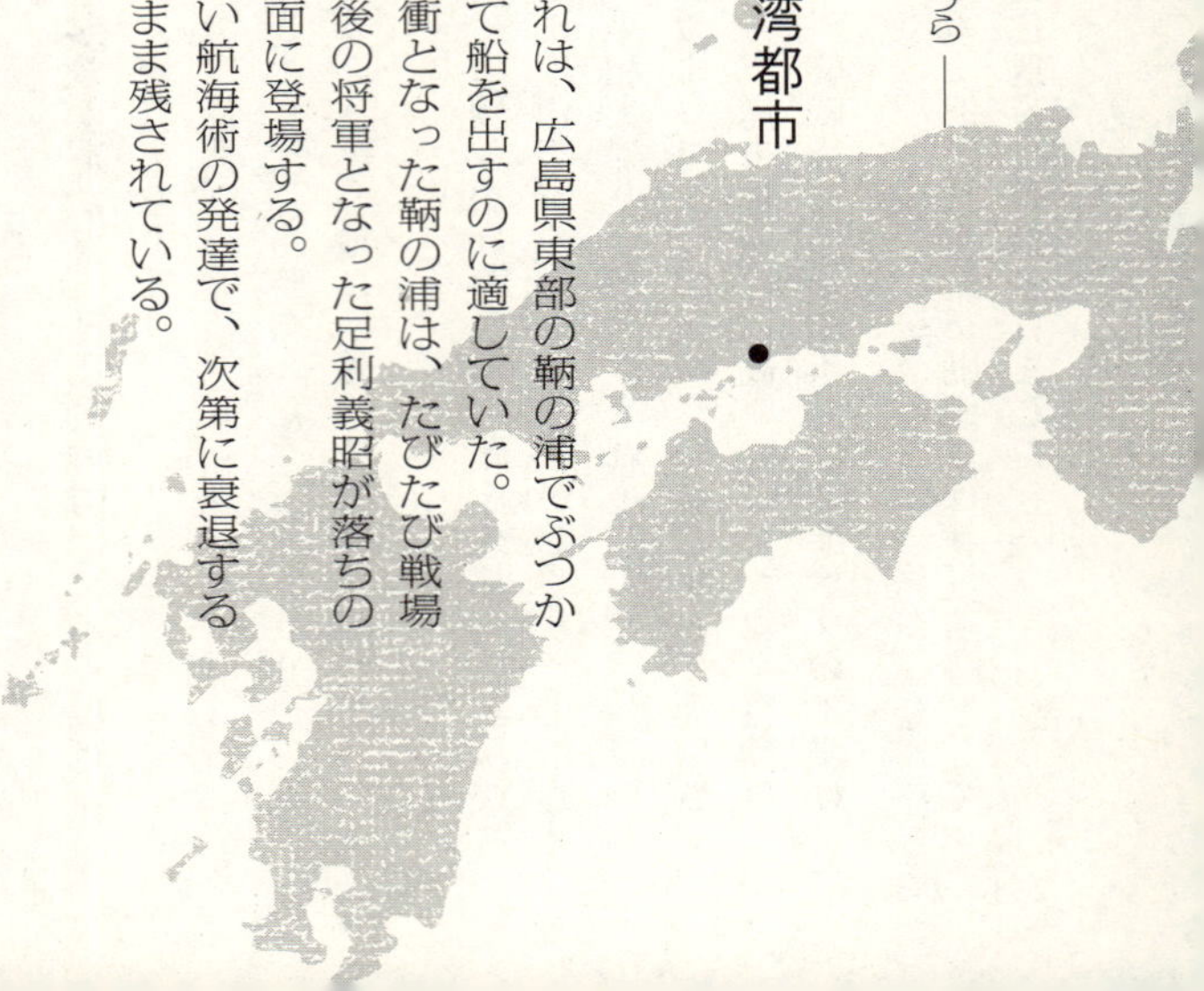

東西から瀬戸内海に流れ込む潮の流れは、広島県東部の鞆の浦でぶつかり合う。このため鞆の浦は潮流に乗って船を出すのに適していた。

古代から畿内と九州を結ぶ海路の要衝となった鞆の浦は、たびたび戦場にもなった。戦国末期には室町幕府最後の将軍となった足利義昭が落ちのびてくるなど、日本史のさまざまな場面に登場する。

江戸時代の後期以降は潮流に頼らない航海術の発達で、次第に衰退するが、鞆の浦には往時の風景が今もそのまま残されている。

瀬戸内海の「潮待ち」の港

近代以前の日本は馬車が発達せず、貨物輸送には陸路よりも海路が重宝されました。畿内と九州を結ぶ瀬戸内海には海運の要衝として発達した町が少なくありません。広島県福山市にある鞆の浦もその代表例です。

鞆の浦は沼隈《ぬまくま》半島の先端に位置し、平地は極めて狭くて大きな河川もなく、本来なら都市を築くのには不向きな地形です。しかし、瀬戸内海では、満潮時に東の紀伊水道と西の豊後《ぶんご》水道の双方からの潮流がぶつかり合い、逆に干潮時には東西へと潮流が流れ出す場所でした。このため、潮の流れに乗って船を出すのに都合のよい鞆の浦は、古くから「潮待ち」の港として活用されてきました。

『古事記』と『日本書紀』によれば、古代に神功《じんぐう》皇后が朝鮮半島に出兵した折にも鞆の浦に立ち寄ったと伝えられます。8世紀に成立した『万葉集』には、大納言にもなった大伴旅人《おおとものたびと》が鞆の浦の風景を詠んだ和歌が収められています。

806（大同元）年には、伝教大師こと最澄が、鞆の浦で最初の寺院となる静観《じょうかん》寺を開きました。以降、この寺は平安時代から戦国時代まで数々の戦乱によって幾度となく焼き払われますが、現在も福山市鞆町後地《うしろじ》に存続しています。このほか、平安時代には僧侶の空也《くうや》が創建した福禅寺など、さまざまな寺院が建てられました。

室町幕府の成立と終焉に関わった!?

1336（建武3）年、のちに室町幕府初代将軍となる足利尊氏は、後醍醐天皇に味方する新田義貞《にったよしさだ》・楠木正成《くすのきまさしげ》らの攻撃を受けて京都を脱出。西国を転戦後、鞆の浦で光厳《こうごん》上皇から義貞追討の院宣《いんぜん》をとりつけ、京都を奪還して幕府を開きました。

その後の南北朝の争いで鞆の浦はたびたび戦場となり、現在の福山市鞆町鞆《ともちょうとも》にある円福寺の場所に南朝方が大可島《だいかしま》城を築きました。当時ここはその名の通り島で、南朝が解消されたのちは、村上水軍の拠点のひとつになります。室町中期になると、鞆の浦は中国の明王朝との交易の中継地としても活用されました。

戦国末期、15代将軍・足利義昭は、織田信長に京都を追われたのち、1576（天正4）年に鞆の浦に落ちのび、安芸を支配下に置く毛利輝元の保護を受けます。義昭は6年間にわたってこの地で京都の奪還と信長の打倒を謀りました。この時期の足利政権は「鞆幕府」とも呼ばれます。

義昭は一時、静観寺に居を構え、鞆幕府の副将軍となった輝元は大可島城があった場所より少し内陸に築いた鞆要害を拠点にします。ところが、ほどなく将軍の権力は有名無実と化してしまいました。

余談ですが、毛利氏によって滅ぼされた尼子《あまご》氏の忠臣として知られる山中幸盛《やまなかゆきもり》（山中鹿介）は、討ち取られたのちに、その首が鞆の浦にいた輝元と義昭のもとに送られました。現在、静観寺の門前には首塚があります。

朝鮮からの賓客も絶賛した名勝

関ヶ原の戦いの後、毛利氏に代わって安芸を統治したのは、豊臣恩顧の武将・福島正則です。鞆要害を拡充した鞆城を築き、大可島城一帯を埋め立てて地続きにしました。鞆城は3層3階という立派なものでしたが、江戸幕府が公布した一国一城令により廃城になります。現在は石垣や石塁のみが残り、城のあった場所には鞆の浦歴史民俗資料館が立っています。

鞆城は短命だったものの、江戸初期には小規模ながら城下町が整備され、原町、石井町、関町、道越《みちごえ》町、江浦町、鍛冶《かじ》町、西町の7つの町の原型が成立したとみられています。さらに、東西からの海流がぶつかり合う地であることを生かした大規模な鯛網漁が盛んになりました。

海運の要衝として多くの人々が出入りする鞆の浦には、遊郭もありました。正則が改易されたのち福山藩主となった水野勝成《みずのかつなり》は、鞆の浦を巡回したとき遊郭に立ち寄ったともいわれています。また、勝成は、かつて豊臣秀吉が伏見城に築いた能舞台を鞆の浦に移築しました。これは現在も沼名前《ぬなくま》神社にあります。

朝鮮国王が江戸に派遣した朝鮮通信使一行も、鞆の浦を中継地として利用しました。元禄年間の1690年ごろ、鞆町鞆にある福禅寺には、本堂に接した客殿が築かれ、通信使の宿泊に使われます。1711（正徳元）年に来日した通信使の従事官の李邦彦《イパンオン》は、瀬戸内海に浮かぶ弁天島や仙酔《せんすい》島を見下ろす客殿からの展望を「日東第一形勝」と誉めたたえ、さらに1748（寛延元）年に来日した正使の洪啓禧《ホンゲヒ》は、この客殿を「対潮楼《たいちょうろう》」と名づけました。

■瀬戸内海の海流（上）と江戸後期の鞆の浦市街（下）

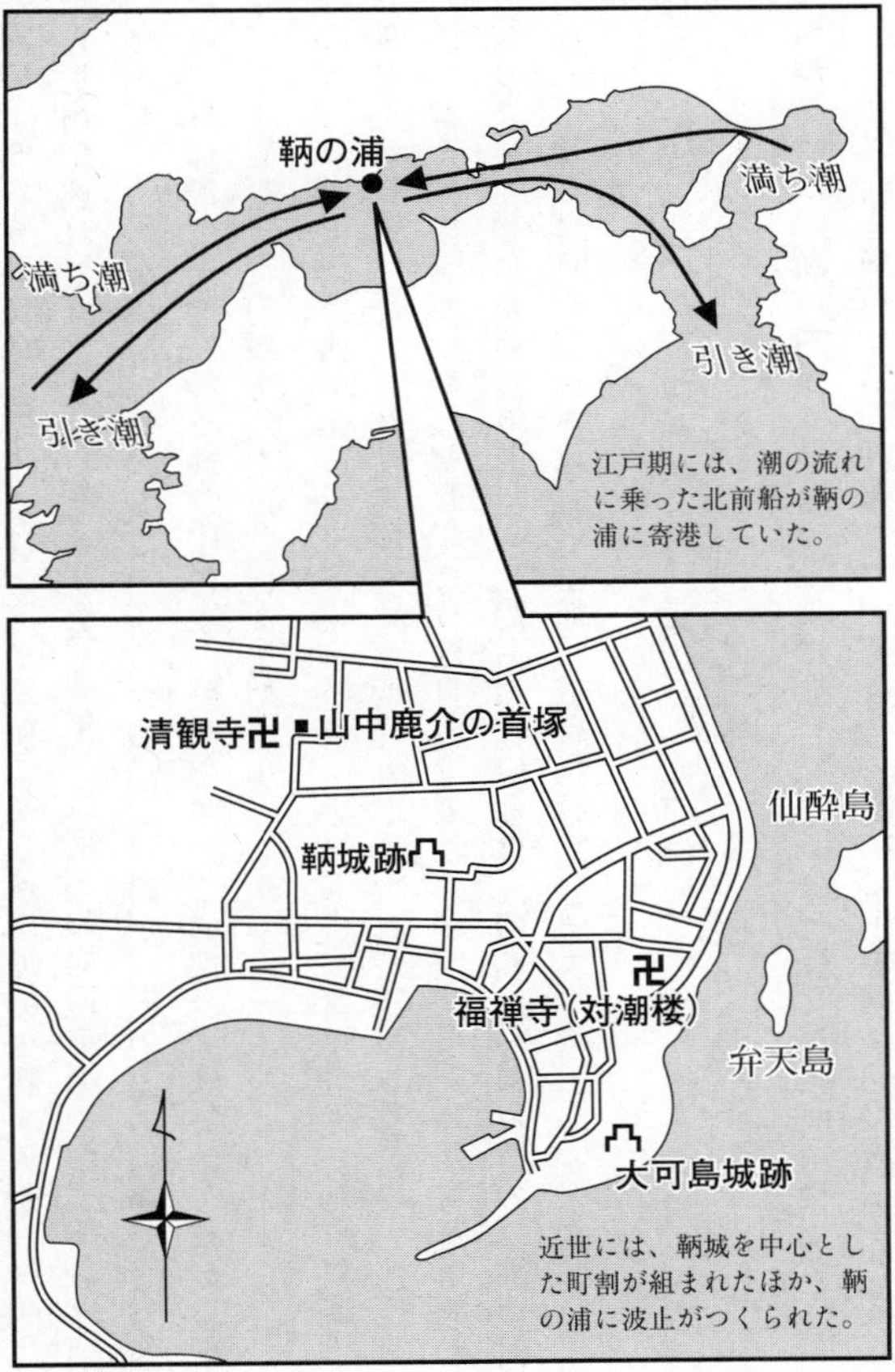
鞆の浦
満ち潮
満ち潮
引き潮
引き潮
江戸期には、潮の流れに乗った北前船が鞆の浦に寄港していた。
清観寺卍
■山中鹿介の首塚
仙酔島
鞆城跡
卍
福禅寺（対潮楼）
弁天島
大可島城跡
近世には、鞆城を中心とした町割が組まれたほか、鞆の浦に波止がつくられた。

幕末の1863（文久3）年には、三条実美《さんじょうさねとみ》ら尊皇攘夷派の公卿7人が一時的に京都から長州に逃れてきます（七卿落ち）。翌年、京都への帰還を図った三条らは鞆の浦に宿泊して方針を協議。このとき三条らが宿泊したのが、鞆の浦の名物で漢方薬を漬けた「保命酒」をつくっていた中村家の屋敷です。この保命酒はアメリカから来日したペリー提督一行の接待にも出されました。

1867（慶応3）年には、鞆の浦の沖合で、坂本龍馬の率いる海援隊が所有する蒸気船「いろは丸」が、紀州藩の所有する明光丸《めいこう》と衝突して沈没しました。龍馬らは鞆の浦に留まって賠償の交渉をし、これは日本で最初の国際法に則った海難事故の審判となります。事件から100年以上のちに、いろは丸の船体と積み荷の一部は引き揚げられ、現在は鞆町のいろは丸展示館に収蔵されています。

『崖の上のポニョ』の風景のモデルに

江戸後期には、瀬戸内海では潮の流れに乗って沿岸を航行する「地乗り」よりも、島づたいに沖合を航行する「沖乗り」が普及し、次第に小規模な鞆の浦よりも尾道の港が活用されるようになっていきました。とりわけ明治期以降は、鉄道などの陸上交通網も発達したため、鞆の浦の重要性は低下します。

ところが、鞆の浦は発展から取り残された結果、古い街並みが多く残ることになりました。七卿落ちの公卿らが利用した太田家（旧中村家）住宅などの町屋と路地は、江戸時代から現在に至るまでほとんど変化がありません。また、近代以前の港で使われた常夜灯、雁木《がんぎ》、波止場、焚場《たでば》、船番所がそろって現存しています。

1983（昭和58）年には広島県によって、交通混雑の解消などを目的に鞆港の埋め立てと、湾内を横断する大型橋の建設が計画されました。そこで、景観の維持などの観点から工事の反対を求める住民による行政訴訟が起こります。最終的に広島地裁は、住民の訴えに基づいて鞆の浦の景観を「国民の財産というべき公益」と認めました。これを受けて広島県は、2016（平成28）年2月に工事の取り止めを発表し、鞆の浦の歴史ある美しい風景は維持されることになりました。

アニメ監督の宮崎駿は、鞆の浦の地を非常に気に入り、2005（平成17）年には2か月ほど滞在して映画『崖の上のポニョ』の構想を練りました。内海の小さな港町を舞台にしたこの作品には、少なからず鞆の浦のイメージが反映されています。

山口

―やまぐち―

「西の京」と謳われた大内家の都

今日では大都市と呼べない山口だが、京都と並ぶ先進都市であった時代がある。その繁栄は大内家によってもたらされ、京都を模した城下では「大内文化」が花開いた。

東アジア諸国との交易にも精力的だった大内家は、莫大な財力と強権を誇ったが、やがて重臣の謀反を機に滅亡する。代わって防長2国を支配した毛利家は、幕末に萩から山口に政庁を移し、この地で倒幕の御旗を掲げることになった。

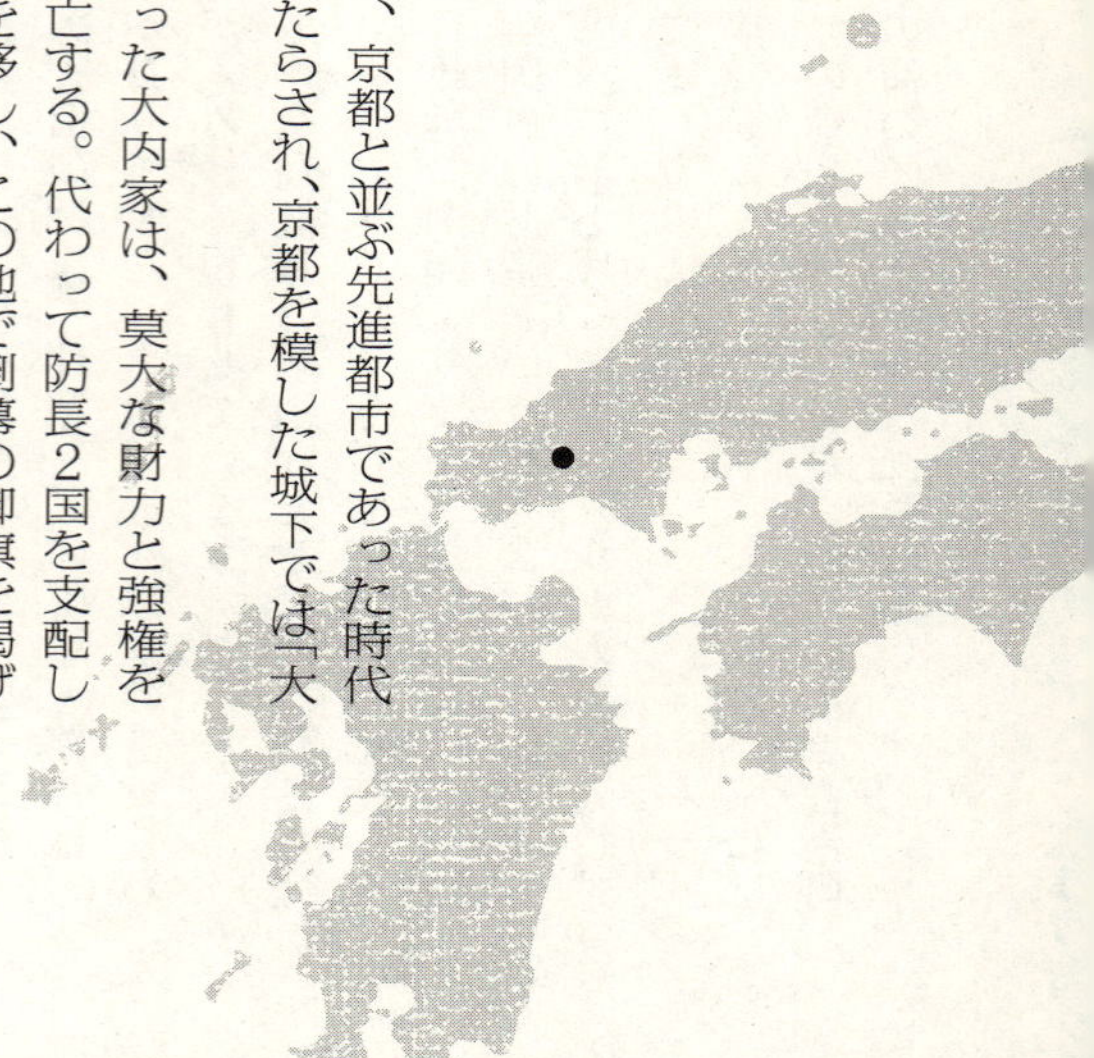

京文化にあこがれた大内氏中興の祖

現在の山口市は県庁所在地でありながら、人口は下関市に次ぐ県内2番目のおよそ19万7000人（2016年12月現在）と、市としての規模は大きくありません。これは、北九州市や広島市といった大都市に挟まれた位置にあることなどが要因に挙げられます。しかし中世には、山口が京都に比肩する先進都市だった時代がありました。守護大名の大内氏が治めていた時代です。

大内氏は日本に帰化した百済の王族・琳聖太子《りんしょうたいし》（聖明王《せいめい》の第3皇子）の末裔《まつえい》と伝わります。飛鳥時代に周防（現在の山口県東部）の多々良浜に来航した琳聖太子は、厩戸皇子《うまやどの》（聖徳太子）から多々良姓と大内県《あがた》（山口市大内地区）の領地を賜《たまわ》り、子孫たちは平安時代から大内を名乗るようになりました。

山口繁栄の礎を築いたのは、「大内氏中興の祖」とも称される24代当主・大内弘世《ひろよ》です。室町幕府2代将軍・足利義詮《あしかがよしあきら》に謁見するため上洛した弘世は京文化に心酔し、自領でも京都を模した町づくりに着手しました。

古代より日本の都には中国の易学や風水の思想が取り入れられており、京都は東に鴨川、西に山陰道、南に巨椋池《おぐら》、北に船岡山を擁する「四神相応《しじんそうおう》」の地とみなされていました。一方で山口も、丘陵で囲まれた盆地に一《いち》の坂《さか》川と椹野《ふしの》川が流れるなど京都に似た地勢しています。

弘世は2本の川に挟まれた扇状地に居館を築き、館の南方に碁盤目状の町割を施しました。今日の山口には、「大殿大路《おおどのおおじ》」「竪小路《たてこうじ》」といった京都を思わせる地名が残っています。

ただし一帯は丘陵の尾根が張り出した狭い盆地であるため、町割は平安京のように必ずしも整然としたものではありません。通りの間隔は大内館に近いほど狭く、館から離れるにつれて広くなっていました。

こうした市街地の景観は、江戸時代に描かれた『山口古地図』によって注目されました。この古地図には、弘世が1360（正平15／延文5）年に大内から山口に拠点を移したことも記されていますが、後年の発掘調査では南北朝時代の遺構は見つかっておらず、その真偽は定かではありません。

ただし当時の大内館が、地方都市と思えないほどの絢爛《けんらん》な造りをしていたことは事

■大内氏統治下の山口

大殿大路など、東西を貫く大きな道を軸に、小路が碁盤の目のように配置されている。
七尾山
築山御殿
堅小路
大内館
一の坂川
大殿大路
川
野
椹

山口県文書館所蔵『大内氏時代山口古図』を参考に作成

実のようです。発掘調査では、最盛期の大内館の敷地は約160メートル四方の方形であったことが判明しています。敷地内には池をたたえた庭園があり、館の北には迎賓館となる築山御殿が築かれました。

また、弘世は寺社の建立にも力を注ぎました。上堅小路にある八坂神社は京都の祇園社を勧請（神霊を分祀すること）したもので、毎年7月に行なわれる山口祇園祭は、山口県を代表するお祭りとして多くの観光客を集めています。

多くの公家や文化人が訪れた山口

歴代の大内家当主は、山口に京都の公家や文化人を招き、歌会などを催していました。とくに室町時代中期は、応仁の乱の戦火を逃れるために多くの文化人が山口に疎開していきます。水墨画の大家として名高い雪舟や、連歌師の宗祇《そうぎ》もその例であり、なかでも雪舟は常栄寺（山口市宮野下）の北側の庭園をつくったと伝わります。こうして山口では京都の北山・東山文化に匹敵する「大内文化」が花開きます。

ちなみに、今日の一の坂川は、国の天然記念物であるゲンジボタルの群生地として知られていますが、これは弘世が京都の宇治川から取り寄せたホタルを放流したことに由来するという説があります。また、弘世は京都から連れてきた童子を山口に住まわせ、言葉自体を京風に改めようとしたとも伝わります。

当然のことながら、これほどの都市を築くには相応の財源が必要です。当時の大内家の財政基盤となったのは、中国の明王朝や朝鮮との交易でした。南北朝時代は日本と明の間で国交が結ばれる前ですが、大内家は倭寇と呼ばれる海賊の取り締まりを通じて朝鮮王朝との関係を深め、赤間関《あかまがせき》（下関市）の港から独自に貿易船を派遣していました。これには百済王族を祖先にもつとされる大内家の出自も有利に働いています。

芸事に溺れたがゆえの滅亡

やがて日本と明の間で国交が結ばれると、大内家は幕府から正式に遣明船の派遣が認められます。なかでも30代当主・義興《よしおき》は、明との交易をほぼ独占していました。蓄えた富によって軍事力を強化した義興は、1508（永正5）年、幕府内の政争に敗れた10代将軍・足利義尹《よしただ》（義稙《よしたね》）を擁して上洛し、将軍位に復帰させることに成功します。この功により管領代の役職を得た義興は、事実上の天下人となりました。
ところが、その権勢は間もなく斜陽を迎えます。出雲（現在の島根県東部）では、守護・京極家の守護代であった尼子経久《あまごつねひさ》が勢力を伸ばしており、山口に帰国した義興は尼子家との戦いに身を投じます。義興は10年にわたる抗争の末に病死し、家督は嫡男の義隆に受け継がれました。

義隆は当初こそ尼子家との戦いに意欲をみせていましたが、大軍を率いて出雲を攻めた第一次月山《がっさん》富田《とだ》城の戦いに大敗すると、次第に政治への関心を失い、芸事にふけるようになります。やがて大内家では重臣・陶晴賢《すえはるかた》によるクーデターが発生。義隆は自害に追い込まれました。

その後晴賢は、豊後《ぶんご》（現在の大分県）の大名・大友義鎮《おおともよししげ》（宗麟《そうりん》）の弟で、義隆の甥にあたる義長を大内家の当主として擁立し、家中の実権を握ります。しかし、1555（天文24）年の厳島の戦いで安芸《あき》（現在の広島県西部）の毛利元就に敗れると、大内家の領地は毛利家に次々と奪われていきました。追い詰められた義長は大寧《たいねい》寺（長門市）で自害し、名族・大内家はついに滅亡しました。

なお大内館の跡地に立つ龍福寺は、義隆の菩提を弔うために元就の嫡男・隆元が建立したと伝わります。また義隆は、イエズス会の宣教師フランシスコ・ザビエルを山口に招いたことでも知られています。山口市亀山町にあるサビエル記念聖堂は、ザビエルの山口来訪400年を記念して1952(昭和27)年に建てられました。

倒幕の原動力となった徳川家への恨み

やがて時代は織田信長を経て、豊臣秀吉の治世を迎えます。大内家に続いて尼子家も滅ぼし、中国地方の覇者となった毛利家は五大老の一角として、秀吉の天下を支えました。

1600(慶長5)年に勃発した関ヶ原の戦いでは、石田三成の要請に応じた毛利輝元(隆元の嫡男)が西軍総大将を務めます。しかしその一方で、毛利家重臣の吉川《きっかわ》広家《ひろいえ》は主家存続のために暗躍。裏で東軍総大将の徳川家康と通じていました。毛利家は積極的に戦闘に加わることなく、西軍は大敗を喫します。

戦後の毛利家に下された処分は、中国地方を中心とした8カ国から防長2カ国への大幅な減封でした。それまでの本拠であった広島城からの移転を余儀なくされた輝元は、原野が広がる萩《はぎ》（萩市）に新たな城を建造。通説では家康の命令で僻地に押し込められたとされていますが、事実は異なります。新城の候補地として挙がったのは山口の高嶺《こうのみね》、防府の桑山、萩の指月《しづき》山の3カ所であり、これらはいずれも毛利側の提案でした。つまり、萩への移転は毛利家の意図でもありました。

萩では城の建設と並行して城下町や交通網の整備が進みました。なかでも萩から山口を経て瀬戸内海沿岸の三田尻（防府市）を結ぶ萩往還は、参勤交代でも使われた主要街道です。現在は国の史跡に指定され、当時の石畳が随所に残っています。

こうして毛利家は新たなスタートを切ることになりましたが、従来のように大量の家臣を抱えられず、藩士の多くは帰農を余儀なくされました。彼らの徳川家に対する恨みは深く、260年後に起こる動乱の遠因となるのです。

今も志士たちの息づかいが聞こえる

防長には長州藩のほか、その支藩である長府《ちょうふ》藩、徳山藩、岩国藩が置かれていました。幕末の長州藩主・毛利敬親《たかちか》は1864（元治《げんじ》元）年に萩から山口に拠点を移します。当時の長州藩は尊皇攘夷の思想のもと、アメリカやフランスの船に砲撃を加えており、日本海沿いの萩ではその報復を受ける危険性があったからです。また防長2カ国の中央に位置する山口のほうが、支藩を含めた領内各地への指揮が円滑になるという判断もあったとみられています。

山口城は天守のない簡素な城でしたが、周囲に濠をめぐらし、砲台も築かれていました。この城を中心に長州藩は幕府軍との四境戦争（第二次長州征伐）に勝利し、その後は薩摩藩とともに倒幕の中心勢力となっていきます。

藩庁が移されるまで山口は廃れていたため、かつての「西の京」の面影は大内館跡の周辺に限られます。一方で幕末の動乱を伝える旧跡は各所に残されています。たとえば香山《こうざん》公園（山口市香山町）内にある枕流亭《ちんりゅうてい》は、薩長同盟締結後に西郷吉之助（隆盛）や大久保一蔵（利通）、桂小五郎（木戸孝允）らが倒幕の密議を重ねた場所と伝わります。また一の坂川に架かる一ツ橋（山口市後河原《うしろがわら》）には、戊辰戦争時に官軍が掲げた「錦《にしき》の御旗《みはた》」の製造所がありました。

前述の萩往還も高杉晋作をはじめとする志士が駆け抜けた道であり、今も山口では市内の各所で彼らの息づかいを感じることができます。

松山

―まつやま―

多くの文人が愛した四国の温泉街

瀬戸内海は西国と近畿地方を結ぶ海上交通路としてにぎわった。四国の西部に位置する北伊予はその中継地となる。北伊予の中でも、道後温泉のある松山は古代から多くの人間が訪れる土地だった。

中世を通じて伊予周辺の海を支配した河野氏は戦国末期に滅び、江戸時代には加藤嘉明が新たに松山の城下町を開いた。以後、松山は文化都市として栄え、明治期には俳人の正岡子規らを輩出し、子規の親友だった夏目漱石も、一時期は松山で中学教師を務めた。

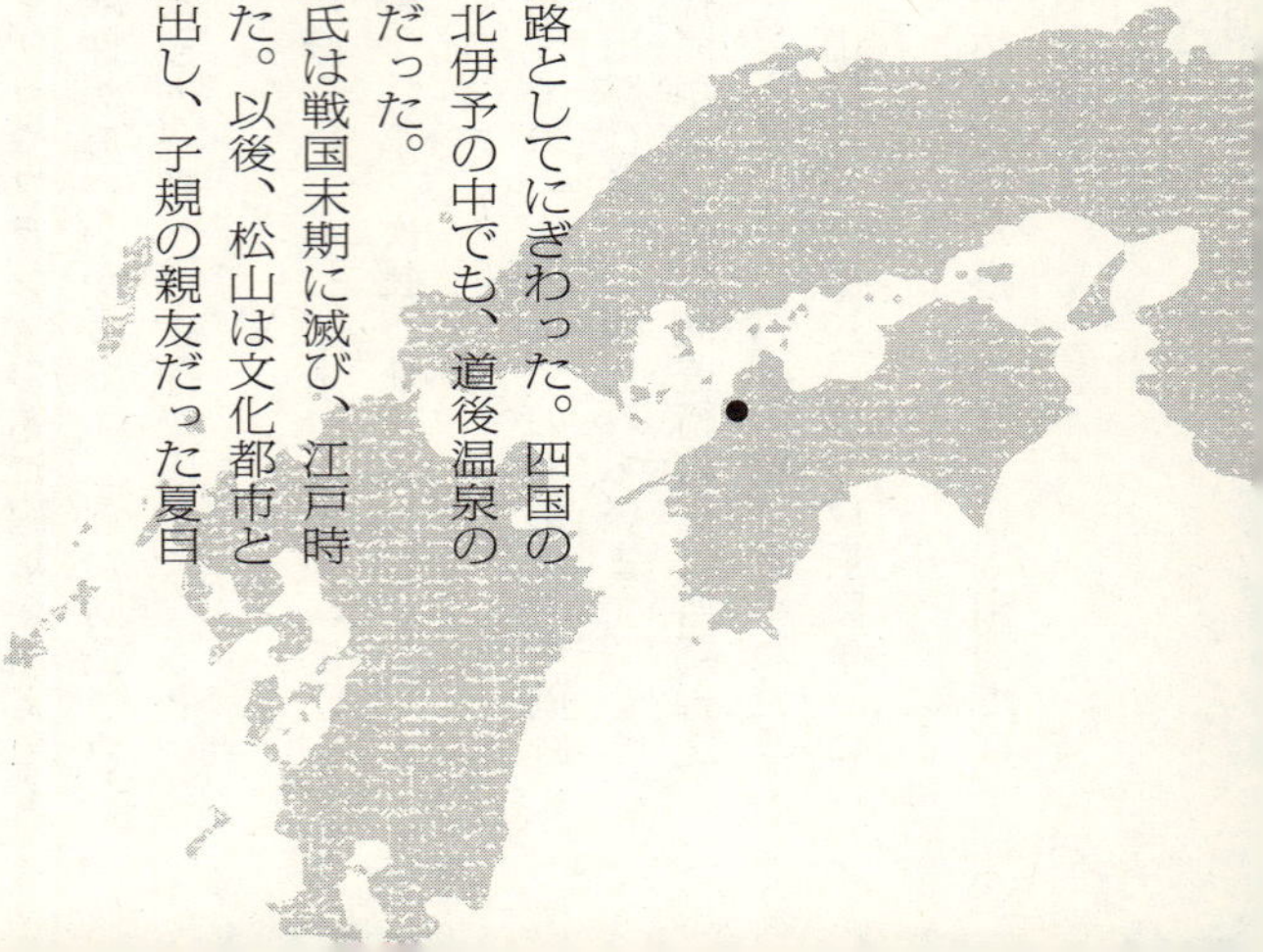

中世から文芸が盛んな街!?

四国最大の都市・松山といえば、明治時代には俳人の正岡子規や高浜虚子《たかはまきょし》らを輩出し、さらに子規の親友だった夏目漱石が滞在して、その経験を元に小説『坊っちゃん』を発表したことで有名です。また、同時期の松山が生んだ人物として、日露戦争で活躍した陸軍将官・秋山好古《あきやまよしふる》と海軍参謀・秋山真之《さねゆき》の兄弟もよく知られています。

松山を中心とする伊予（現在の愛媛県）北部には、このように文芸が盛んで優秀な人材を輩出する素地が中世からありました。松山市の隣の今治市《いまばり》にある大山祇《おおやまづみ》神社には、２８０巻もの連歌が収められています。これは、室町時代から江戸時代まで伊予国周辺の武士や僧侶、庶民らが詠んだものです。

近世までの瀬戸内海は、畿内と九州、ひいては朝鮮半島や中国大陸を結ぶ重要な海上交通路でした。松山一帯はその中継地で、訪れる人も多く、さまざまな書物や商品が流入する土地でした。また、年間を通じて温暖な瀬戸内海の気候も、落ち着いて文化的な活動に取り組むのに向いていたのかもしれません。

古代のセレブにも愛された温泉

律令時代の伊予国府は、現在の松山市の隣の越智《おち》郡（今治市）に置かれ、松山一帯は「道後」と呼ばれました。これは、国府のある地域より都に近い地域を「道前」、都から遠い地域を「道後」とした史料がみられることと関わります。

つまり、道後は伊予の中心地ではありませんでしたが、日本最古の温泉と呼ばれる道後温泉があり、舒明《じょめい》天皇、斉明《さいめい》天皇、中大兄皇子《なかのおおえのおうじ》（のちの天智天皇）、大海人皇子《おおあまのおうじ》（のちの天武天皇）らが訪れたといわれます。伊予湯（道後温泉）の名は『万葉集』や『源氏物語』にも出てきます。また、６６３年の白村江《はくすきのえ》の戦いで朝鮮半島の百済に兵を送るときの中継地となったと伝わる熱田津は、松山の沿岸だったという説が有力です。

平安時代には瀬戸内海での海運が活発になり、道後はその重要な中継地のひとつになります。中世の伊予では源平合戦で源氏の水軍を支えた河野《こうの》氏が一大勢力となり、14世紀には道後温泉と隣接する現在の松山市北条地区に湯築《ゆづき》城を建設しました。

海運に深く携わっていた河野氏の活動範囲は広く、湯築城の跡地からは朝鮮半島や中国大陸、さらには東南アジアでつくられた陶器も発見されています。

河野氏は文化的な素養にも富んでいたようで、先に触れた大山祇神社にある大量の連歌には、河野氏一門の武士や彼らと交流のあった人々の作品が多く含まれています。鎌倉時代に時宗を創始した一遍も河野氏の出自です。

戦国時代の道後では、すでに湯治客のための街道も整備され、湯築城には河野氏の家臣が集住し、小規模な城下町も形成されていたようです。湯築城の南から南西に残る「上市」「南町」といった地名は、城下町の名残ではないかともいわれます。

しかし、戦国時代の末期になると羽柴（のちの豊臣）秀吉が四国に侵攻。河野氏は湯築城に立てこもって抗戦しましたが、1585（天正13）年に滅ぼされました。

治水の功労者の名がつけられた重信川

豊臣政権末期には、武将の加藤嘉明《かとうよしあき》が伊予の支配者となり、道後の南にある松前を拠点としました。その後、関ヶ原の戦いで東軍に与した嘉明は10万石から20万石に加増され、道後の勝山《かつやま》に、より大きな城と城下町を建設することを決めます。このとき嘉明は、松の木が多かった勝山を「松山」と名づけました。

さて、四国を航空写真で見ると、西部の松山平野（道後平野）と東部の徳島平野が一直線につながっていますが、このラインは西日本一帯を東西に走る大断層「中央構造線」と重なります。愛媛県で最も広い平野である松山平野には、中央構造線に沿うように、河川によって土砂が押し流された扇状地が広がっています。

従来、松山平野を流れていた湯山川は、大雨が降るたびに流域が変わってしまう荒れ川で、しかも流域の山地は土砂崩れが起こりやすい地質でした。

そこで、嘉明は松山城と城下町の建設の前に、川をつけ替える土木工事を行ないました。湯山川は石手寺の近くで流れを変えられて石手川と改名され、最終的に伊予川と合流するようになりました。また、伊予川は一連の工事を指揮した足立重信《あだちしげのぶ》の名から重信川と名を変えます。この大規模な治水事業によって、松山城下では３千ヘクタールもの水田に行きわたる灌漑用水が確保されました。

１６０３（慶長８）年には伊予松山藩が成立し、それから24年を経て松山城はほぼ完成しますが、その直前に嘉明は会津（福島県会津若松市）に転封しました。代わって藩主となった蒲生《がもう》忠知《ただとも》は急死し、徳川家康の甥にあたる松平定行が赴任します。徳

■江戸前期の松山城下町

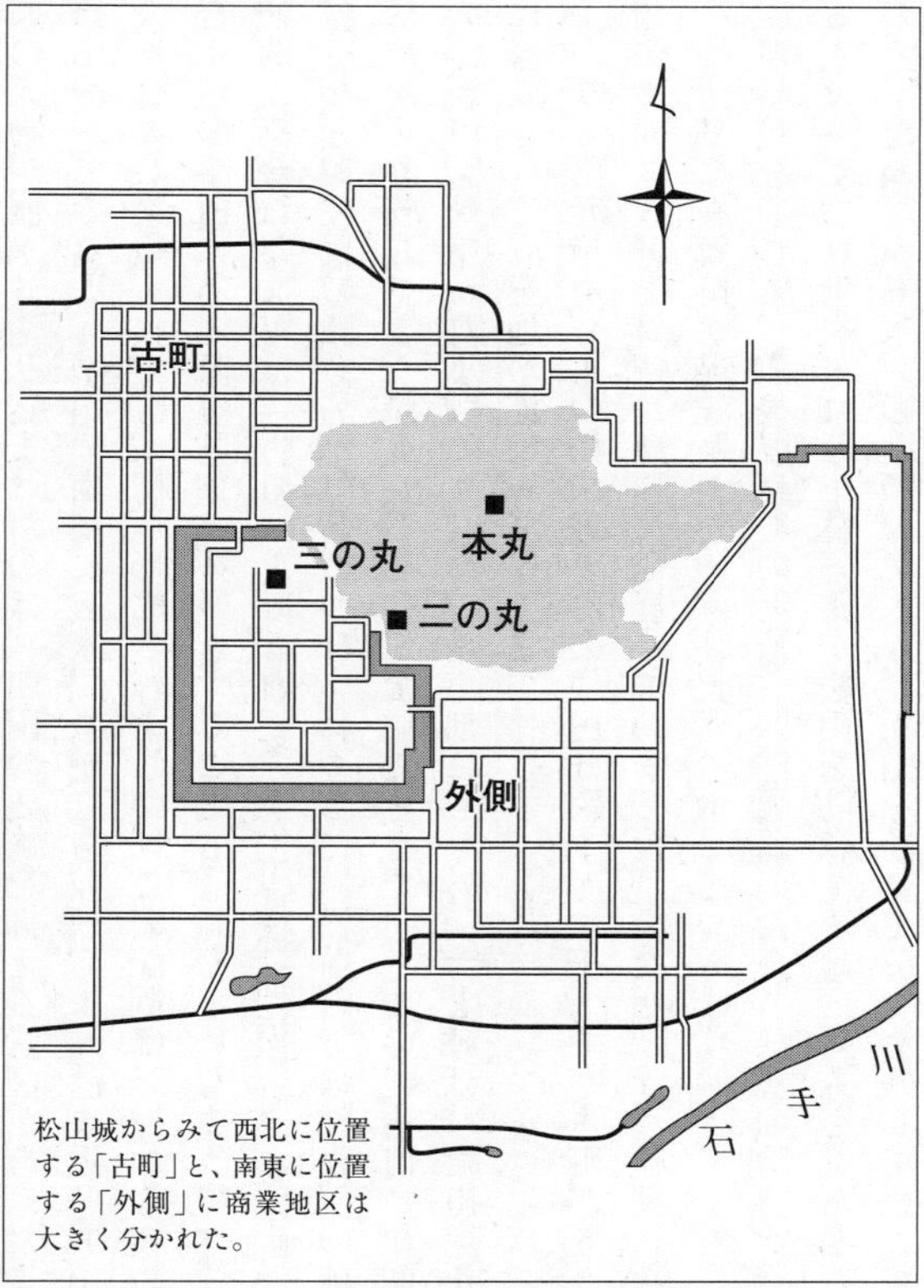

松山城からみて西北に位置する「古町」と、南東に位置する「外側」に商業地区は大きく分かれた。

「愛媛県生涯学習センター」HP掲載図（元禄年間松山城下古地図他により作成）を参考に作成

川家の人物が直々に送り込まれたのは、四国の要衝を抑える意図があったようです。

松山城ができると、城山の南部に武家屋敷が立ち並び、より港に近い城山の西には商人や職人が集められて町人街が形成されました。この配置は、海から攻め込まれた場合、城の手前にある町を防御ラインとすることも意識していたようです。

初期に築かれた30町は「古町」と呼ばれ、多くの町は、加治屋町、畳屋町、呉服町、米屋町など、住民の職業名が町名につけられました。松前町では、嘉明の前任地だった松前から移転してきた職人が多数住んでいたそうです。この「古町」に隣接して10町の「新町」が築かれます。さらに、南東部にも「外側《とがわ》」と呼ばれた町屋が自然発生的に形成され、商業地が拡大していきます。

1694（元禄7）年の松山城下町の住民は約1万6千人で、古町が5553軒、外側が2973軒と外側が急速に発展していました。ただし、江戸後期になると、松山の周辺部に在郷町が発達したため、住民が分散していきます。

江戸時代を通じて、道後温泉での湯治や四国遍路のため、ほかの地方から松山へ訪れる人は多く、18世紀末には小林一茶が松山を訪れて現地の俳人と交流したほか、儒学の大家だった頼春水《らいしゅんすい》（頼山陽《らいさんよう》の父）も、松山を訪れて詩文を残しています。

漱石も乗った日本で2番目の民間鉄道

明治維新後も、新しい文化が流入する土地という性格が保たれます。1888（明治21）年には、民間会社の伊予鉄道が松山と三津《みつ》の間に日本初の軽便鉄道を敷設します。レール幅は762ミリメートルと小規模なものですが、まだ東海道線も開通しておらず、民間鉄道はほかに1社しかない時期でした。この鉄道は松山に滞在時の夏目漱石も乗ったことから「坊っちゃん列車」と呼ばれ、戦後に一度廃止されましたが、2001（平成13）年に約半世紀ぶりに復活しました。この坊っちゃん列車を含む伊予鉄道城北線の路線は、旧市街の境界をなぞるように敷設されています。

第二次世界大戦末期には松山市も空襲を受け、城下町の趣を残す古い町屋はほとんど失われました。しかし、戦後の戦災復興土地区画整理事業で、戦前の道路構成を基本としながら、松山城の北と南を東西に走る平和通りや千舟町《ちふねまち》通りなどの道路拡張などが行なわれました。このため、松山城を取り巻く市の中心部には、現在も江戸時代に築かれた碁盤状の町割が残されています。

福岡《ふくおか》

商人の町と武士の町とを内包した城下町

九州西北部の福岡市は、日本の大都市の中で最も朝鮮半島や中国大陸に近い。このため、古代から交易の窓口となってきた。奈良時代から平安時代にかけての遣唐使の派遣、鎌倉時代の元寇、戦国時代のポルトガル商人との貿易など、歴史のあらゆる場面で海外との関係が見いだせる。

福岡という地名が生まれたのは、江戸時代にこの地を治めた黒田長政が博多の西に新たに福岡城を築いて以降だ。しかし、市民の多くは今も「博多」の名に愛着をもっているという。それはなぜだろうか。

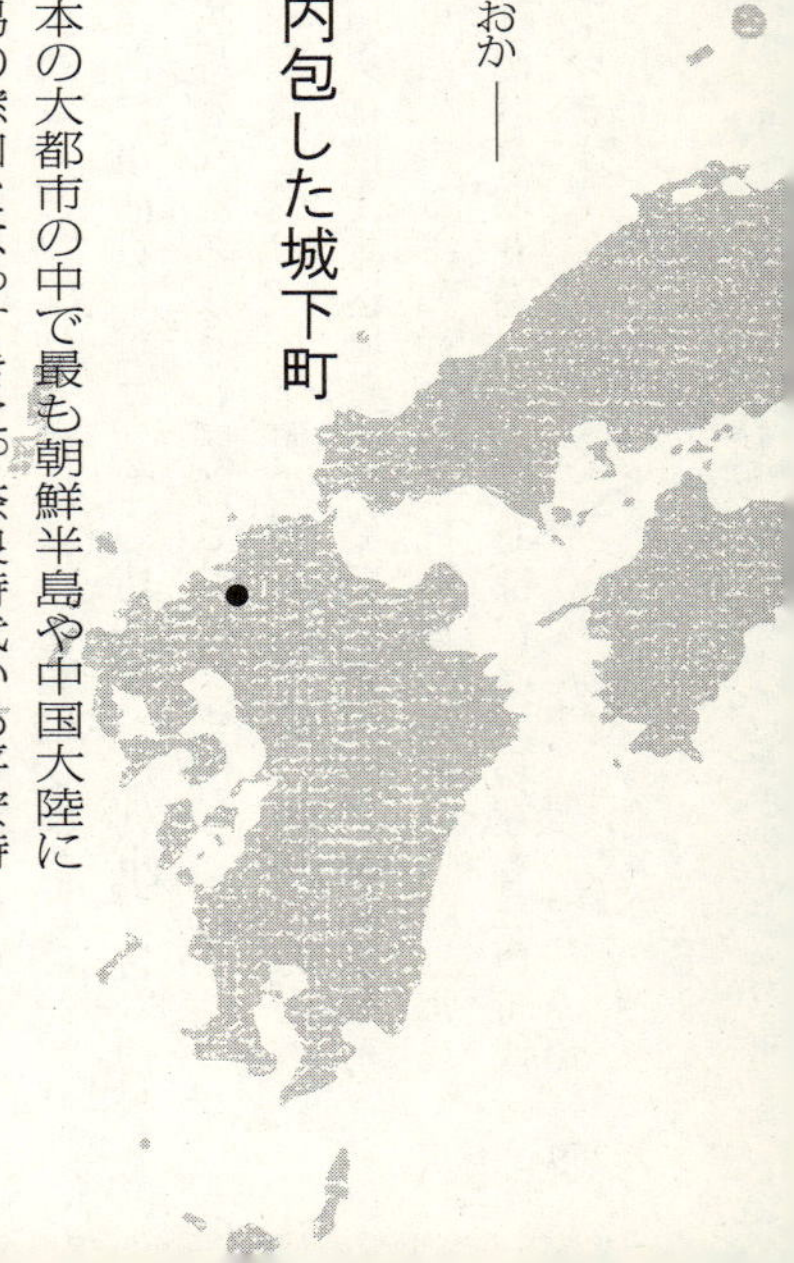

1世紀からあった大陸王朝との交流

日本の主要都市の中でも、福岡市の特徴はなんといっても朝鮮半島や大陸との近さでしょう。福岡から東京までは直線距離で約900キロメートル、福岡から大阪までは約500キロメートルですが、韓国の釜山とは200キロメートルほどしか離れていません。

古代の日本にとっては先進国であった朝鮮半島や大陸から玄界灘《げんかいなだ》に面した福岡には、さまざまな文化がいち早く取り入れられました。

九州北部にはいくつかの小国が成立し、そのひとつである奴《な》国は現在の福岡市の周辺にあったと推定されています。博多湾に浮かぶ志賀《しかの》島では、1784（天明4）年に「漢委奴国王《かんのわのなのこくおう》」と刻された金印が発見されました。これは、中国の後漢王朝の光武《こうぶ》帝が57年に奴国王に贈ったものとされています。

1世紀の福岡には、朝鮮半島南部と私的に交易するだけでなく、大陸の中央を支配する皇帝に直接使者を送ることのできる政権がありました。

また、福岡市と隣接する糸島市にかけての地域には伊都国《いと》という小国があったとされています。伊都国は3世紀の中国で編纂された『魏志《ぎし》』の「東夷伝」（魏志倭人伝）に登場する邪馬台国に属していた小国のひとつとされています。

遣唐使も利用した鴻臚館

福岡に存在した港は、古くは「那津《なのつ》」と呼ばれました。どうやら奴国の「ナ」という音を引きついだもののようです。記録上「博多」の地名がみられるのは、8世紀に編纂された『続日本紀《しょくにほんぎ》』からです。これは大鳥が翼を広げたような地形から「羽形」、または船が停泊する潟をさす「泊潟《はがた》」から転じて博多となった、あるいは土地が「博《ひろ》」く人も物も「多」いことに由来するなどの説があります。

畿内を中心に西日本を支配したヤマト朝廷は、6世紀に筑紫国《つくしの》（九州北部）の有力な豪族だった磐井《いわい》を討伐したのち（磐井の乱）、那津官家《なつのみやけ》という九州支配の拠点を置き、大陸や朝鮮半島との外交施設として筑紫館を築きました。那津官家のあった場所は、現在の南区三宅《みやけ》の一帯ではないかといわれますが、諸説あります。

その後、663年の白村江《はくすきのえ》の戦いで、日本と百済の連合軍は唐と新羅《しらぎ》の連合軍に敗れます。朝廷は九州北部に唐や新羅が攻めてくることを警戒。そこで、防人《さきもり》を配置して防備を固め、那津官家の行政機能をやや内陸の太宰府に移しました。なお、現在でも地名は「太宰府」ですが、政庁としては「大宰府」と記されます。

平安時代になると、大宰府政庁の管轄下に筑紫館を発展させた鴻臚館《こうろかん》が築かれ、唐や新羅からの賓客や商人、遣唐使に参加した要人や留学僧などの宿泊にも利用されました。その場所は、現在の中央区にある舞鶴公園です。ここには近世に福岡城が築かれ、戦後は約半世紀にわたって平和台球場がありました。鴻臚館が置かれていた当時は、すぐ前に海岸線が広がっていました。

2度にわたる対外戦争

9世紀の末に遣唐使は廃止されましたが、その後も民間の商人による大陸や朝鮮半島との交易や僧侶の留学が続きました。このため博多に存在した港（博多津）は発展を続けましたが、一方で戦火にも見舞われました。

■大宰府と鴻臚館周辺の官道

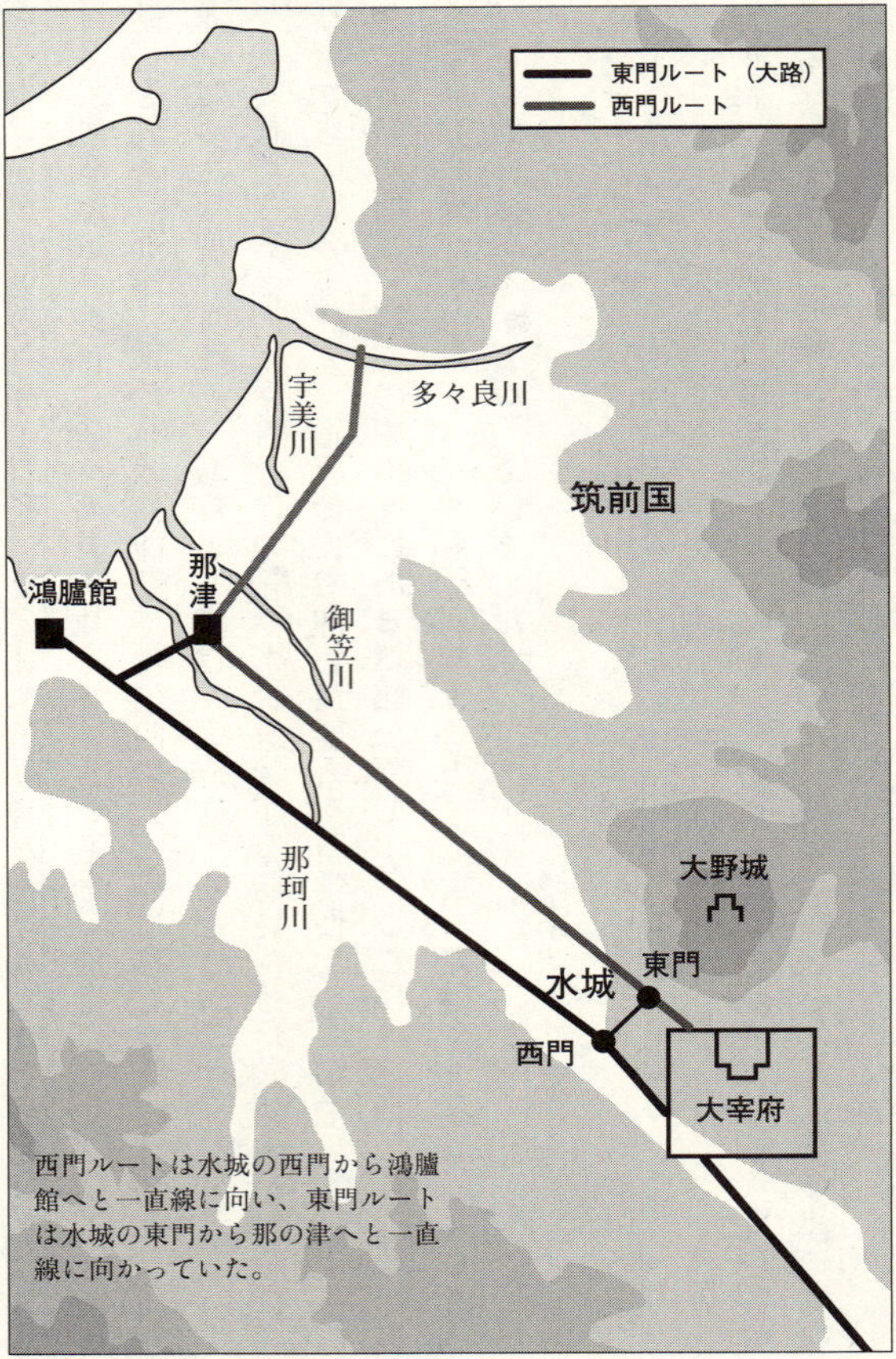
東門ルート（大路）
西門ルート
多々良川
宇美川
筑前国
那津
鴻臚館
御笠川
那珂川
大野城
東門
水城
西門
大宰府
西門ルートは水城の西門から鴻臚館へと一直線に向い、東門ルートは水城の東門から那の津へと一直線に向かっていた。

鴻臚館跡展示館の「古代官道推定図」を参考に作成

941（天慶《てんぎょう》4）年には、朝廷に反旗を翻した、前《さき》の伊予掾《いよのじょう》（下位の国司）・藤原純友が瀬戸内海で略奪を行ないます。博多にまで侵攻し、内陸にまで攻め入って大宰府政庁を襲撃しました。

さらに、1019（寛仁《かんにん》3）年には、「刀伊《とい》」と呼ばれた満州出身の海賊が壱岐、対馬、博多の沿岸を襲撃しました。これは刀伊の入寇と呼ばれ、数百人が奴隷目的で海賊に拉致されています。藤原道長の甥で大宰権帥《だざいのごんのそち》を務めていた藤原隆家が討伐にあたったのち、高麗水軍の協力で拉致された人々は帰国しました。

平安後期になると、唐王朝に代わって成立した宋王朝との民間交易が活発になります。やがて宋の商人が博多にも移り住むようになり、現在の東区箱崎には、宋人百堂《そうじんひゃくどう》、唐人街などと呼ばれるチャイナタウンが生まれました。

12世紀の後半には、平清盛が大宰府の次官である大宰大弐《だざいのだいに》に就任し、宋との貿易に力を入れるようになります。

この頃の博多では人工港の「袖の湊《そでのみなと》」が整備されたとされますが、正確な時期を裏づける資料はありません。現在の博多湾に突き出ていた袖の湊の位置は、現在の博多区呉服町交差点付近ではないかといわれてきましたが、発掘調査が進んだ現在、上川《かみかわ》端町《ばた》にある冷泉《れいせん》公園付近が有力視されています。

中世まで、仏教という外来宗教を学ぶ僧侶は、外国文化の仲介者としての役割を担ってきました。鎌倉幕府の成立後、1195（建久6）年には、宋で禅を学んだ栄西が博多に創建した聖福寺《しょうふく》が、宋の禅僧や交易商人のサロンとなります。

1242（仁治3）年には、同じく宋で禅を学んだ円爾《えんに》（聖一国師）が、宋の商人の謝国明《しゃこくめい》や大宰府の実権を握る武藤資頼《むとうすけより》の支援を受け、承天《じょうてん》寺を創建しました。円爾は宋からめん類の製法を伝えたことから、承天寺は「うどん・そば発祥の地」と呼ばれます。また、福岡の名産品となっている博多織は、円爾とともに宋に渡って織物の技術を学んだ満田弥三右衛門《みつたやざえもん》が創始したといわれています。

鎌倉末期には、元寇によって、博多は刀伊の入寇以来の戦火に見舞われました。1274（文永11）年の文永の役のあと、幕府は現在の西区生《いき》の松原《まつばら》などの海岸に、長さ2・5キロメートルの防塁を築きます。

続いて、1281（弘安4）年の弘安の役では、総数約4万人とも推定される元軍の先発隊が志賀島を占領、幕府の武士たちは海《うみ》の中道《なかみち》（砂州）から攻め入って元軍を撃退しました。

秀吉の指示で誕生した「大博通り」

室町時代に入ると、博多は埋め立てによる拡張が進み、湾に突き出した息浜《おきのはま》と、その根元の博多浜というふたつの市街地をもつようになりました。李氏朝鮮の外交担当者が日本と琉球の交易拠点について記した『海東諸国紀』によれば、15世紀後半の息浜には6千戸、博多浜には4千戸の民家があったそうです。

戦国期には、現在の山口県から福岡県にまたがる地域を支配した大内氏が、博多を勢力下に置きました。

大内氏は、博多の南を流れていた比恵川《ひえ》（現在の御笠川）をつけ替えて新たに石堂川《いしどう》を開削するなどの土木事業を行ない、博多を海と堀（川）に囲まれた城塞都市につくり変えます。この頃の博多は、堺と並ぶ商業都市として栄え、町の中央には瓦敷きの舗装道路もありました。

16世紀後半になると、家臣の裏切りによって大きく衰退した大内氏に代わって豊後《ぶんご》の大名・大友義鎮《おおともよししげ》（宗麟《そうりん》）が九州北部を支配します。息浜には大友氏の庇護を受けたポルトガル商人によって教会が築かれ、博多津は東南アジアやヨーロッパの品々が流入する貿易港になります。

ところが、1586（天正14）年には薩摩（現在の鹿児島県）を拠点とする島津氏が九州北部へと侵攻。戦乱の舞台となった博多の町は、壊滅的な打撃を受けました。その翌年、九州平定を果たした豊臣秀吉は博多の再建に力を尽くします。このとき実務の中心を担ったのが黒田孝高《くろだよしたか》（官兵衛）です。

秀吉は息浜と博多浜の中間にあった湿地を埋め立てさせ、聖福寺や承天寺、筥崎宮《はこざき》などの寺社を中心に発達してきた町並みを整理し、「太閤町割」と呼ばれる碁盤状の区画割を行ないます。博多区に現在も残る「大博《たいはく》通り」は、太閤町割の基準点になった大路です。

秀吉はさらに、町人には地子《じし》（租税）の免除などの特権を与え、楽市楽座による商業の発展を促しました。一連の施策は、博多の町を聖福寺などの寺社勢力から切り離し、商人中心の町に再編するものでした。

秀吉がそれだけ博多を重視したのは、九州全域への支配拠点としても朝鮮半島への侵攻の足がかりとしても、要地だったからです。

長政の地盤から取られた地名

1600（慶長5）年の関ヶ原の戦いののち、太閤町割を指揮した黒田官兵衛の長男・長政が博多を含む筑前の主となります。長政ははじめ、現在の東区名島《なじま》にある名島城に入りましたが、手狭で城下町の建設に不向きだったことから、博多の西側の福崎に新たな居城を建設しました。

かくして、7年の歳月を経て完成したのが福岡城です。長政は筑前に赴任する前は豊前《ぶぜん》中津（現在の大分県中津市）にいましたが、黒田家のもともとの地盤は備前の福岡（現在の岡山県瀬戸内市）だったので、これにちなんで「福崎」を「福岡」と改名しました。ここで初めて、現在まで使われる福岡という地名が生まれたのです。

福岡城は海側から見ると、鶴が翼を広げたように見えることから「舞鶴城」とも呼ばれ、その跡地は今では舞鶴公園となっています。現在の舞鶴公園の南に広がる中央区赤坂の一帯は、城が築かれた当時は小高い丘陵地でしたが、福岡城の本丸を見下ろす小山があっては困るので、土砂を削られたそうです。

福岡城下町の成立後は、那珂《なか》川の東が古くからの商業の町「博多」、那珂川の西が武士の町の「福岡」という二重構造をもつ都市となり、それぞれに町奉行が置かれました。江戸時代の博多は那珂川と石堂川（御笠川）に挟まれた範囲です。現在も博多区の領域は那珂川まで、それより西は中央区と南区になります。

江戸時代の博多の町は「流《ながれ》」という単位に区分され、呉服町流、東町流、西町流など7流がありましたが、幕末には10流にまで増えました。

博多を代表するふたつの祭「博多どんたく」と「博多祇園山笠」は、流ごとのグループに分かれて運営されました。どんたくは、もとは松囃子《まつばやし》と呼ばれ、福神、恵比須、大黒の3つの神様を祀って派手な仮装行列を行ないました。しかし、泥酔して暴れる者も多く、明治期には一時禁止されましたが、どんたくと名を変えて復活します。山笠は現在の博多区上川端町にある櫛田《くしだ》神社の神事で、神輿の代わりに人形を飾った巨大な「ヤマ」を担いでねり歩くのが特徴です。

一方、武士の町である福岡では3代藩主・光之《みつゆき》が学問を振興します。光之に重用された儒学者の貝原益軒《かいばらえきけん》は、健康に日常生活を送るための心得を記した『養生訓《ようじょうくん》』、農学書『大和本草《やまとほんぞう》』など実用分野でも大きな業績を残しました。

■現在の福岡市街（上）と江戸前期の福岡と博多（下）

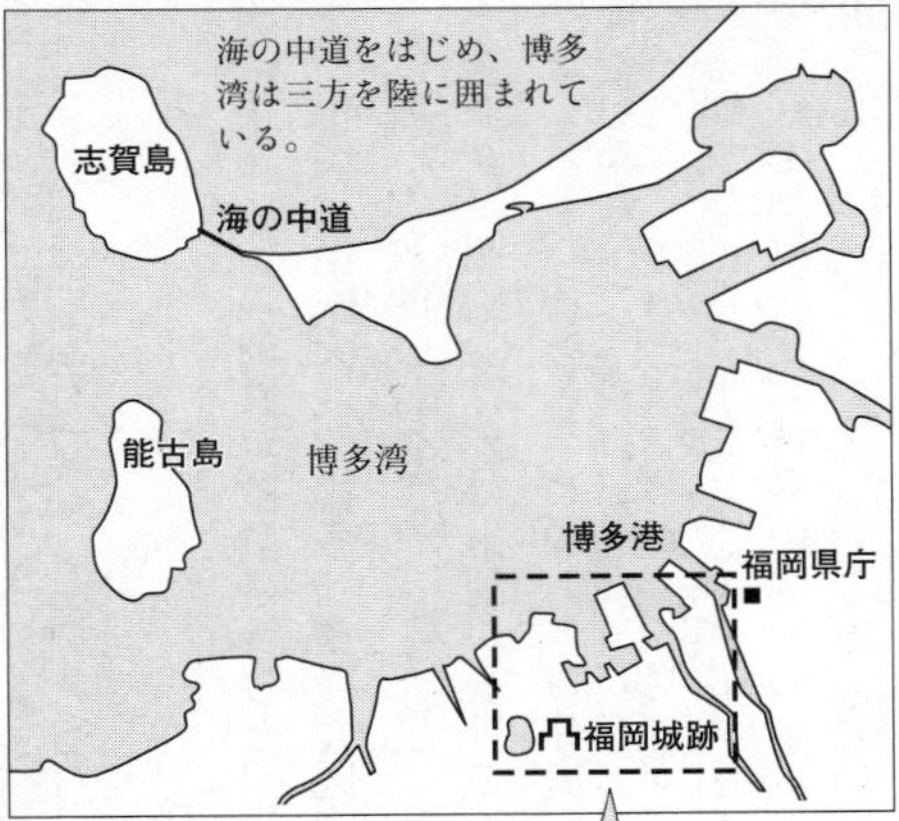
海の中道をはじめ、博多湾は三方を陸に囲まれている。
志賀島
海の中道
能古島
博多湾
博多港
福岡県庁
福岡城跡

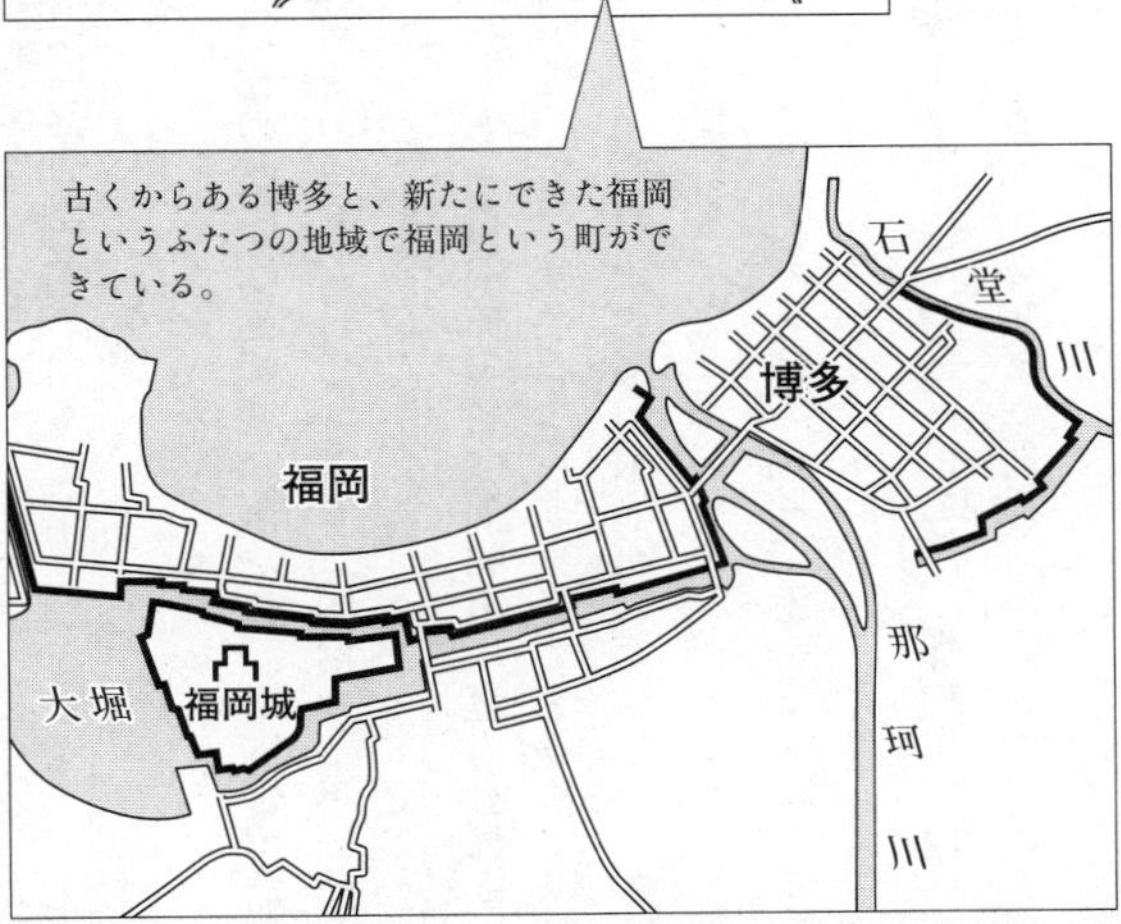
古くからある博多と、新たにできた福岡というふたつの地域で福岡という町ができている。
石堂川
博多
福岡
那珂川
大堀
福岡城

東京大学出版会『図集 日本都市史』p147「正保３年 福岡・博多」の図を参考に作成

わずか1票差で決まった自治体名

明治維新後に福岡県が設置されると、最初の県庁は福岡城に置かれ、県内の戸籍区分で、福岡は第一大区、博多は第二大区とされました。1876（明治9）年にはこの2区域が実質的に統合され、「福博《ふくはく》」と呼ばれるようになります。

1889（明治22）年に市制が施行されると、自治体の名は福岡市に定められました。ところが、博多の名に愛着ある住民が猛反発。翌年には「博多市」への名称変更が市議会で議題に上げられます。投票の結果、福岡派と博多派は同数でしたが、議長が「福岡市」に票を投じて、福岡市の名が確定しました。

その後も福岡市民の博多の名への愛着は強く、空港名は「福岡空港」ですが、JRの駅名は「博多駅」、港湾は「博多港」となっています。

なお、現在の福岡県庁はかつての福岡城下ではなく博多区にあり、那珂川の西にある天神は福岡市最大の繁華街です。つまり、かつての博多が行政地区、かつての福岡が商業地区と、立場が逆になりました。

近代以降の福岡の発展は、石炭産業の興亡と切り離せません。20世紀に入る前後から、福岡市に隣接する糟屋《かすや》郡と内陸の筑豊地域は、日本最大の炭鉱地帯となり、福岡市近郊の人口急増をもたらしました。

福岡市の東部から内陸に伸びるJR香椎《かしい》線、篠栗《ささぐり》線などは、もともと炭鉱地域から博多の港などに石炭を輸送するため敷設された運炭線でした。戦後の1960年代以降、石炭産業の衰退によって多くの運炭線が廃止されましたが、いくつかの路線は福岡市と近郊のベッドタウンを結ぶ通勤・通学電車に役割を変えました。

日本の大都市の例に漏れず、福岡も第二次世界大戦の末期には空襲で壊滅的な打撃を受けました。戦後の復興の過程で広まったのが、那珂川と博多川に囲まれた中洲などの屋台です。福岡の屋台というと豚骨スープの博多ラーメンが名物です。豚骨スープは満州帰りの料理人が開発したという説があります。

もうひとつの福岡の名物として有名な辛子明太子は、韓国で食されていた魚卵のキムチを参考にしてつくられ、戦後に広く食されるようになりました。

このように、福岡でおなじみのご当地グルメにまで、朝鮮半島や大陸との密接な交流が息づいています。

長崎《ながさき》

出島から海外文化を伝えた港湾都市

キリスト教会や中国風の仏教寺院など異国情緒の漂う長崎は、良港に適したリアス式海岸を備え、中世から貿易港として栄えた。

戦国時代の後期にはポルトガル人が来航してキリスト教文化が広まるが、江戸幕府の成立後はキリシタンが弾圧され、西洋との貿易窓口は出島の商館のみに制限された。しかし、その後も長崎は貴重な外来文化の発信地となった。幕末期には維新の志士たちが集い、明治期以降も最新の造船所が築かれる。まさに日本の近代化を大きくリードした港町である。

ポルトガル人の意向で開港

長い歴史を有する貿易港をもつ県南部の都市・長崎市は、幕末から明治期に当時の先端技術が次々と導入されました。２０１５（平成27）年、長崎造船所の旧木型場や第三船渠《せんきょ》、軍艦島の通称で知られる端島《はしま》炭鉱などの施設が世界文化遺産に登録されました。続いて長崎市は、南山手町にそびえるゴシック様式の大浦天主堂、出津《しつ》教会堂、大野教会堂などの教会建築群も、世界文化遺産への登録を目指しています。

これらは、長崎における盛んなキリスト教信仰を象徴する建物ですが、いずれも明治時代以降に築かれたものです。長崎は、戦国末期に日本で最もキリシタンが多く集まる土地となりながら、江戸幕府による禁教と弾圧を受け、２００年以上を経てキリスト教信仰が復活したという歴史をもっています。

長崎の地をポルトガル人が訪れ、キリスト教の布教を始めたのは、１５５０（天文19）年のことでした。最初に来航した場所は県北部の平戸でした。長崎県はリアス式海岸による天然の良港に恵まれ、朝鮮半島や大陸に近いため、古代から海運が盛んでした。中世期の肥前（現在の佐賀県から長崎県）では武士団の松浦党《まつら》が一大勢力となります。松浦党は鎌倉末期以降、貿易の中継地となる壱岐・対馬に近い平戸を中心に、私貿易や海賊行為によって財をなします。

ポルトガル人もまず平戸で交易と布教を始めましたが、僧侶との衝突などトラブルが相次ぎ、松浦党の党首である松浦隆信《たかのぶ》とポルトガル人との関係が悪化しました。

このためポルトガル人は、キリシタンとなった肥前の大名・大村純忠《おおむらすみただ》とその娘婿で当時の長崎を領有していた長崎甚左衛門（純景《すみかげ》）の協力を得て、1571（元亀2）年、寒村にすぎなかった深江浦に港町を築きました。深江浦は長い半島の岬にあるため「長崎」と呼ばれ、開港後はこの名が定着したといわれています。

港の大きな特徴は、西彼杵《にしそのぎ》半島に沿った細長い湾の奥に位置していることです。波が避けられるうえ、水深が十分にあるため、大型船の停泊にも適していました。加えて、湾を抜けるとすぐ東シナ海に出られる立地でした。

港には適した地形ですが、海岸と山地がすぐ接しており、市街には坂が非常に多くあります。現在の長崎市内は15度以上の斜面が半分以上を占め、斜面には住宅がびっしりと並び、自転車は不便なのでバイクを利用する市民が少なくありません。

一時期的にイエズス領になった⁉

長崎の開港に前後して純忠は、大川（現在の中島川《なかしま》）の河口近くに、キリシタンの居住地として島原町、大村町、平戸町、横瀬浦町、外浦町、文知《ぶんち》町を築きました。

この6町は港をすぐ見下ろす丘の上にあり、平戸や博多などから追放されたキリシタンが集まりました。しかし、大きな利益を生む貿易拠点だった長崎は、当時の九州北西部で一大勢力となっていた龍造寺氏などに狙われます。

このため、6町の周囲には防壁となる塀が築かれます。さらに、純忠は外敵の侵攻を退けてポルトガル人との貿易の利権を確保するため、長崎の6町をポルトガル人宣教師が属するイエズス会に寄進しました。続いて、同じくキリシタンとなった大名の有馬《ありま》晴信《はるのぶ》も浦上を寄進します。イエズス会領となった長崎の町では、教会などの洋風建築が建てられ、小規模ながら西洋式の神学校や医院ができました。

ところが、九州を支配下に置いた豊臣秀吉は、予想以上にキリシタンが増加し、長崎がイエズス会領となり、ポルトガル人による日本人の人身売買があったことを警戒。

1587（天正15）年にはバテレン追放令が発せられます。秀吉は長崎を公領とし、鍋島直茂《なべしまなおしげ》を代官として治めさせ、教会を破壊しました。

ただし、秀吉はポルトガル商人との交易は継続し、長崎の町を拡張していきました。最初の6町を中心に形成された大川と岩原川の間の海岸沿いの一帯は「内町《うちまち》」と呼ばれ、その外側に1597（慶長2）年から「外町《とまち》」が築かれました。

外町の一部は岩原川の北岸にも広がっていましたが、東部は中島川の東西にまたがるように形成され、河口まで14個のアーチ橋が架けられました。今も残る10番目の橋は、2連アーチが眼鏡のように見える「眼鏡橋」（第10橋）の通称で有名です。

当時、内町では頭人《とうにん》（町年寄）と呼ばれる有力者らによる合議制（頭人中）のもとで自治が行なわれ、住民によるキリスト教の信仰も続きました。

キリスト教の禁止後も続けられた自治体制

江戸時代に入ると、長崎にはイスパニア（スペイン）、イギリス、オランダ、中国の明王朝などの船が次々と来航します。幕府は秀吉の時代から引き続き、長崎を直轄

■現在の長崎市周辺の地形（上）と江戸後期の長崎（下）

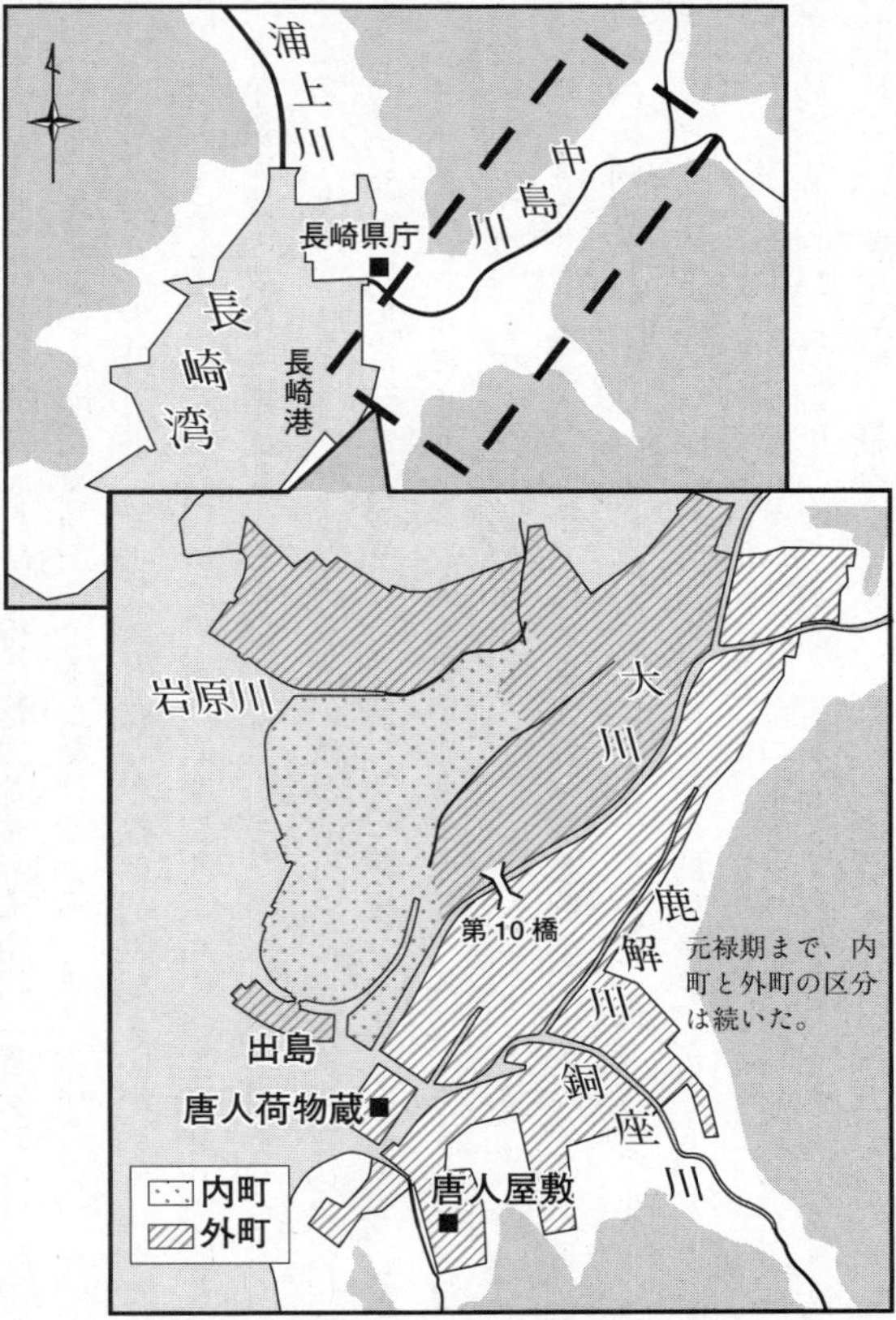

東京大学出版会『図集 日本都市史』p155「長崎 享和２年 市街図と町割」の図を参考に作成

支配地として将軍の代理人たる長崎奉行に管理させ、朱印状（貿易の許可証）を与えた船にのみ交易を許す朱印船貿易を続けました。

徳川家康は秀吉の方針を継いでキリスト教の布教を制限しますが、長崎では教会の活動を黙認しました。長崎の人口は1600（慶長5）年には5000人ほどでしたが、6年後には5倍にも増加し、そのほとんどがキリシタンだったそうです。

ところが、キリシタン大名の有馬晴信が、交易に介入した長崎奉行の長谷《はせ》川《がわ》藤広《ふじひろ》の暗殺を謀った疑いで告発され、キリシタンへの警戒心が強まります。幕府は、1614（慶長19）年にキリシタンの国外追放令を発し、各地のキリシタンを長崎に集めたのち、マカオとマニラに追放しました。

さらに、1635（寛永12）年には日本人の海外渡航が禁止され、外国船の寄港が長崎のみに制限されます。幕府は内町のある大川の河口に面した岬の先端に、広さ3969坪（東京ドームの約3分の1の面積）の出島を築き、ポルトガル人を隔離しました。この2年後、長崎の西にある島原では、領主の苛政に反発した住民が、キリシタンの益《ます》田《だ》時貞《ときさだ》（天草四郎）を指導者に押し立てて島原の乱を起こしますが、徹底的に弾圧されます。以降、幕府はキリスト教への警戒心を一層強めました。

その後、ポルトガル船の来航が禁止され、西洋の交易相手はキリスト教の布教に消極的なオランダのみとされました。出島はポルトガル人が追放されて一時的にもぬけの殻となりましたが、1641（寛永18）年には平戸にあったオランダ商館が移ってきました。こうして、江戸幕府の鎖国体制が確立されます。

長崎の町では、ポルトガル船が再び来航した際に追い返すため、警備の強化が図られ、九州と近隣の各藩が蔵屋敷を置き、人員を配置しました。とはいえ、幕府直属の長崎奉行のもと、地元有力者による自治は継続します。このように長崎は要地だったため、廃藩置県後には短期間ながら、「長崎県」ではなく、「長崎府」となりました。

最先端の文化を求めて集まる人々

1663（寛文3）年の長崎大火では、当時の内町と外町合わせて66町のうち57町が焼失します。その後、再建されて内町が26町、外町が54町となり、道幅も本通りが8間（約9・5メートル）、横通りが6間（約7メートル）に拡張されました。

この町割は幕末まで維持され、現在も、かつての外町の東部にあたる寺町の一帯には、当時の町並みの雰囲気が残っています。

長崎には明や清から多くの商人が渡来し、現在の玉園町《たまぞの》にある聖福寺や、鍛冶屋町にある崇福寺《そうふく》のような中国風の建築が築かれました。出島とは別に外町の南部に中国商人のための唐人屋敷がつくられ、のちには唐人屋敷の近くの海岸を埋め立てた新地に、日本に定住した華僑による中華街が広がっていきます。

江戸後期には、医学や天文学などオランダから入ってきた西洋科学、すなわち蘭学が少しずつ広まり、長崎はその発信地になります。1824（文政7）年には、オランダ商館に赴任したドイツ人医師のシーボルトが現在の長崎市鳴滝に鳴滝塾を開き、高野長英など多くの学者が学びました。

1854（安政元）年、幕府が開国に踏み切ったのち、長崎は箱館や横浜などとともに開港しました。大浦海岸は埋め立てられて外国人居留地となり、大浦天主堂や、倒幕の志士たちに武器を提供した英国商人グラバーの邸宅などが築かれました。

幕府は海軍伝習所を設置し、勝海舟らが学びます。ほかにも、蘭学を学びに来た福沢諭吉、のちに三菱財閥を興した商人の岩崎弥太郎、倒幕運動に関わった坂本龍馬や薩摩・長州の志士らが盛んに長崎に出入りしました。

海軍とともに発展した近代

明治時代に入ると、次第に横浜と神戸が交易の中心地となり、長崎の外国人居留地は、維持費の問題から1876（明治9）年に返還されました。

その後、幕末に築かれた長崎鎔鉄所をもとに長崎造船所が築かれ、長崎は造船の町として発展していきます。長崎造船所は1887（明治20）年には三菱に払い下げられ、昭和期には戦艦「武蔵」などが建造されました。

明治後期になると、長崎市では九州で初めて市内電話が開通し、長崎造船所で日本初の発電用タービンが導入されるなど多くの先進技術が広まりました。こうして長崎は工業都市となります。

ところが、第二次世界大戦末期の1945（昭和20）年8月9日、長崎市は原子爆弾の投下を受け、7万3000人以上の市民が犠牲になるという悲運をたどります。

この原爆投下によって本尾町の浦上天主堂は破壊されましたが、市民の熱意によって再建され、現在に至っています。

鹿児島

島津氏が切り開いた南九州の開拓都市

――かごしま――

古代の鹿児島県一帯（薩摩国・大隅国）は、隼人と呼ばれる人々の住む地だった。その土壌は、2万年以上前のカルデラ大噴火のため白砂の火山灰土（シラス）に覆われ、稲作農耕にも不向きだった。

ところが、中世に薩摩・大隅の支配者となった島津家は、南海に開けた立地を生かした琉球や大陸などとの貿易で力をつけ、鹿児島に城下町を建設した。下級の武士でも実務能力に長け、最新技術の導入にも積極的だった薩摩藩は、明治維新を引き寄せる勢力となる。

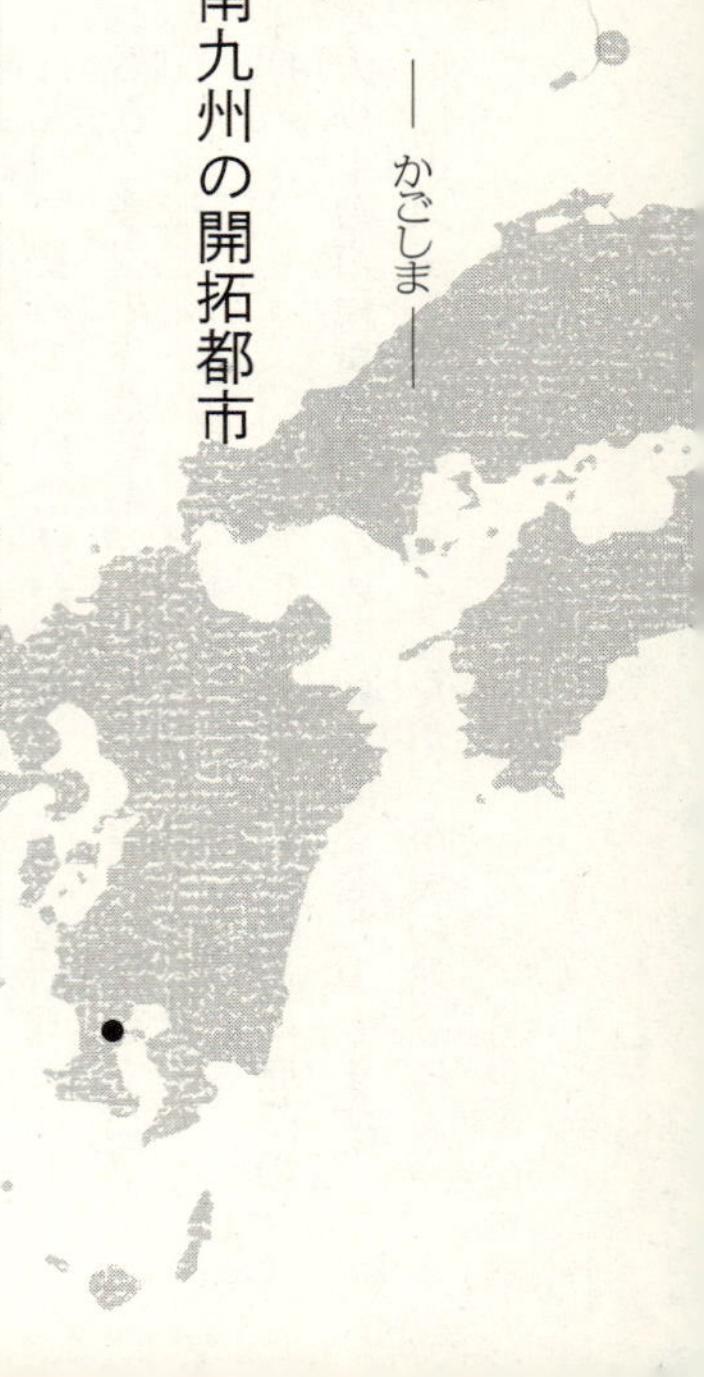

市域に巨大な活火山を抱える

鹿児島市の地形の特徴は、なんといっても鹿児島湾（錦江湾）にそびえる桜島の存在でしょう。県庁所在地クラスの大都市の中で、鹿児島市は最も活火山の近くにあります。このため、屋外に干した洗濯物が火山灰にまみれてしまうこともよくあります。

ただし、有史以来の記録では、室町時代の文明年間（１４６９～１４８７年）から、江戸時代の１７７９（安永８）年まで、大規模な噴火は起こっていません。鹿児島の町が本格的に建設されたのは、この間の江戸初期にあたります。

もともと、律令時代に定められた薩摩国府は、現在の鹿児島市ではなく、鹿児島県西部に位置する薩摩川内市《さつませんだい》にあったそうです。

「隼人《はやと》」と呼ばれた古代の南九州の土着の民は、朝廷から異民族とみなされ、奈良時代までたびたび朝廷の軍隊と衝突しました。朝廷からみて辺境とされた薩摩と大隅では、11世紀には藤原氏の荘園である島津荘の開墾が始まります。

１１８５（文治元）年、源頼朝によって惟宗《これむね》（島津）忠久《ただひさ》が薩摩・大隅・日向《ひゅうが》（現在の宮崎県）の守護に任じられます。比企氏の反乱に連座して大隅・日向を没収されてからも、薩摩守護として島津荘を支配したことから島津氏を名乗ります。ただし、島津氏が恒常的に南九州に居住する体制が確立されたのは、14世紀の南北朝時代からです。

南北朝の争いで北朝に与《くみ》した島津氏は、南朝方の矢上氏の拠点だった東福寺城を攻略したのち、より内陸に清水《しみず》城を築きました。これよりのち、上町と呼ばれる現在の鹿児島駅の北東部一帯に、城下町が形成されていきます。

川のつけ替えと干拓で広がった城下町

鹿児島は活火山の桜島を抱えているものの、湾の対岸にある大隅へのアクセスが容易で、他地域の勢力が侵入するのは難しく、一方で、琉球（現在の沖縄）や大陸との交易に適した立地でした。島津家はこの環境を生かして発展していきます。

室町時代に島津元久《もとひさ》が上洛した折には、虎皮、麝香《じゃこう》、砂糖などのめずらしい輸入品を4代将軍・足利義持に献上して、都の人々を驚かせました。1543（天文12）年ごろには、種子島では明の私貿易商人を介してポルトガル人から鉄砲が伝来し、島津家はいち早く実戦に取り入れます。戦国時代の末期になると、島津氏は九州全土を支配下に置こうとしますが、羽柴（豊臣）秀吉の侵攻によって阻まれました。

この間に現在の鹿児島市大竜町には内城が築かれましたが、防御力の低い簡素なものでした。このため、関ヶ原の戦い後、島津忠恒《ただつね》（家久）は城の移転を検討し、その場所を城山の南麓に決めます。忠恒の父・義弘は、海に近く海上から攻撃されやすいため反対しましたが、忠恒は新たな城下町の建設を意図しました。

こうして、1601（慶長6）年から鹿児島城（鶴丸城）の建設が始まります。鹿児島城は天守をもたず、内城と同じく防備も簡素なもので、八重山の甲突池《こうつき》を源流とする甲突川を外堀に位置づけました。もともと甲突川の河口は現在の鹿児島市中町に存在した俊寛堀《しゅんかん》のあたりでしたが、土木工事をくり返して川を西南につけ替え、さらに海岸を埋め立てて城下町を拡大、海岸では港が整備されました。

鹿児島の城下町は鹿児島城を中心にして北は「上方限《かみほうぎり》」、南は「下方限《しもほうぎり》」と呼ばれました。上方限は清水城の時代からの城下町、下方限は新たに築かれた中下層の武士の屋敷が並ぶ地域で、さらに甲突川右岸に拡張された地域が西田と呼ばれました。

■鹿児島市と桜島の位置（上）と現在の鹿児島市周辺図（下）

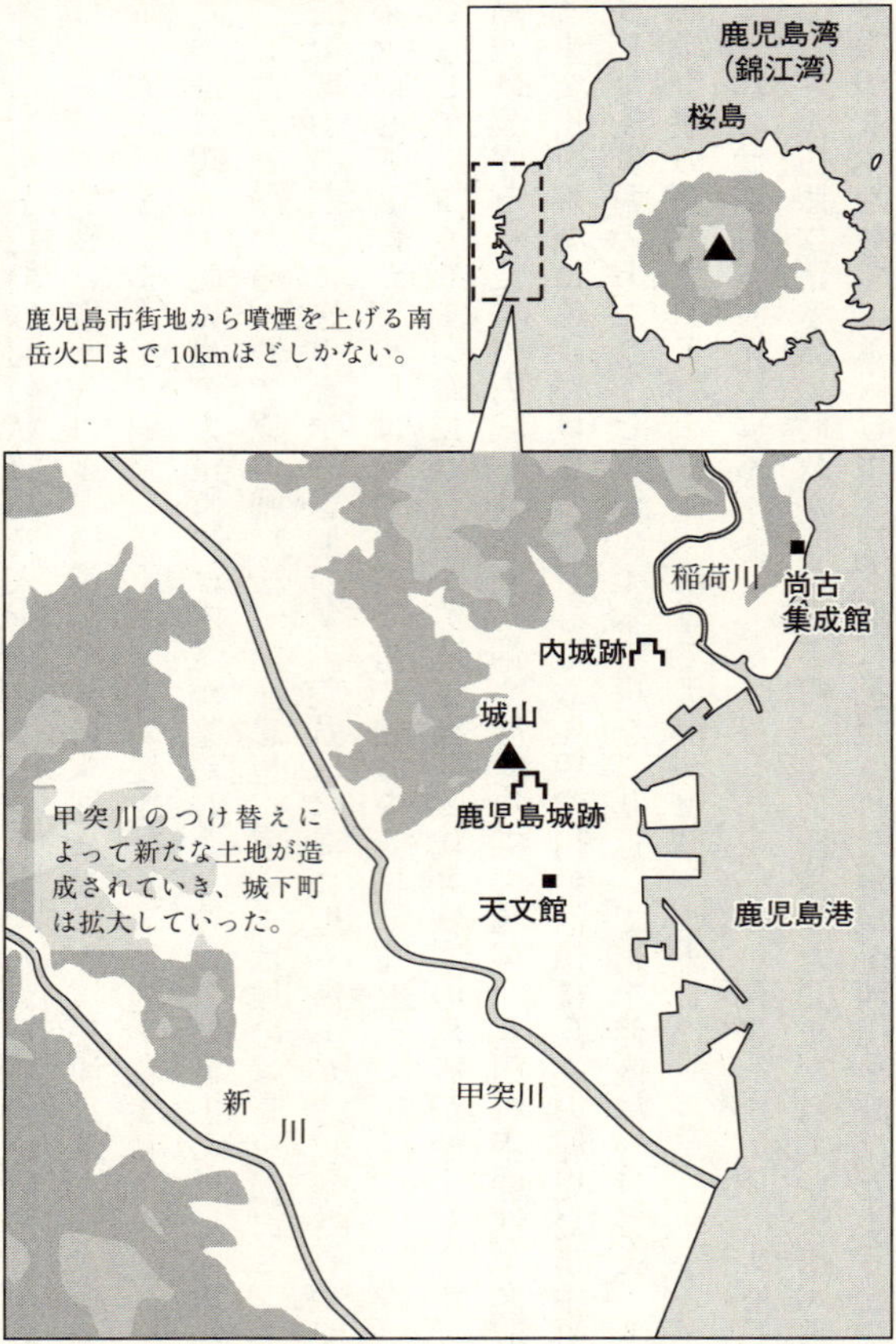
鹿児島湾
（錦江湾）
桜島
鹿児島市街地から噴煙を上げる南岳火口まで 10kmほどしかない。
稲荷川
尚古
集成館
内城跡
城山
鹿児島城跡
甲突川のつけ替えによって新たな土地が造成されていき、城下町は拡大していった。
天文館
鹿児島港
新
川
甲突川

また、東の大口筋と西の出水《いずみ》筋から鹿児島に至る薩摩街道が整備されます。

江戸中期の享保年間（1716〜1736年）には、霧島山新燃岳《しんもえ》の噴火によって、大隅半島側には広範囲に火山灰が飛散して農業人口が減り、薩摩半島側への住民の移住が進み、鹿児島城下町周辺の人口が増加しました。

食文化にも影響を受けた琉球との貿易

鹿児島城下町の大きな特徴は、住民の大部分が郷士《ごうし》を含む武士だったことです。薩摩藩全体でも人口の4分の1が武士でした。島津氏は一時期、九州の大部分を支配下に置いたので、抱える家臣も多かったからだといわれています。このため、鹿児島の町と近隣の下級武士らは農業に従事したり、さまざまな職能を身につけていました。

城下のある大隅半島と対岸の薩摩半島の大部分は、「シラス（白砂）台地」と呼ばれる地質です。これは、2万年以上前の鹿児島湾にあった姶良《あいら》カルデラの大噴火によって噴出した膨大な火山灰や軽石が堆積した白い砂の層で、保水力が低く土中の栄養分も少ないため、農耕には不向きな土壌です。薩摩藩は77万石とされていましたが、実質的な石高は40万石程度しかありませんでした。

このため、やせた土地でも収穫できる甘藷《かんしょ》の栽培が普及し、これがのちに全国に広がってサツマイモと呼ばれるようになりました。もともと南米原産のサツマイモは、大陸や琉球との貿易を通じて入ってきたそうです。また、江戸時代の日本にはほとんど肉食の習慣がありませんでしたが、鹿児島では戦国時代から食肉用の養豚が盛んでした。これも琉球文化の影響によるものです。

薩摩藩は農業生産の低さを補うためもあって、鎖国時代も琉球を支配下に置いて独自に貿易を行ない、海外の文化を積極的に取り入れました。たとえば、蘭学に関心の深かった8代藩主・重豪《しげひで》は、1779（安永8）年に、暦や天体の研究のためヨーロッパの天文観測技術を導入した天文館を設置します。その跡地一帯は大正時代以降、鹿児島を代表する繁華街となりました。

100年の間に3度立ち直る

幕末期の1851（嘉永4）年に藩主となった島津斉彬《なりあきら》は、現在の吉野町に尚古集《しょうこしゅう》成館《せい》を築き、全国でもいち早く洋式の造船所や溶鉱炉を設置しました。これらの施設は、2015（平成27）年には世界文化遺産に登録されました。

斉彬は、いまだ下級藩士にすぎなかった西郷隆盛、大久保利通らを要職に抜擢。のちに両者は、長州藩の志士らとともに倒幕を果たし、明治維新後の新政府をリードします。

一方、鹿児島の町は幾度かの戦渦に見舞われています。1863（文久3）年の薩英戦争では、イギリス艦隊による海上からの砲撃で市街地の一部が焼失。維新後に勃発した西南戦争では、政府軍の反撃に遭った西郷が城山で自刃しました。

自然災害も鹿児島市に多大な被害を与えました。1914（大正3）年には、桜島が大噴火し、2000戸以上の民家が被災。このときの溶岩流出で桜島は大隅半島と地続きになりました。さらに、第二次世界大戦の末期には空襲で市街の93%が焼け野原となり、追い打ちをかけるように終戦直後にも桜島が大噴火を起こします。

鹿児島市では、1960年代の高度経済成長期以降、都市住民の増加にともなって平野部からシラス台地に住宅地が広がりました。2004（平成16）年には九州新幹線が開通し、鹿児島中央駅を中心とする再開発が新たなにぎわいを呼んでいます。

那覇

―なは―

中継貿易によって栄えた琉球王朝の都

南西諸島中ほどの沖縄本島は、古代から日本列島と大陸、東南アジアを結ぶ交易の中継地として栄えてきた。本土とは異なる文化をもつ沖縄では、15世紀に首里を王府とする琉球王朝が成立し、首里のすぐ西に位置する那覇が貿易港として発展していく。

第二次世界大戦末期には全島が激戦地となった沖縄だが、現在では再建された首里城をはじめ、その独自の歴史文化に惹かれ、多くの観光客が訪れている。

異国情緒あふれる首里城

那覇市を代表する観光名所の首里城は、第二次世界大戦末期に空襲で焼失したのち、1992（平成4）年に再建された、新しい建物です。

那覇市を見下ろす標高約130メートルの丘の上にある首里城は、日本の他地域の城にはあまり見られない赤を基調とした配色が特徴です。その正殿は、屋根や柱などの構造に沖縄（琉球）独自の建築様式と日本風、中国風の要素が同居しており、まさに沖縄のたどってきた歴史と文化を反映した建物といえます。

首里城を含む那覇一帯の地質は、海底の泥が固まった島尻《しまじり》層泥岩の地層の上に、生物の化石や貝殻から形成された石灰岩と珊瑚礁の地層があります。この琉球石灰岩は気泡が多く含まれ熱がこもりにくく、見た目も美しいため首里城などの建築物に多用されています。

東シナ海の南西諸島に位置する沖縄は本土と大きく異なる文化を形成し、古代から、大陸と東南アジア、日本を結ぶ交易の中継点として活用されてきました。平安時代には、南西諸島から遠く離れた平泉（現在の岩手県平泉町）にも、沖縄産の夜光貝を材料とした宝飾品が入ってきています。

「琉球」という沖縄の古名は、当時の中国王朝であった隋の史書からみられますが、台湾と混同されていた可能性もあります。日本では平安時代から「おきなは」という呼称がありますが、語源は不明で、「沖那波」「悪鬼納」など記述が一定せず、「沖縄」という表記は江戸時代に漢学者の新井白石が初めて用いたそうです。那覇は「漁場《なば》」に由来するという説もありますが、定かではありません。

長い間、沖縄では小国分立の状態が続きましたが、14世紀に沖縄本島が北山、中山、南山の3勢力にまとまりました。さらに、1429（正長2／永享元）年に中山出身の尚巴志《しょうはし》が南山を滅し、三山を統一。拠点を浦添から首里に移して王城を築きました。この遷都は、首里と接する那覇の港が交易に活用されていたからとみられています。

尚巴志が興した第一尚氏王統は7代続きましたが、1469（応仁3／文明元）年に尚氏の重臣だった金丸《かなまる》が王位に就き、第二尚氏王統が成立します。

第二尚氏王統の第3代の王である尚真《しょうしん》王は、按司《あじ》と呼ばれた沖縄各地の有力者たちを、それぞれの支配地域から切り離して首里に集住させました。このとき、3つの

「平等《ふぃら》」という行政区域が置かれ、沖縄北部の出身者は「北之平等《にしぬふぃら》」、中部出身者は

「南風之平等《はえぬふぃら》」、南部出身者は「真和志之平等《まーじぬふぃら》」を住居とし、区域ごとに役所が置かれています。なお、沖縄の古語では北を「にし」と発音します。

那覇は首里と大橋で結ばれた島だった

尚真王の時代には、王城の周辺が本格的に整備されました。首里城は、伝統的な中国王朝の王城建築を意識して風水を取り入れていたそうです。しかし、城下町は唐の都であった長安や、京都の平安京のような碁盤目状の街路を整備せず、山の斜面の地形をそのまま利用したため、街路は複雑に曲がりくねっています。尚真王の次の尚清《しょうせい》王の時代には、首里城の大手門である守礼門が築かれました。

実は、当時港のあった那覇は島でした。そこで、首里から那覇までを結ぶため「長《ちょう》虹堤《こうてい》」という長大なアーチ橋が築かれます。この橋は、長さ約1キロメートルもある海上道路でした。江戸後期に活躍した浮世絵師である葛飾北斎が清朝の書物『琉球国志略』をもとに描いた「琉球八景」にも、長虹堤の図があります。

現在、長虹堤のあった崇元寺《そうげん》跡から美栄橋《みえ》の一帯は完全に埋め立てられていますが、ゆいレール高架下の牧志《まきし》長虹橋という小さな橋には長虹堤の名残があります。那覇港の出入り口は南から、宮古島の方角に開いた場所は「宮古口」、中国王朝の方角に開いた場所は「唐口《とうくち》」、日本の方角に開いた場所は「倭口《やまとぐち》」といいます。

海岸に近い現在の那覇市久米《くめ》の一帯には、14世紀末の明朝の時代、現在の福建省から渡来した華僑が住みついたチャイナタウンがありました。

沖縄に帰化した彼らは久米三十六姓と呼ばれ、中国大陸の商習慣、造船技術、航海技術、儒学などを伝え、交易に大きく寄与しました。久米には華僑が孔子《こうし》を祀った孔子廟《びょう》も残されています。

久米と隣接する現在の那覇市東町には、中国王朝から正式に派遣された使節である冊封使《さくほうし》のための天使館があり、約500人もの随行員が宿泊しました。明治維新後は、ここに那覇市役所が置かれましたが、戦災で焼失しました。

那覇一帯をはじめとする沖縄の伝統的な住宅は、石垣を備えているのが特徴です。これは塀や城壁の発達していた中国王朝の住宅の習慣に近いといえます。民家の屋根の魔よけのシーサー像は中国の道教が由来で、17世紀から普及しました。

■江戸中期の那覇と首里（上）と首里城下（下）

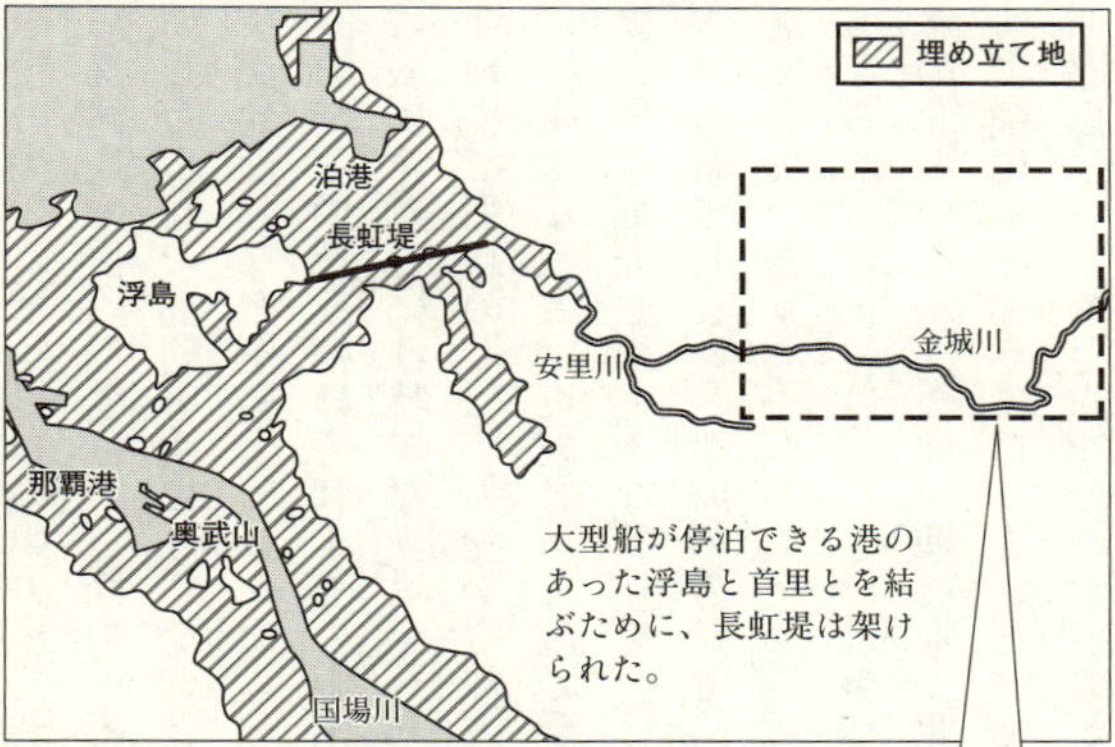

埋め立て地
泊港
長虹堤
浮島
安里川
金城川
那覇港
奥武山
国場川
大型船が停泊できる港のあった浮島と首里とを結ぶために、長虹堤は架けられた。

沖縄県立図書館貴重資料デジタル書庫 HP掲載図を参考に作成

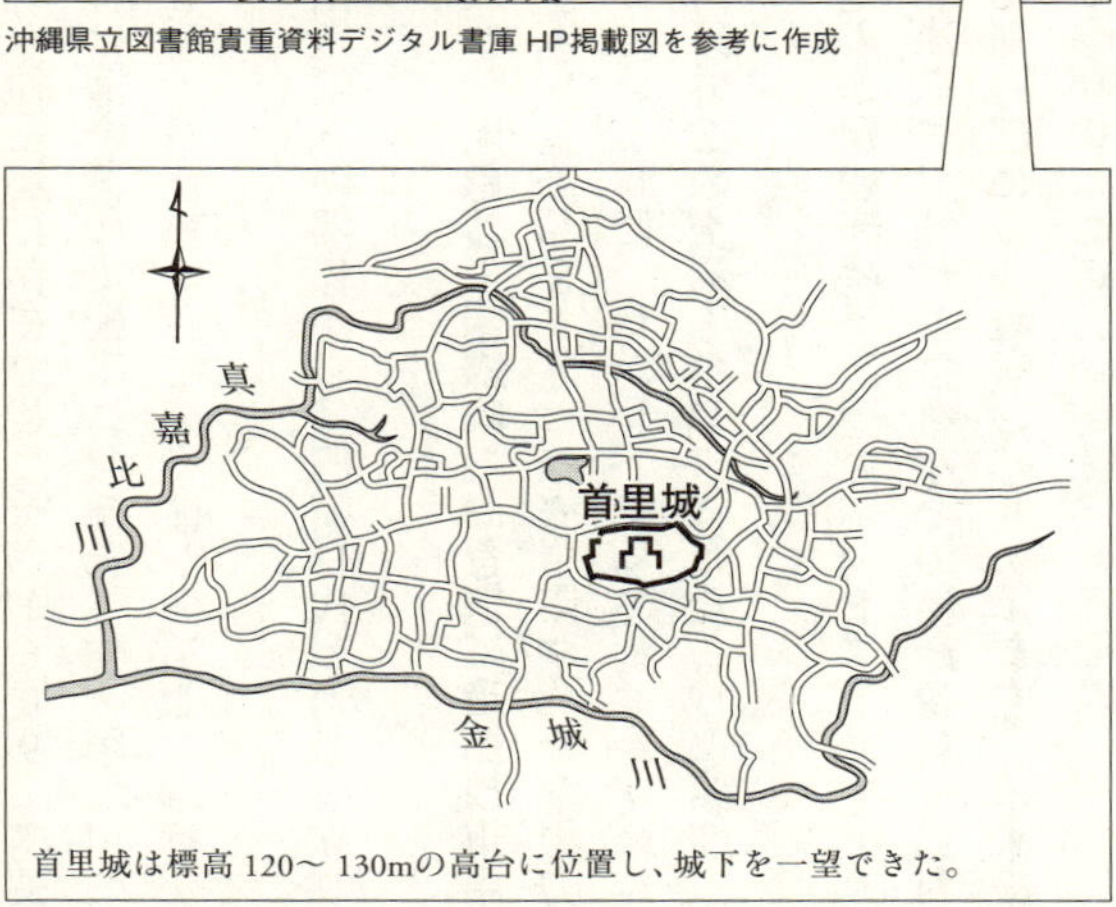

真嘉比川
首里城
金城川
首里城は標高 120～ 130mの高台に位置し、城下を一望できた。

東京大学出版会『図集 日本都市史』p185「首里の地形と水系」の図を参考に作成

中世の尚氏政権は日本の中央権力から独立した存在でしたが、１６０９（慶長14）年に島津氏の侵攻を受け、以降の沖縄は薩摩藩の支配下に置かれます。国場《こくば》川の河口に面した現在の那覇市西には、琉球在番奉行が置かれて薩摩藩が派遣した奉行が常駐し、交易活動などを監督しました。

一方で、尚氏政権はそれまでの中国王朝との関係から、明朝に代わって成立した清朝に服属するという特異な立場をとります。

それまで那覇の港は、大陸から仕入れた陶磁器や絹織物などを朝鮮半島や東南アジアに転売する一方、東南アジア産の香木や宝飾品を大陸に転売したり、日本の刀を東南アジアに転売して大きな利益を上げていました。しかし、交易の利益が薩摩藩に吸い上げられてしまい、幕府の方針で清以外との交易も禁じられたため、那覇は一時的に活気を失います。

ところが、18世紀に入ると、近畿地方の廻船問屋が海運のネットワークを拡大して日本の北と南を結びつけ、蝦夷地（北海道）で獲れた昆布などの海産物を、那覇経由で清に輸出するようになりました。沖縄料理には炒め煮のイリチーなど、本来ならば南西諸島にはない昆布を使ったものが多いのはこのためです。

日本への編入と沖縄県庁の成立

19世紀中頃にはアジアに進出してきた欧米列強は、鎖国を続ける日本への足がかりとして琉球に注目します。

1844（天保15／弘化元）年、フランスのインドシナ艦隊が沖縄に来航して交易をもちかけました。尚氏政権はこの提案を拒否しますが、複数の宣教師が那覇に滞在しました。江戸幕府の開国に先立つ10年も前に、那覇にはヨーロッパ人が住んでいました。

さらに1853（嘉永6）年5月には、アメリカの東インド艦隊を率いるペリー提督が、日本への来航に先立って那覇を訪れます。尚氏政権はさまざまな口実を設けて交渉を避けようとしましたが、最終的に翌年7月、琉米修好条約が結ばれました。これは同年に結ばれた日米和親条約とは別のもので、当時の沖縄が、欧米諸国からは江戸幕府から独立した政権とみなされていたことを示しています。

しかし、明治維新後の新政府は、沖縄を正式に日本の領土に編入することを意図して、本土での廃藩置県後に改めて沖縄を「琉球藩」とします。尚氏政権の主流派は従来どおり日本と清の両国に服属する体制を望みましたが、明治政府は１８７９（明治12）年、那覇に内務官僚と兵員を派遣して「沖縄県」の設置を宣言。沖縄で日本の元号が適用されるようになったのはこれ以降です。尚氏の王族に爵位が与えられ、東京で生活することになりました。

沖縄県庁は当初、薩摩藩の築いた琉球在番奉行所の跡に置かれましたが、１９２０（大正９）年からは現在の那覇市泉崎に移りました。

そして明治期以降、旧王城のあった首里は学校の多い文教地区と住宅街、港のある那覇は商業地区として発展を遂げ、戦後の１９５４（昭和29）年、首里は那覇市に編入されました。

21世紀になって鉄道が復活した基地の町

第二次世界大戦末期、日本で唯一、米軍との地上戦が展開された沖縄県は、とりわけ被害が甚大でした。陸軍司令部の地下壕が置かれた首里城は砲撃で完全に破壊されました。

戦後も米軍の占領体制が続き、1972（昭和47）年の本土復帰まで、那覇市内の実に30％が米軍の管理下にありました。

那覇市内を走る国道58号は6車線もある広大な道路ですが、これは占領下にあった時代には軍用道路1号と呼ばれ、那覇軍港から普天間基地や嘉手納《かでな》基地を結び、戦車などの重車両が通れるように米軍が道幅を広く整備したからです。

県庁北口交差点から延びる一帯は、占領地帯から外れていました。ここはアーニーパイル国際劇場という映画館があったことから「国際通り」と呼ばれ、戦後いち早く露天商が立ち並んで復興のシンボルとなります。その繁栄ぶりは、通りの全長から「奇跡の1マイル」とも呼ばれ、現在も那覇きっての繁華街です。

那覇市内では戦前、沖縄県営鉄道が運行されていましたが、戦災で線路が破壊されたのちは鉄道はありませんでした。本土復帰後に都市モノレールが計画されますが、戦後はバスや乗用車に慣れた市民に支持されるかが危惧されて実現は難航します。2003（平成15）年にようやく沖縄都市モノレール線（ゆいレール）が開業し、現在では那覇市民や観光客の足として、町に活気をもたらしています。

主要参考文献

『図集 日本都市史』高橋康夫・吉田伸之・宮本雅明・伊藤毅編集（東京大学出版会）／『日本の街道ハンドブック新版』竹内誠（三省堂）／『日本地図史』金田章裕・上杉和央（吉川弘文館）／『さっぽろ文庫 すすきの』札幌市教育委員会編（北海道新聞社）／『さっぽろ文庫 札幌事始』札幌市教育委員会編（北海道新聞社）／『さっぽろ文庫 札幌風土記』札幌市教育委員会編（北海道新聞社）／『はこだて検定 公式テキストブック 第6版』函館商工会議所／『北海道の歴史散歩』北海道高等学校日本史教育研究会編（山川出版社）／『平泉 よみがえる中世都市』斉藤利男（岩波書店）／『伊達政宗　野望に彩られた独眼龍の生涯』相川司（新紀元社）／『図説 幕末戊辰西南戦争』（学研）／『福島県の歴史』丸井佳寿子・工藤雅樹・伊藤喜良・吉村仁作（山川出版社）／『東京を江戸の古地図で歩く本』ロム・インターナショナル編（河出書房新社）／『江戸はこうして造られた』鈴木理生（ちくま学芸文庫）／『江戸の川・東京の川』鈴木理生（井上書院）／『横浜150年の歴史と現在　開港場物語』横浜開港資料館（明石書店）／『鎌倉・横浜・湘南今昔歩く地図帖』井口悦男（学研ビジュアル新書）／『横浜謎解き散歩』小市和雄監修（新人物文庫）／『神奈川県の歴史 第2版』神崎彰利・大貫英明・福島金治・西川武臣（山川出版社）／『中世都市鎌倉を歩く』松尾剛次（中公新書）／『江戸の寺社めぐり 鎌倉・江ノ島・お伊勢さん』原淳一郎（吉川弘文館）／『歴史群像 名城シリーズ8 小田原城 関東の入口を押さえた武略と治世の城』（学習研究社）／『長野県の歴史散歩』長野県の歴史散歩編集委員会（山川出版社）／『おんばしら 諏訪大社御柱祭のすべて 改訂版』（信州・市民新聞グループ）／『長野県の歴史 第2版』古川貞雄・福島正樹・井原今朝男・青木歳幸・小平千文（山川出版社）／『長野県謎解き散歩』小松芳郎（新人物文庫）／『新潟県立歴史博物館 常設展示図録』／『愛知県の歴史散歩 上 尾張』愛知県高等学校郷土史研究会（山川出版社）／『愛知県の歴史　第2版』梅村喬・渡邉正男・加藤益幹・桐原千文・西田真樹・岸野俊彦・津田多賀子・三鬼清一郎（山川出版社）／『愛知県の不思議事典』池田芳雄（新人物往来社）／『なごや十話』中日新聞社編（中日新聞社）／『これでいいのか 日本の特別地域　愛知県名古屋市』澤村慎太郎・記者ネット名古屋（マイクロマガジン社）／『三重県謎解き散歩』矢野憲一（新人物文庫）／『三重県の歴史散歩』三重県高等学校日本史研究会（山川出版社）／『三重県の歴史　第2版』稲本紀昭・駒田利治・勝山清次・飯田良一・上野秀治・西川洋（山川出版社）／『発見！三重の歴史』三重県史編さんグループ（新人物往来社）／『図説伊勢神宮』松平乗昌編（河出書房新社）／『お伊勢まいり』矢野憲一・宮本常一・山田孝雄（新潮社）／『日本の歴史3 奈良の都』青木和夫（中公文庫）／『今井町史』今井町史編纂委員会／『大阪 都市形成の歴史』横山好三（文理閣）／『寺内町の研究 第一巻 戦国社会と寺内町』峰岸純夫・脇田修監修　大澤研一・仁木宏編（法藏館）／『寺内町の研究 第二巻 寺内町の系譜』峰岸純夫・脇田修監修　大澤研一・仁木宏編（法藏館）／『大阪市の歴史』大阪市史編纂所編（創元社）／『堺の歴史 都市自治の源流』朝尾直弘・栄原永遠男・仁木宏・小路田泰直（角川書店）／『平安京―京都　都市図と都市構造』金田章裕編（京都大学

学術出版会）／『千年の都 平安京のくらし』鳥居本幸代（春秋社）／『庶民たちの平安京』繁田信一（角川選書）／『京都〈千年の都〉の歴史』髙橋昌明（岩波新書）／『兵庫県の不思議事典』有井基・大国正美・橘川真一（新人物往来社）／『兵庫県の歴史散歩 神戸 阪神 淡路』兵庫県の歴史散歩編集委員会（山川出版社）／『兵庫県の歴史』今井修平・小林基伸・鈴木正幸・野田泰三・福島好和・三浦俊明・元木泰雄（山川出版社）／『神戸の歴史を歩く 海辺と街と山』藤井勇三（神戸新聞総合出版センター）／『神戸外国人居留地 ジャパン・クロニクル紙ジュビリーナンバー』堀博・小出石史郎訳（神戸新聞総合出版センター）／『広島県の歴史散歩』広島県の歴史散歩編集委員会（山川出版社）／『広島県の歴史 第2版』岸田裕之・室山敏昭・西別府元日・秋山伸隆・中山富広・頼祺一・兒玉正昭・宇吹暁（山川出版社）／『広島県の不思議事典』松井輝昭・池田明子（新人物往来社）／『名族大内氏の盛衰』利重忠（新人物往来社）／『図説 山口県の歴史』八木充編（河出書房新社）／『愛媛県の不思議事典』内田九州男・武智利博・寺内浩（新人物往来社）／『愛媛県の歴史 第2版』内田九州男・寺内浩・川岡勉・矢野達雄（山川出版社）／『大学的福岡・博多ガイド こだわりの歩き方』高倉洋彰・宮崎克則（昭和堂）／『福岡県の歴史 第2版』川添昭二・武末純一・岡藤良敬・西谷正浩・梶原良則・折田悦郎（山川出版社）／『福岡城物語』朝日新聞福岡本部（葦書房）／『江戸の博多と町方衆』朝日新聞福岡本部（葦書房）／『博多謎解き散歩』石瀧豊美編（新人物文庫）／『福岡市歴史散策 エリア別全域ガイド』福岡地方史研究会（海鳥社）／『福岡県の歴史散歩』福岡県高等学校歴史研究会（山川出版社）／『港市論』安野眞幸（日本エディタースクール出版部）／『長崎県謎解き散歩』原田博二・福田八郎・小松勝助（新人物文庫）／『長崎県の歴史 第2版』瀬野精一郎・新川登亀男・佐伯弘次・五野井隆史・小宮木代良（山川出版社）／『長崎県の歴史散歩』長崎県高等学校教育研究会地歴公民部会歴史分科会（山川出版社）／『鹿児島県の不思議事典』今吉弘（新人物文庫）／『鹿児島県の歴史散歩』鹿児島県高等学校歴史部会（山川出版社）／『鹿児島県の歴史 第2版』原口泉・永山修一・日隈正守・松尾千歳・皆村武一（山川出版社）／『沖縄県謎解き散歩』下川裕治・仲村清司（新人物文庫）／『沖縄県の歴史 第2版』安里進・高良倉吉・田名真之・豊見山和行・西里喜行・真栄平房昭（山川出版社）／『沖縄県の百年』金城正篤・上原兼善・秋山勝・仲地哲夫・大城将保（山川出版社）／『沖縄の素顔 和英両文100Q&A』新崎盛暉（テクノ）

そのほか各自治体などのホームページを参考

本書は書き下ろしです

日経ビジネス人文庫

30の都市《とし》からよむ日本史《にほんし》

2017年2月1日 第1刷発行
2017年2月20日 第2刷

監修者
金田章裕
きんだ・あきひろ

編著者
造事務所
ぞうじむしょ

発行者
斎藤修一

発行所
日本経済新聞出版社
東京都千代田区大手町1-3-7 〒100-8066
電話(03)3270-0251(代) http://www.nikkeibook.com/

ブックデザイン
鈴木成一デザイン室

印刷・製本
凸版印刷

Printed in Japan ISBN978-4-532-19808-4